FISCHER Sauerländer

Radhika Sanghani ist eine preisgekrönte Journalistin, Schriftstellerin und Drehbuchautorin. Sie schreibt regelmäßig für namhafte britische Zeitungen und Zeitschriften, u. a. den »Daily Telegraph«, »Elle«, »Guardian«, »Glamour« und »Cosmopolitan«. Sie ist eine leidenschaftliche Aktivistin zum Thema Körperbewusstsein sowie Yogalehrerin und leitet eine Wohltätigkeitsinitiative mit AgeUK gegen Vereinsamung im Alter.

Weitere Informationen zum Kinder- und Jugendbuchprogramm von Fischer Sauerländer auf
www.fischer-sauerlaender.de

Radhika Sanghani

Das Mädchen,
das nicht lügen konnte

Aus dem Englischen
von Fabienne Pfeiffer

FISCHER ✕ SAUERLÄNDER

Für mein jüngeres Ich

MIX
Papier | Fördert
gute Waldnutzung
FSC www.fsc.org · FSC® C014496

Erschienen bei Fischer Sauerländer

Die englische Originalausgabe erschien 2024 unter dem Titel
The Girl Who Couldn't Lie bei Usborne Publishing Limited, London, UK.
Copyright © 2024 Radhika Sanghani Ltd.
Die Nutzung unserer Werke für Text- und Data-Mining
im Sinne von § 44b UrhG behalten wir uns explizit vor.
Für die deutschsprachige Ausgabe:
© 2025, Fischer Sauerländer GmbH,
Hedderichstraße 114, 60596 Frankfurt am Main
Umschlaggestaltung: Dahlhaus & Blommel Media Design, Vreden
Umschlagabbildung: Maike Plenzke
Satz: Pinkuin Satz und Datentechnik, Berlin
Druck und Bindung: GGP Media GmbH, Pößneck
ISBN 978-3-7373-4402-9

Kontaktadresse nach EU-Produktsicherheitsverordnung:
produktsicherheit@fischer-sauerlaender.de

Kapitel 1

Priya Shah fuhr hoch. Es war ein schrecklicher Tag. Kaum überraschend, da in der letzten Zeit alle Tage mehr oder weniger schrecklich waren. Jeder einzelne – seit dem 13. August fast ein Jahr zuvor. Dem schrecklichsten aller Tage. Priya spürte, wie sich in ihrem Hals allein bei dem Gedanken daran ein dicker Kloß bildete. Sie schluckte, denn jetzt war nicht der richtige Zeitpunkt, um an den schrecklichsten Tag ihres Lebens zu denken. Es gab genügend akute Probleme, um die sie sich kümmern musste.

»Verzeihung – Erde an Priya!« Ms Lufthausen bedachte Priya über den Goldrand ihrer Brille hinweg mit einem strengen Blick. »Zum letzten Mal: Könntest du mir bitte erklären, wieso deiner Meinung nach unsere Doppelstunde Mathe die passende Gelegenheit für ein Nickerchen ist?«

Priya wurde heiß. Doch im selben Moment spürte sie, wie sich eine kühle Hand in ihre eigene schob. Mei. Ihre beste Freundin ließ sie wissen, dass sie nicht allein war. Priya lächelte.

»Findest du das etwa WITZIG?«, empörte sich Ms Lufthausen. »Schon zum *dritten* Mal erwische ich dich in diesem Halbjahr dabei, wie du im Unterricht einschläfst!«

»Natürlich findet sie das *nicht* witzig!«, rief jemand links von Priya. »Sie hat diesen komischen Tick, durch den ihr bedauernder Gesichtsausdruck genauso aussieht wie ihr glücklicher. Das ist genetisch bedingt. Stimmt's, Priya?« Sami. Ihre andere beste Freundin. Die sich nun für Priya stark-machte, wie sie es immer tat. »Und sie hat nicht *geschlafen*! Sie hat nachgedacht, ist doch klar. Jeder weiß, dass einem mit geschlossenen Augen die besten Gedanken kommen. Meiner bescheidenen Ansicht nach ist das die beste Strategie, um quadratische Gleichungen zu lösen.«

»Samantha Levin, hattest du den Eindruck, dass ich mit dir rede?«, donnerte Ms Lufthausen. »Konzentriere du dich auf deine Aufgaben. Und Priya, es ist absolut *nicht hinnehm-bar*, dass du immer wieder wegdöst, während ich versuche, dir mathematische Grundlagen beizubringen. Entweder du erklärst auf der Stelle, was mit dir los ist, oder ich muss dich bis zum Ende der Stunde vor die Tür schicken.«

Priyas Wangen brannten vor Scham. Sie war eine gute Schülerin. Und auf keinen Fall jemand, der vom Unterricht suspendiert wurde! So etwas passierte Katie oder Angela. Nicht guten Schülerinnen wie ihr. Und doch würde sie nun zum ersten Mal in ihrer gesamten Schullaufbahn der Klas-se verwiesen, und sie hatte keine Chance, es zu verhindern. Schließlich konnte sie Ms Lufthausen kaum die Wahrheit sagen: dass sie erschöpft war, weil sie – im Gegensatz zu ihrer kleinen Schwester Pinkie – einfach nicht einschlafen konn-te, während ihre Eltern lautstark miteinander stritten. Und wenn sie, nachdem das Gebrüll aufgehört hatte, schließlich doch einschlief, war es fast schon wieder Zeit zum Aufstehen, weil sie zum Turntraining musste. Natürlich war sie da müde – immerhin bekam sie weniger Schlaf als irgendwelche Gamer, die die ganze Nacht lang gegen Gegner aus Korea zockten.

Doch Priya wusste ganz genau, was passieren würde, wenn sie all das laut aussprach. Ms Lufthausen würde die Beratungslehrerin informieren, die wiederum Priyas Eltern kontaktieren würde, und am Ende hätte Priya jede Menge Ärger am Hals. Denn die Goldene Regel ihrer Eltern lautete: *Wasch deine schmutzige Wäsche nicht in der Öffentlichkeit.* Was im Grunde nichts anderes bedeutete als: *Tu immer und überall so, als wäre alles perfekt.* Und wenn Priya zugäbe, dass ihre schulischen Leistungen unter dem Turntraining litten, würden ihre Lehrer darauf drängen, dass sie das Turnen an den Nagel hängte. Schließlich gehörte Priyas Turnriege nicht mal zu den Schulteams. Priyas Eltern würden sich dazu genötigt sehen, sie aus dem Verein zu nehmen, und all ihre Chancen, jemals an den Olympischen Jugendspielen teilzunehmen, wären ein für alle Mal dahin. Dabei trainierte sie schon ihr ganzes Leben lang dafür! Und, das Allerschlimmste: Nie wieder würde sie Dan Zhang bei seinen Klimmzügen zusehen können.

Priya blickte zu Ms Lufthausen und holte tief Luft. »Es tut mir leid, Ms Lufthausen. Ich fürchte, ich war zu lange auf und habe mir Videos von tanzenden Babyziegen angeschaut. Das war ganz und gar meine Schuld.«

Die Lehrerin schüttelte den Kopf. »Ich bin enttäuscht von dir, Priya. Bitte stell dich für den Rest der Stunde draußen vor die Tür. Und wenn du das nächste Mal Lust darauf hast, tanzenden Babyziegen zuzuschauen, solltest du dir vorher über die Konsequenzen Gedanken machen.«

Priya stand auf und ging aus dem Klassenraum. Während sie draußen stand, brannte ihr ganzer Körper vor Scham und Wut. *Nichts* von alldem war ihre Schuld! Sie war ja nicht *absichtlich* eingeschlafen. Ihr war klar, dass Ms Lufthausen das Ganze persönlich nahm, aber tatsächlich war es eher ein großes Kompliment, dass Priya ausgerechnet in *ihrer* Stunde eingenickt war. Es war einfach so warm und behaglich in Ms Lufthausens Klassenzimmer: Von draußen fiel die Sonne herein, Mei und Sami saßen rechts und links von Priya, und Ms Lufthausens monotone Stimme erläuterte herrlich verlässliche algebraische Gleichungen. Alles in allem der krasse Gegensatz zu Priyas Morgen, an dem ihre Eltern wie üblich gezankt hatten, Pinkie getrödelt und Priya panisch ihre brandneuen Sneakers gesucht hatte. Wie sich herausstellte, hatte Pinkie beschlossen, sie mit schwarzem Permanentmarker zu »verschönern«, und als Priya sie deswegen angebrüllt hatte, war ihre Mum sofort zur Stelle gewesen, um *Pinkie* statt Priya zu trösten. Und als wäre das noch nicht schlimm genug gewesen, hatte sie Priya auch noch ausgeschimpft dafür, dass sie ihre »Schwester zum Weinen gebracht« hatte. Das alles war so ungerecht gewesen, dass es Priya die Sprache verschlagen hatte. Und als sie endlich ihre Stimme wiedergefunden hatte, hatte niemand mehr Zeit gehabt, ihr zuzuhören. Schließlich waren sie schon spät dran fürs Turnen. Was wiederum zur Folge gehabt hatte, dass ihr Coach Olaf sie prompt fürs Zuspätkommen getadelt hatte. Vor allen anderen, also auch vor Dan Zhang.

Das war Priyas peinlichster Moment des Tages gewesen – zumindest bis sie nun aus dem Matheunterricht geflogen war. Wie sollte Dan jemals klar werden, dass er die Liebe ihres Lebens war, wenn er immer nur erlebte, wie sie ausgeschimpft wurde wie ein Schulmädchen? Na schön, genau genommen *war* sie ein Schulmädchen – und er ein Schuljunge, der die Jungenschule direkt nebenan besuchte. Aber darum ging es nicht. Dan besuchte die neunte Klasse, war also eine Jahrgangsstufe über Priya, und schließlich weiß doch jeder, dass Jungs auf intelligente, gebildete Mädchen stehen. Somit musste Priya sich künftig umso mehr anstrengen, um ihre Reife unter Beweis zu stellen, wenn er sich je in sie verlieben sollte! Sie blickte verzweifelt auf ihre New-Balance-Sneakers hinunter, ehemals knallviolett und weiß, nun verziert mit schiefen Smileys. Kein guter Anfang.

Priya beäugte die Einladung, die Sami ihr gerade in die Hand gedrückt hatte, und ihr wurde flau im Magen. Das Papier war dick, lila und glitzerte.

DU BIST HERZLICH EINGELADEN ZU SAMIS BAT-MIZWA!!!!! prangte auf der Vorderseite. Auf der Rückseite allerdings stand etwas so Furchtbares, dass Priya beinahe die Tränen kamen. Sie las das Datum ein zweites Mal – Samstag, 30. Juni – und schluckte heftig.

»Ist das nicht FANTASTISCH?«, kreischte Sami. »Das wird die Party des Jahres!«

Mei zog eine Augenbraue hoch. »Katies Eltern haben letzten Monat einen *echten Nachtclub* für ihre Feier gemietet. Und alle Gäste haben ein iPhone geschenkt bekommen. Ich denke, *das* dürfte die Party des Jahres gewesen sein.«

»Ähm, mag sein, aber zu der hier sind wir immerhin eingeladen«, meinte Sami.

»Stimmt«, sagte Mei und spähte auf ihr Handy, das ganz eindeutig kein Gratis-iPhone war. »Es wird großartig. Oder, Priya?«

Sami wedelte mit einer Hand vor Priyas Gesicht herum. »Halloooo, Priya? Was starrst du immer noch so auf die Einladung?«

Priya setzte ein heiteres Grinsen auf und schaute hoch. »Weil das die coolste Einladung ist, die ich je gesehen habe! Sogar im Vergleich zu denen von Katie, die ich zufällig erhascht habe, als ihr eine aus der Tasche gefallen ist.«

»Oh, danke«, erwiderte Sami stolz. »Ich habe sie selbst gestaltet.«

»Aber bist du *sicher*, dass deine Bat-Mizwa am 30. Juni stattfindet?«, vergewisserte sich Priya. »Also, an dem Samstag? Steht das fest?«

Samis grüne Augen wurden schmal. Sie rümpfte argwöhnisch die Nase und schob sich die flammend roten Haare hinter die Ohren. »Priya Shah. Ich hoffe sehr für dich, dass du *nicht* vorhast, mir zu sagen, du kannst nicht zu meiner Bat-Mizwa kommen. Dem wichtigsten Ereignis im Leben eines jüdischen Mädchens ... Dem Tag, an dem ich vom Mädchen zur Frau werde.«

»Ich dachte, zur Frau geworden bist du, als du letztes Jahr deine Periode bekommen hast?«, gab Priya zurück, in der Hoffnung, Sami vom Thema abzulenken.

»Darum geht es nicht«, erklärte Sami. »Es geht darum, dass du meine beste Freundin auf der ganzen Welt bist – ich meine, du UND Mei, ihr beiden seid meine besten Freundinnen auf der ganzen Welt.«

Mei verdrehte unter ihrem schnurgeraden Pony die Augen. »Passt schon. Ich bin das Anhängsel.«

»Außerdem«, fuhr Sami unbeirrt fort, »hast du schon meinen Auftritt als Katniss Everdeen bei unserer Schulaufführung von *Die Tribute von Panem: Das Musical* verpasst. Und auch Meis *epische* Geburtstagsparty im AquaSplash.«

Priya machte ein langes Gesicht. »Ich fasse es immer noch nicht, dass ich nicht mit euch in die Space-Bowl rutschen konnte – zwölf Meter aus dem Trichter steil nach unten!«

»Vierzehn«, korrigierte Sami und zählte jetzt all die Dinge, die Priya sonst noch entgangen waren, an den Fingern ab. »Außerdem hast du unzählige Theaterproben versäumt, bei denen ich dich als moralischen Beistand gebraucht hätte, und praktisch *jede* Geburtstagsfeier von Leuten aus unserer Stufe und achtundneunzig Prozent unserer Übernachtungspartys.«

»Du weißt genau, wie gerne ich immer überall dabei wäre«, sagte Priya. »Es ist bloß –«

»Turnen«, kam es von Mei und Sami wie aus einem Mund. »Schon klar.«

»Olaf meint, ich könnte es als Einzige aus unserem Verein in den Nachwuchskader des Olympiateams schaffen«, recht-

11

fertigte sich Priya. »Das ist eine echt große Sache! Wenn das klappt, ist das quasi eine Garantie dafür, dass ich später mal zu den richtigen Olympischen Spielen fahre! Ich muss nur immer am Ball bleiben beim Training und an allen Wettkämpfen teilnehmen. Ich hasse es, dass die Meisterschaften immer am Wochenende stattfinden – das wisst ihr. Es wäre so viel besser, wenn sie dienstags wären und ich dafür die Doppelstunde Mathe sausen lassen könnte.«

Sami legte den Kopf schief. Dann nickte sie seufzend. »Na schön. Aber eins sage ich dir: Zu meiner Bat-Mizwa *musst* du kommen. Das ist superwichtig. Du musst unbedingt dabei sein. Keine Ausreden. Keine einzige.«

»Ich glaube, was sie damit meint, ist: Sie hofft sehr, dass du kommen kannst«, sagte Mei.

»Nein«, widersprach Sami. »Was ich meine, ist: Wenn Priya absagt, dann kriege ich hier und jetzt, mitten in der Schulmensa, einen ausgewachsenen Nervenkollaps. Mit einer spontanen Selbstentzündung als Höhepunkt.«

Priya lachte nervös. »Okay, kein Grund, so dramatisch zu werden. Ich habe nie gesagt, dass ich nicht kommen kann.«

Samis Augen leuchteten auf. »Sekunde, soll das heißen –?«

»Ja, natürlich komme ich zu deiner Bat-Mizwa«, beteuerte Priya, obwohl eine Stimme in ihrem Hinterkopf ihr einflüsterte, dass nun vermutlich ein guter Zeitpunkt wäre, um DIE KLAPPE ZU HALTEN.

»Im Ernst? Du hast keinen Wettkampf an diesem Wochenende?«, fragte Mei begeistert.

»Nope«, antwortete Priya und musste sich nun alle Mühe

geben, die Stimme zu ignorieren, die sie inzwischen mehr als lautstark an den *immens wichtigen* Wettkampf an ebenjenem Wochenende erinnerte. Nämlich die Britischen Meisterschaften, von denen Olaf ihr erst am Morgen erzählt hatte. Ein Scout vom Nachwuchskader des Olympiateams würde dort anwesend sein. Und das ausgelobte Preisgeld würde genügen, um ihre Trainingskosten für das komplette nächste Jahr zu decken. Dieser Wettkampf könnte ihr Leben verändern – und er fand exakt am 30. Juni statt. Priya schluckte ein letztes Mal. »Ganz und gar keinen Wettkampf!«

Sami und Mei klatschten sich johlend ab. Priya zwang sich, ihren Mund zu etwas zu verziehen, das hoffentlich einem Lächeln ähnelte, und ignorierte das gähnende Loch, das sich in ihrem Innern auftat. Es war wirklich ein *abgrundtief* schrecklicher Tag.

Kapitel 2

»Ich bin zu Hause!«, rief Priya, stieß die Haustür auf und kickte sich ihre verunstalteten Sneakers von den Füßen. Sie bedachte die Schuhe mit einem letzten mürrischen Blick. Die Smileys waren so schlecht gemalt, dass sie alle eher besorgt als fröhlich wirkten. Pinkie hatte Priyas Grundstimmung auf ihren Schuhen verewigt.

»Hallo, *beta*! Wir sind in der Küche!«

Priya folgte der Stimme ihres Dads und schnappte nach Luft. Auf dem Herd standen fünf Töpfe, auf einem Schneidbrett türmten sich Zwiebelschalen und die abgeschnittenen Endstücke von Okraschoten, und ein überwältigender Knoblauchduft durchdrang praktisch alles. Ihr Dad stand am Herd und mühte sich, in allen Töpfen gleichzeitig zu rühren, während Pinkie am Esstisch saß und mit einem Haufen Pinsel ein heilloses Durcheinander veranstaltete. Ein Schokoriegel hing ihr gefährlich schief aus dem Mundwinkel.

»Oh nein«, japste Priya. »Wann kommt Mum zurück?«

»Sie sollte jeden Moment hier sein«, verkündete ihr Dad gut gelaunt und gab viel zu viel Chilipulver in das Curry.

Priya zuckte innerlich zusammen. Das war nicht gut. Es gab drei Dinge, die ihre Mum mehr hasste als alles andere: Unordnung, penetrante Gerüche und raffinierten Zucker.

Wenn sie jetzt hereinspazierte, würde ein Streit entbrennen, der *mindestens* zwei Stunden andauerte. Und wie es schien, blieb Priya nur exakt eine Minute, um das zu verhindern.

Sie schaltete hastig den Dunstabzug ein und machte sich daran, die Arbeitsfläche aufzuräumen. Ihr war schleierhaft, wieso ihr Dad sich nicht wenigstens ein bisschen mehr anstrengte. Es war ja nett, dass er versuchte, das Abendessen zuzubereiten, um ihrer Mum – die stets erschöpft nach Hause kam, nachdem sie sich den ganzen Tag lang »mit hirnverbrannten Vollidioten herumgeschlagen« hatte – Arbeit abzunehmen. Weniger nett war, dass er dabei alles vergaß, worum ihre Mum ihn stets ausdrücklich bat. Zum Beispiel, Chaos, strenge Aromen und Industriezucker zu vermeiden.

»Was würde ich bloß ohne dich tun?« Priyas Dad strahlte sie an, als sie den Reis in letzter Sekunde vor dem Anbrennen rettete und gleichzeitig die Arbeitsplatte abwischte.

»Das frage ich mich auch«, murmelte Priya.

»Wie bitte?«

»Nichts, Dad! Ich bin immer gern zur Stelle!«

»Pinkie, räumst du deine Sachen weg?«, bat er. »Damit wir den Tisch decken können?«

Doch Pinkie malte einfach weiter an etwas, das an eine grellbunte Explosion erinnerte.

»Pinkie?«

»Ich mache Hausaufgaben, Dad.«

Ihr Dad drehte sich mit entschuldigender Miene zu Priya um. »Wärst du so lieb, Priya?«

Priya seufzte und fing an, um Pinkie herum Ordnung zu

schaffen. Ihre Schwester war nur zwei Jahre jünger als sie, doch sie hatte ADHS, was bedeutete, dass sie hyperaktiv, oft unkonzentriert und impulsiv war – und in den Augen ihrer Eltern niemals die Schuld an irgendetwas trug. Manchmal, wenn ihre Eltern das Bedürfnis verspürten, einen Menschen und nicht eine neurologische Entwicklungsstörung für irgendeine kleine oder auch größere Katastrophe verantwortlich zu machen, lasteten sie sie stattdessen Priya an. Priya wusste, dass Pinkie für all das nichts konnte. Trotzdem war es nicht leicht, ihre ältere Schwester zu sein.

»Was genau soll das sein?«, erkundigte sich Priya.

»Ein abstraktes Porträt unserer Familie«, erklärte Pinkie. »Ich, Mum und Dad sind die Wirbel. Du bist das Quadrat.« Sie deutete auf ein winziges Viereck in einer Ecke des Papiers.

Priya runzelte die Stirn und öffnete den Mund, um etwas zu sagen, überlegte es sich dann aber anders. »Wie du meinst. Kannst du es bitte wegräumen? Und iss besser deine Schokolade auf, bevor Mum kommt. Wo hast du den Riegel überhaupt her? Ich habe hier keine Schokolade mehr gesehen, seit die Lakhanis 2019 diese Schachtel Ferrero Rocher mitgebracht haben.«

»Aus der Schule. Wenn man fest genug gegen den Süßigkeitenautomaten schlägt, fallen KitKats raus, ohne dass man Geld dafür hineinstecken muss.«

Priya erwog kurz, ihre Schwester zu bitten, ihr auch eins zu besorgen – doch dann fiel ihr ein, dass Turnerinnen, die landesweit zu den besten zehn ihrer Altersgruppe gehören, nicht einfach nach Lust und Laune Schokoriegel verdrücken dürfen. Außer es sind Proteinriegel. »Okay, aber beeil dich und iss auf. Oder soll ich den Rest wegwerfen?«

Pinkie gab keine Antwort – sie wirkte ganz vertieft darin, das Priya-Quadrat blau auszumalen. Also packte Priya den halben Riegel und warf ihn in den Mülleimer. »So.«

»Oh mein Gott! Wieso hast du ihn weggeschmissen?«, schrie Pinkie. »Gib ihn mir zurück!«

»Du hast ihn nicht gegessen!«

»Es war *meiner*! Ich will ihn wiederhaben!«

»Und was erwartest du jetzt von mir? Soll ich im Müll danach wühlen?«

»Ja!«

»Mädchen, bitte ...«, flehte ihr Dad. »Macht doch einfach ...«

Pinkie warf sich über den Tisch in Priyas Richtung. Priya stieß ihren Arm weg. Mit einem Mal hallte ein dumpfer Schlag durch den Raum, und beide erstarrten. Eine der Farbtuben war vom Tisch gefallen und hatte rote Farbe über den kompletten Holzboden verspritzt.

»WAS ist hier los?!«

Priya, Pinkie und ihr Dad drehten sich sehr langsam um. Priyas und Pinkies Mum stand im Flur, umklammerte ihre glänzende Lederhandtasche und starrte entsetzt auf den Tatort. Priya schloss die Augen und schluckte.

Zwei Stunden später brüllten ihre Eltern einander immer noch an.

»Ich wünschte, sie würden einfach *aufhören*.« Priya seufzte.

Sie hockte zusammen mit Pinkie auf dem Sofa im Wohnzimmer. Beide hatten eine Schale auf dem Schoß und aßen Okraschoten-Curry mit Reis vor dem Fernseher. Eigentlich war das verboten – sämtliche Mahlzeiten im Haus der Familie Shah sollten am Küchentisch eingenommen werden. Wann immer aber ihre Eltern in der Küche stritten, war diese Regel außer Kraft gesetzt. Was bedeutete, dass Priya und Pinkie inzwischen praktisch täglich im Wohnzimmer aßen.

»Mm-hmm«, nuschelte Pinkie. Sie starrte gebannt auf den Bildschirm und johlte vor Lachen, als eine animierte Ratte sich schwungvoll verbeugte.

Priya verdrehte die Augen. »Du hast diesen Film schon einhundertmal gesehen. Können wir nicht etwas anderes schauen?«

»*Ratatouille* ist ein Klassiker.«

Priya seufzte erneut und schob sich einen weiteren Bissen Curry in den Mund. Es war so scharf, dass sie das Gesicht verzog. Dabei gab sie sich alle Mühe, das Geschrei ihrer Eltern in der Küche auszublenden. Doch im Gegensatz zu ihrer Schwester gelang es ihr nicht, sich über die Ratten zu amüsieren, die im Film gerade die Kochlöffel schwangen. Stattdessen lauschte sie weiter dem sehr realen Drama, das sich im Nebenraum abspielte.

»Du *weißt*, dass du sie nicht aus den Augen lassen darfst«, rief ihre Mum gerade. »Pinkie braucht besondere Aufmerksamkeit! Und Priya muss sich auf ihre Schulaufgaben konzentrieren. Ich kann mich hier nicht um alles kümmern! Ich bin diejenige, die –«

»Das Geld verdient«, brachte ihr Dad den Satz ungehalten zu Ende. »Das ist mir bewusst. Daran erinnerst du mich ja jeden einzelnen Tag. Aber es war deine Idee, dass ich auf Teilzeit reduziere, damit ich mehr für die Mädchen da sein und Priya zum Turnen und Pinkie zu ihren Terminen fahren kann. Ich tue genau das, was du wolltest, aber es ist nie genug!«

»Nein, weil ich mir vorgestellt hatte, dass du mir auch tatsächlich *Arbeit abnehmen* würdest«, schrie ihre Mum. »Und nicht Tag für Tag ein riesiges Chaos veranstalten – ein Chaos, das *ich* aufräumen muss, nachdem ich mich von früh bis spät mit diesen hirnverbrannten Vollidioten herumgeschlagen habe.«

»Wenn du deinen Job so sehr hasst, wieso reduzierst dann nicht *du* auf Teilzeit?«

»Weil ich mehr verdiene, als du jemals nach Hause bringen würdest!«

Priya schloss die Augen. Sie ertrug es nicht länger. Ihr Dad konnte schließlich nichts dafür, dass er nicht so schlau war wie ihre Mum. Sie begriff nicht, weshalb ihre Mum ihm das immer wieder unter die Nase reiben musste. Trotzdem war es natürlich nervig, dass ihr Dad ständig so ein Durcheinander anrichtete – oder zumindest grandios darin versagte, zu verhindern, dass Pinkie alles durcheinanderbrachte. Sie zog die Stirn kraus und entschied, dass der Streit zu sechzig Prozent die Schuld ihrer Mum und zu vierzig Prozent die ihres Dads war. Am Abend zuvor hatte es 70:30 für ihren Dad gestanden. Und wieder einen Tag vorher 55:45 für ihre Mum. Wie sich herausstellte, waren die Prozente, die Ms Lufthausen ihnen beibrachte, recht nützlich – etwa um den Überblick darüber zu behalten, welcher Elternteil jeweils die Verantwortung für das Geschrei trug.

Die triste Wahrheit lautete jedoch, dass im Durchschnitt beide zu gleichen Teilen verantwortlich waren: Priyas Mum war ständig gestresst und kritisierte ihren Dad pausenlos. Und ihr Dad machte am laufenden Band dumme Fehler und bekam nichts von dem, worum ihre Mum ihn bat, vernünftig auf die Reihe. Priya versuchte immer wieder, ihm unter die Arme zu greifen, doch das genügte nicht. Und es klappte auch nicht immer besonders gut – die Ereignisse des Abends waren das beste Beispiel dafür. Priya wünschte, ihre Eltern würden alle beide möglichst bald zu der Erkenntnis gelangen, dass sie den jeweils falschen Partner geheiratet hatten, und sich trennen – so wie Samis Eltern. Doch das würde niemals passieren. Sie waren schließlich indisch.

Priyas Ansicht nach war es wirklich nicht leicht, indisch zu sein. Klar, man konnte sich den Bauch mit köstlichem Essen vollschlagen und Diwali feiern – riesiges Feuerwerk inklusive. Allerdings musste man sich auch jedes Mal in unbequeme Kleider zwängen, wenn irgendjemand aus der Verwandtschaft heiratete. Außerdem immer darauf achten, dass *auf keinen Fall* ein BH-Träger hervorblitzte, und – am allerwichtigsten – zu jeder Zeit so tun, als wäre ausnahmslos alles bestens, selbst wenn das Gegenteil der Fall war. Priyas indische Wurzeln waren der Grund dafür, dass ihre Eltern sich nicht scheiden ließen, dass sie niemals irgendjemandem ihre Geldsorgen anvertrauten und dass Pinkies ADHS-Diagnose vor allen in der Gemeinde geheim gehalten werden musste.

Am schlimmsten aber war: Priya durfte deshalb nicht einmal Sami und Mei erzählen, was bei ihr zu Hause los war. Etwa, dass ihre Eltern dauernd stritten. »Blut ist dicker als Wasser«, predigte ihre Mum unermüdlich, was offenbar bedeuten sollte, dass man nur der eigenen Familie vertrauen durfte und nicht den besten Freundinnen. Für Priya ergab das überhaupt keinen Sinn, denn sie stand Sami und Mei viel näher als den Dutzenden *masis* und *masas*, die sie nur einmal im Jahr zu Gesicht bekam. Doch ihre Mum beharrte darauf: Familiengeheimnisse jeder Art mussten in der Familie bleiben. Wobei – nicht mal ihre Verwandten wollte sie einweihen. Auf keinen Fall die Cousins und Cousinen, weil sie gewiss tratschen würden. Und am besten sollte Priya auch Pinkie nichts verraten, denn Pinkie war ja erst zehn und sie damit zu belasten wäre ungerecht. Somit lief es darauf hinaus, dass Priya überhaupt niemanden mehr hatte, mit dem sie reden konnte. Seit dem 13. August des vorigen Jahres.

»Mädchen?« Ihre Mum kam ins Wohnzimmer und schaute sie mit entschuldigender Miene an. »Ihr solltet wirklich nicht vor dem Fernseher essen.«

Priya beschloss, den allzu offenkundigen Grund dafür nicht anzusprechen. »Tut mir leid.«

»Ihr ... habt gerade nichts mitbekommen, oder?«

Priya schüttelte den Kopf. Sie wandte sich zu Pinkie um, die noch immer ganz von dem Film gefesselt war. »Wir haben kein Wort gehört.«

Die Züge ihrer Mum entspannten sich sichtbar. »Okay. Gut. Und ... ähm, wie war dein Tag, *beta*? Hat beim Turnen alles geklappt? Und was macht die Schule?«

Priya gingen all die Dinge durch den Kopf, die an diesem Tag schiefgelaufen waren. Sie spürte, wie sich ein neuerlicher Kloß in ihrem Hals bildete und Tränen unter ihren Lidern kribbelten. Sie drängte alles zurück, schüttelte den Kopf und zwang sich zu lächeln. Es hatte keinen Sinn, ihre Mum damit zu behelligen, die ohnehin bereits so erschöpft war. »Alles war super, danke, Mum. Ich hatte einen ... fantastischen Tag.«

Ihre Mum schenkte ihr ebenfalls ein Lächeln. »Natürlich. Wie immer. Ich habe so ein Glück mit dir, Priya. Was würde ich nur ohne dich machen?«

Nach dem Abendessen setzte Priya sich an ihren Computer, um ihre restlichen Hausaufgaben zu erledigen. Sie war heilfroh, dass der Tag beinahe geschafft war. Nun musste sie nur noch ein paar letzte Zeilen für ihren Geschichtsaufsatz zu Papier bringen, dann konnte sie endlich schlafen. Solange ihre Eltern nicht wieder loszankten.

Gähnend tippte sie ihr Fazit zu der Fragestellung: *Welche der Ehefrauen von Heinrich VIII. war die tragischste?* Lang und breit hatte sie dargelegt, weshalb die korrekte Antwort *Katharina von Aragon* lautete. Die erste Frau des Königs tat ihr leid – sie hatte einfach nur ihr Leben gelebt, nach bestem Wissen und Gewissen, als Heinrich plötzlich Anne Boleyn ins Spiel gebracht und damit alles verkompliziert hatte. Priya war sich nicht sicher, wer in ihrem eigenen Leben die Rolle der Anne Boleyn einnahm: Waren es die Geldsorgen ihrer Eltern? Die Olympischen Spiele? In jedem Fall aber hatte sie das Gefühl, sehr genau nachempfinden zu können, wie es der spanischen Königin gegangen sein musste.

Mit einem Mal wurde der Bildschirm schwarz und alle Lichter verloschen. Priya tippte auf der Tastatur herum, doch nichts tat sich. Ihr Laptop war so alt, dass er dauerhaft am Strom hängen musste, wenn sie ihn benutzte – und wenn der Strom ausfiel, war auch mit dem Computer nichts mehr anzufangen. Sie stand auf und versuchte, das Licht einzuschalten, doch es blieb finster.

Sie öffnete ihre Zimmertür und sah, dass es im ganzen Haus dunkel war. »Hallo? Was ist denn los?«

»Deine Schwester hielt es für eine gute Idee, alle Küchengeräte gleichzeitig laufen zu lassen«, rief ihr Dad. »Eine Sicherung ist rausgeflogen. Aber keine Sorge! Das bringe ich in einer Sekunde wieder in Ordnung!«

»Das war ein *Experiment*«, stellte Pinkie klar. »Teil unserer Physikhausaufgabe.«

»Ich werde wohl mal ein Wörtchen mit Mr Jarvis reden müssen.« Ihr Dad seufzte. »Deine Hausaufgaben sind unvereinbar mit meinem Bedürfnis, die Champions League zu schauen.«

»Dad! Soll das heißen, dass meine schulische Ausbildung dir weniger wichtig ist als Fußball?«

Priya blendete die Stimmen aus. Sie setzte sich zurück an den Schreibtisch und wartete stumm darauf, dass der Strom wieder funktionierte. Als die Deckenlampe aufflammte, startete sie ihren Laptop neu. Sie öffnete das Dokument mit dem Geschichtsaufsatz und hoffte inständig, dass sie gleich nicht noch eine Katastrophe für diesen Tag würde verbuchen müssen. Doch diese Hoffnung erstarb, kaum dass die weiße Seite auf dem Bildschirm aufleuchtete. Kein einziges Wort war mehr da. Ihr kompletter Aufsatz war verschwunden.

Kapitel 3

Priya lag im Bett und tat das, wogegen sie den ganzen Tag lang angekämpft hatte: Sie weinte. Mit über den Kopf gezogener Decke und einem Kissen, das jedes Geräusch dämpfte, schluchzte sie hemmungslos vor sich hin. Sie war so unfassbar erschöpft. Alles ging immer nur schief, und sie hatte keine Ahnung, wie sie die Dinge wieder ins Lot bringen sollte. Nicht nur die Sache mit ihrem Aufsatz oder dass sie Samis Bat-Mizwa verpasste. Oder dass Pinkie eben Pinkie war oder die Streitereien ihrer Eltern. Sondern einfach *alles*. Alles war so schwer, und zwar seit ... Priya versuchte nach Kräften, nicht an den 13. August zu denken, knickte dann aber ein. Sie weinte ja ohnehin schon. Da konnte sie genauso gut über das weinen, was am meisten wehtat.

Ba.

Sie war die Einzige gewesen, mit der Priya wirklich hatte reden können. Die beste Grandma der Welt. Priya hatte sie so sehr geliebt. Aber dann war sie gestorben. Und nun war sie nicht mehr da. Für immer. Priya heulte in ihr Kissen wie ein Schlosshund und spürte, wie der Kloß in ihrem Hals sich endlich auflöste. Es war so schwer, immer zu tun, als wäre alles bestens, während sie sich innerlich trauriger fühlte denn je. Doch sie hatte keine Wahl. Wenn ihre Eltern wüssten, wie elend es ihr ging, würden sie sich bloß noch mehr Sorgen machen – und je mehr Sorgen sie sich machten, desto mehr stritten sie.

Es war nicht immer so schlimm gewesen mit der Streiterei. Natürlich hatten die beiden genau genommen nie irgendwelche echten Gemeinsamkeiten gehabt. Priyas Dad war der unbekümmertste Mensch der Welt, ihre Mum dagegen eine radikale Perfektionistin. Aber früher hatte ihre Mum über die Fehler ihres Dads lachen können. Und er hatte sich nicht immer gleich angegriffen gefühlt – er war verständnisvoller und umsichtiger gewesen. Seit Bas Tod schienen Priyas Eltern jedoch ihre Trauer in Ärger umzumünzen. Pinkie hatte all ihren Kummer darauf verwendet, noch nerviger zu werden. Und Priya selbst ... tja, Priya hatte gar nichts damit angestellt. Sondern die Traurigkeit einfach hinuntergeschluckt. Darum saß in ihrem Hals nun oft dieser dicke Kloß. Keine der Strategien ihrer Familie war ideal. Allerdings war nun einmal auch Bas Tod alles andere als ideal.

Priya wünschte, ihre Eltern würden wenigstens über Ba reden. Doch wann immer sie versucht hatte, das Gespräch auf ihre Grandma zu bringen, hatten sie einfach das Thema gewechselt. Also hatte Priya es aufgegeben. Ihr war klar, dass ihre Mum und ihr Dad vermutlich eine eigene Art hatten, die Trauer zu verarbeiten, doch durch das Schweigen über Grandma fühlte Priya sich einsam. Ihre Trauer wollte nicht still sein. Sie wollte in Erinnerungen an Ba schwelgen, über Bas beste Witze lachen und ihr zu Ehren zu Whitney Houston (Bas Lieblingssängerin) tanzen. Sie hatte gehofft, sie könnten im kommenden August – am ersten Jahrestag von Bas Tods – sogar einen Gedenkgottesdienst für ihre Grandma feiern. Aber als Priya das vorgeschlagen hatte, hatte ihre Mum sie angefaucht, dass sie gerade bis zum Hals in Arbeit stecke. Also hatte Priya einen günstigeren Zeitpunkt abgewartet und erneut gefragt, während ihre Mum gerade durch die sozialen Netzwerke scrollte. Doch auch da hatte ihre Mum die Unterhaltung abgewürgt, indem sie meinte, sie bräuchten kein großes Brimborium, um sich an Ba zu erinnern. Also hatte Priya kapituliert.

Ihre Grandma hätte ihr sicher einen guten Rat geben können. Wie zwei Jahre zuvor, als sie bei den Britischen Juniorenmeisterschaften ihre Übung am Schwebebalken verpatzt und Ba ihr gesagt hatte, sie hätte trotzdem Gold verdient. Priya war verwirrt gewesen: Wie sollte sie Gold verdient haben, wo sie doch gerade ihren Spreizsprung vermasselt hatte und vom Balken gefallen war? Doch Ba hatte erklärt: Keines der anderen Mädchen habe sich aufgerappelt und direkt wieder hochgeschwungen. Ihrer Meinung nach stand Priya die Goldmedaille zu – für ihre Tapferkeit.

Oder damals, als Priya ihre Eltern zum ersten Mal über Geld hatte streiten hören. Die Vorstellung, dass die beiden sich scheiden lassen könnten, hatte ihr damals noch Angst gemacht. Kaum hatte sie sich Ba anvertraut, hatte ihre Grandma allerdings begeistert in die Hände geklatscht. »Eine Scheidung! Wäre das nicht wunderbar? Damit wären die zwei frei und könnten beide ohne Zank und Ärger ihr jeweils eigenes Leben leben!« Priya hatte damals nicht verstanden, wie Ba das meinte, doch inzwischen ergab es vollkommen Sinn. So war es immer gewesen mit Ba – sie war so weise gewesen, dass ihre Ratschläge bis weit in die Zukunft ihre Gültigkeit behielten.

Priya kniff die Augen zusammen und versuchte sich vorzustellen, was Ba in diesem Moment zu ihr sagen würde. »Es bringt nichts, zu weinen wegen Dingen, die du nicht ändern kannst. Was würde Heinrich VIII. tun? Sich eine neue Ehefrau besorgen? Ganz genau! Also, besorg dir einen neuen Aufsatz!«

Priya seufzte. Ba hätte zweifellos eine klügere Empfehlung parat gehabt. Doch allein der Gedanke an ihre wertvollen Tipps war besser als nichts. Also machte Priya weiter.

»Dein Turnwettkampf ist am selben Tag wie die Bat-Mizwa? Dann geh zu beidem!« Wenn das bloß ginge. Priya hatte an genügend Meisterschaften teilgenommen, um zu wissen, dass solche Veranstaltungen den ganzen Tag dauerten und die wichtigsten Disziplinen – die Einzelwettbewerbe – immer erst am Nachmittag ausgetragen wurden. Gerade dann, wenn Samis Party begann. »Tja, dann such dir aus, wohin du lieber gehen würdest!« Doch so einfach war es nicht. Priya *musste* an den Britischen Meisterschaften teilnehmen. Der Olympiascout würde dort sein! Dafür trainierte sie seit ihrem sechsten Lebensjahr, und alle wären so enttäuscht, wenn sie ihre Chance nun sausen ließe. Ganz zu schweigen davon, wie belastend es für ihre Eltern wäre, wenn sie das Preisgeld nicht gewinnen würde – da alles immer teurer wurde, kalkulierten sie es fest ein, um Priyas weiteres Training davon zu bezahlen.

Sie hatte *keine* Wahl – denn um nichts in der Welt würde sie noch mehr Probleme heraufbeschwören, die dann bloß zu neuen Streitigkeiten zwischen ihren Eltern führten.

»Ach, dass deine Eltern streiten, das ist nichts Schlechtes!«, würde Ba entgegnen. »Vielleicht bringt sie das endlich näher an die Scheidung!« Aber Priya hatte inzwischen verstanden, dass ihr jüngeres Ich sich in dieser Angst getäuscht hatte: Ihre Eltern würden sich niemals scheiden lassen. So weit würde es nicht kommen, denn der schlimmste Albtraum der beiden war nicht etwa, in einer unglücklichen Ehe gefangen zu sein – sondern die Vorstellung, andere Leute könnten *herausfinden*, dass sie eine unglückliche Ehe führten. Alles lief am Ende wieder hinaus auf Regel Nummer eins: *Wasch deine schmutzige Wäsche nicht in der Öffentlichkeit.*

Was Ba wohl dazu zu sagen hätte?

Priya versuchte verzweifelt, die Antwort ihrer Grandma zu erahnen, doch sosehr sie sich auch bemühte, es war zu schwierig. Sie verzog das Gesicht vor Anstrengung, gab schließlich auf und durchlebte stattdessen in Gedanken noch einmal ihre allerletzte Unterhaltung mit Ba.

Es war im Krankenhaus gewesen. Im Flur hatte Priyas Mum zusammen mit ihren Geschwistern geweint. Auf die elfjährige Priya hatte derweil niemand geachtet, also war sie allein durch die offene Tür ins Krankenzimmer geschlüpft, wo ihre Grandma auf einem weiß bezogenen Bett lag. Sie wirkte winzig und beängstigend gebrechlich. Zum ersten Mal in ihrem Leben wurde Priya bewusst, dass ihre Grandma alt war. Wie erstarrt hatte sie an der Schwelle gestanden, bis Ba hochgeschaut und ihr zugezwinkert hatte. Ein Seufzer der Erleichterung war Priya entfahren. Ba war immer noch Ba.

»Na, komm schon rein! Noch bin ich nicht tot!«

Priya schenkte ihr ein wässriges Lächeln. »Ich will wirklich, *wirklich* nicht, dass du stirbst, Ba.«

»Und ich will keine klumpige Vanillesoße zu meinem Pudding, aber wie es scheint, habe ich genau das bekommen.« Ba betrachtete den Pudding auf ihrem Tablett und rümpfte die Nase.

»Ich habe keinen blassen Schimmer, was ich ohne dich machen soll«, flüsterte Priya. »Bitte geh nicht.«

»Nicht einmal, wenn ich aus sicherer Quelle weiß, dass die Vanillesoße im Himmel komplett ohne Klümpchen ist?«

Wider Willen musste Priya lachen. »Über den Tod macht man keine Scherze.«

»Ist das wieder so ein Spruch deiner Mum? Ich werde nie verstehen, wie meine Tochter es geschafft hat, ohne jeden Sinn für Humor auf die Welt zu kommen. Ein Glück, dass wenigstens du einen hast.« Ba griff nach Priyas Hand. »Ich weiß, es wird nicht leicht werden, *beta*. Ich bleibe, solange ich kann. Aber ... diese Vanillesoße ruft nach mir.«

»Ba!«

»Tut mir leid, tut mir leid. Trotzdem: Du schaffst das, Priya. Du schaffst immer alles.«

Priya zögerte kurz. Dann antwortete sie sehr leise: »Das stimmt nicht. Ich tue nur so, als würde ich alles schaffen.«

»Ich weiß, Schätzchen, aber du musst dich nicht verstellen.

Es ist in Ordnung, zu weinen und traurig zu sein und Dinge nicht hinzukriegen! Das gehört zum Leben. Das ist die Natur der Dinge. Es ist in Ordnung, wenn nicht alles in Ordnung ist.«

Priya schaute zweifelnd drein. »Ich spüre einfach, ich werde dich so sehr vermissen, dass ich nicht einmal mehr atmen kann, wenn ich nur daran denke.«

Ba drückte ihre Hand. »Ich werde dich auch vermissen. Aber ich verspreche, dass ich von dort oben auf dich hinunterblicken werde, an jedem einzelnen Tag.«

Priya zog eine Augenbraue hoch. »Ich bin mir nicht sicher, ob es mir gefällt, wenn du mir dabei zuschaust, wie ich aufs Klo gehe.«

»Ein paarmal am Tag halte ich mir die Augen zu, aber sonst bin ich immer da.«

Priya lachte und wischte sich dabei die Tränen weg. »Versprochen?«

»Versprochen.«

»Ich habe keine Ahnung, mit wem ich reden soll, wenn du nicht mehr da bist«, gestand Priya leise. »Du bist der einzige Mensch, mit dem ich ehrlich sein kann.«

»Du kannst mir immer noch alles erzählen. Nur meine Antworten wirst du vielleicht nicht mehr so bekommen, wie du es gewohnt bist.«

»Aber ich brauche dich. Wie soll ich ohne dich zurechtkommen?«

»Du wirst dich großartig schlagen, *beta*«, versicherte ihr Ba. »Trotzdem habe ich hier etwas, das dir vielleicht hilft, wenn alles ein bisschen zu viel wird ...« Sie hustete laut, sodass

Priya unwillkürlich besorgt die Stirn runzelte, und schob dann eine Hand unter ihr Bettlaken. Als sie sie wieder hervorzog, lag darin ein kleiner goldener Armreif. Er bestand aus purem Gold: eine schlichte runde Spange, besetzt mit großen schimmernden Rubinen und winzigen Diamanten.

Priya schnappte nach Luft, als sie das Schmuckstück wiedererkannte. »Dein Armreif!« Sie hatte ihn stets bewundert, wenn sie bei ihrer Grandma zu Besuch gewesen war. Er glänzte so wunderbar, dass sie sich wie magisch von ihm angezogen fühlte. Doch der Klammerverschluss war kaputt, deshalb trug Ba ihn nie – und deshalb hatte auch Priya ihn nie tragen können. Der Reif war geschlossen, und ganz gleich, wie oft Priya es versuchte, ihre Hände waren zu breit, um ihn einfach darüberzuschieben.

»Für dich«, sagte Ba. »Er wird dir helfen, wenn du mich am nötigsten brauchst.«

»Mir helfen, mich an dich zu erinnern?«, fragte Priya verwirrt. »Ich werde dich nie vergessen – *niemals*!«

»Das weiß ich, *beta*«, erwiderte Ba. »Aber der Armreif wird dir helfen, wenn du dich einsam fühlst. Schau, Einsamkeit entsteht, wenn wir nicht ehrlich mit anderen Menschen sein können.«

»Okay«, meinte Priya stirnrunzelnd. »Aber was hat das mit dem Reif zu tun?«

»Die Wahrheit –«, setzte Ba an, wurde dann jedoch erneut von einem Hustenanfall überwältigt. »Die Wahrheit ist der –« Ihr Husten wurde so heftig, dass sie den Satz nicht zu Ende bringen konnte.

Priya legte ihr eine Hand auf den Arm. Er fühlte sich dünner an als gewöhnlich. »Ba? Ist alles okay?«

In diesem Moment schwang die Tür auf. Im Rahmen stand Priyas Mum.

»Priya!«, rief sie. »Du musst Ba Ruhe gönnen. Komm jetzt raus.«

»Aber wir haben uns nur unterhalten.«

»Du kannst dich später mit ihr unterhalten, jetzt komm.«

Eilig drückte Priya Ba noch einmal fest an sich. »Ich habe dich lieb, Ba. Für immer und ewig.«

»Ich habe dich auch lieb, Priya. Und denk an ... den Armreif.«

Es war die letzte Unterhaltung zwischen Priya und ihrer Grandma gewesen. Eine Stunde später war Ba gestorben. Alles, was Priya von ihr geblieben war, war ein schimmernder Goldreif mit einem defekten Verschluss, und wann immer Priya ihn ansah, kamen ihr die Tränen. *Der Armreif.* Mit einem Mal verspürte Priya das dringende Bedürfnis, das kühle Metall unter ihren Fingern zu spüren. Sie schob die Bettdecke beiseite, hastete zu dem Schatzkästchen auf ihrer Kommode und hob den Deckel von dem mit glitzerndem Geschenkpapier beklebten Schuhkarton. Und da, unter einem Foto von Mei, Sami und ihr und neben ihrer Goldmedaillensammlung, lag Bas Armreif. Priya drückte ihn sich fest an die Brust. Er war so wunderschön wie eh und je. Noch nie hatte sie ein vergleichbares Schmuckstück gesehen: Auf den ersten Blick schien es einigen der Armreifen ihrer Mum gar nicht so unähnlich – Gold, verziert mit Edelsteinen. Doch wenn Licht auf Bas Armreif fiel, dann *glühte* er regelrecht. Zwischen den Steinen befanden sich verborgene Scharniere, sodass man ihn einfach in der Mitte auseinanderklappen konnte. Das Problem: Sie klemmten. Jedes Mal, wenn Priya die schlichte Klammer auf der einen Seite zurückgeklappt und versucht hatte, behutsam die Scharniere auseinanderzubiegen, hatten sie sich kein Stück bewegt. Hätte sie bloß kleinere Hände gehabt, wäre es ein Leichtes gewesen, den Reif einfach darüberzuschieben. Aber ihre Hände waren zu groß, genau wie früher Bas.

Priya erinnerte sich, dass sie Ba einmal gefragt hatte, wieso sie den Armreif nicht reparieren ließ. Ba hatte sie rätselhaft angelächelt. »Wenn der Reif wollte, dass ich ihn trage, würde er es mir erlauben.« Damals hatte Priya beschlossen, dass das bedeuten musste, der Reif war magisch, und sie hatte sich unzählige Geschichten darüber ausgedacht, welche Kräfte er besaß, während sie durchs Haus gerannt war und mit Bas Saris Höhlen und Verstecke gebaut hatte. Ba hatte sie dabei ermuntert, selbst wild mitfabuliert und behauptet, das Schmuckstück habe einst der klügsten Prinzessin Indiens gehört. Priya hatte noch jedes Wort der Erzählung im Kopf.

Die Prinzessin war so klug gewesen, dass sie die Geheimnisse der Magie und der Alchimie entdeckt hatte, und sie war sich auch der Gefahr bewusst gewesen, ihr Wissen könnte in falsche Hände geraten. Als Eroberer ins Land einfielen, ahnte die Prinzessin, dass sie es auf ihre Magie abgesehen hatten. Deshalb bannte sie alle Zauberkunst in ihren Schmuck, verwandelte ihre Kräfte in Gold und schenkte die wertvollen Kleinodien ihren vertrautesten Bediensteten. Die schlaue Prinzessin verstand natürlich, dass Eroberer immerzu diejenigen unterschätzen, denen sie sich überlegen fühlen. Und so überdauerte ihr Schmuck die Jahrhunderte, wurde weitergeben in den Familien ihrer Dienerinnen und Diener, von einer Generation zur nächsten. Ba zufolge stammte Priyas Familie in direkter Linie von der Lieblingszofe der Prinzessin ab.

Als sie klein gewesen war, hatte Priya all das in sich aufgesogen. Sie hatte die Geschichte der cleveren Prinzessin und ihres magischen Armreifs geliebt. Inzwischen aber war Priya zwölf, und ihr war klar, dass alles kindischer Unsinn gewesen war, den Ba sich ausgedacht hatte, um sie zu unterhalten. Der Armreif war kein bisschen magisch. Denn wäre er magisch gewesen, hätte er Ba gerettet. Oder zumindest seine Schließe geöffnet, sodass Priya ihn umlegen konnte. Priya versuchte es noch einmal, nur um sich selbst zu beweisen, dass sie recht hatte. Nichts geschah. Die Scharniere blieben stur in ihrer Position. Wie immer. Priya spürte, wie ein winziger Hoffnungsfunke in ihr erlosch. Was hatte sie erwartet – dass der Armreif sich mit einem Mal öffnen und gleichzeitig Ba aus dem Nichts auftauchen würde? Das war albern.

Die letzten Reste von Priyas Optimismus verflüchtigten sich, und ein neues verzweifeltes Schluchzen bahnte sich seinen Weg aus ihrer Brust. Sie warf sich mit dem Schmuckstück in der Hand auf ihr Bett, zog sich erneut die Decke über den Kopf und ließ ihre stummen Tränen über den Reif strömen.

Sie war es dermaßen leid, immer so tun zu müssen, als ob alles bestens wäre. Doch es ging nicht anders. Ba hatte falschgelegen mit ihrer Aussage, dass es in Ordnung sei, wenn nicht alles in Ordnung war. Einige Monate zuvor, als das beliebteste Mädchen der Schule Priya zum ersten Mal gezwungen hatte, seine Hausaufgaben zu erledigen, hatte Priya versucht, ihre Eltern ins Vertrauen zu ziehen. Doch kaum hatte sie auch nur zugegeben, dass sie einen schlechten Tag gehabt hatte, waren ihre Eltern bereits regelrecht ausgeflippt. Die Miene ihrer Mum war starr vor Panik geworden – ihre größte Sorge bestand darin, Priya könnte eine Klassenarbeit in den Sand setzen. Ihr Dad dagegen hatte Priya fünfmal hintereinander – und mit immer lauterer Stimme – gefragt, was denn passiert sei, ihr aber nicht einmal Zeit für eine Antwort gegeben. Es war offensichtlich: Keiner der beiden wäre in der Lage, damit umzugehen, dass irgendetwas in Priyas Leben aus dem Ruder lief. Und somit konnte sie ihnen unmöglich die Wahrheit sagen. Wahrscheinlich würden sie sich bloß darüber streiten, und falls sie auf die Idee kämen, die Schule zu informieren, würde das alles noch viel schlimmer machen. Katie Wong zu verpfeifen war *keine* Option. Also hatte Priya stattdessen einfach die Augen verdreht und ihre Eltern beruhigt: Schlecht wäre der Tag nur gewesen, weil sie ihr Sportzeug vergessen hatte. Beide hatten so erleichtert dreingeschaut, dass Priya beschlossen hatte, nie wieder mit der Wahrheit zu ihnen zu kommen.

Diese Erinnerung ließ Priya nur noch lauter aufschluchzen. Sie hatte es derart satt, wie schwierig alles war.

Da hörte sie ein leises Klicken.

Sie schlug die Decke zurück und wischte sich hastig über das Gesicht. War etwa Pinkie an ihrer Tür?

»Hallo?«, rief Priya.

Keine Antwort.

Ihr Blick fiel wieder auf den Armreif. Er war nass von ihren Tränen. Vorsichtig tupfte sie ihn mit dem T-Shirt ihres Turnteams ab – und schnappte dann hörbar nach Luft. Der Armreif war in zwei Hälften auseinandergeklappt! Hatte sie ihn zerbrochen? Sie hielt ihn ins Licht und erstarrte nun vollends vor Entsetzen. Er war nicht kaputt. Die Scharniere hatten sich geöffnet.

Ohne nachzudenken schob sich Priya das Schmuckstück über das rechte Handgelenk. Mit der linken Hand klappte sie den Verschluss zu, und es klickte noch einmal, als die Klammer einrastete. Priya atmete scharf ein. Sie konnte es noch immer nicht glauben. Ihr war vollkommen schleierhaft, was geschehen war – hatten vielleicht ihre Tränen die Scharniere geschmeidiger gemacht? Eigentlich war es ihr egal. Denn endlich, nach Monaten der Einsamkeit, wusste sie, dass Ba bei ihr war. Okay, sie konnte ihre Grandma nicht sehen. Auch nicht hören. Und im Grunde hatte sich nichts verändert, seit sie den Armreif angelegt hatte, aber das tat nichts zur Sache. Denn *Priya trug den Armreif*, nach Tausenden fehlgeschlagener Versuche. Vielleicht wurde jetzt endlich alles besser.

Kapitel 4

Gähnend tappte Priya die Treppe hinunter und in die Küche. Ausnahmsweise einmal hatte sie wunderbar geschlafen und fühlte sich so gut wie seit Wochen nicht mehr. Sie hoffte, dass ihre Mum an diesem Morgen an der Reihe war, alles zu organisieren, denn dann gäbe es Cerealien: Choco Krispies für Pinkie und Weetabix für Priya. Nicht gerade ein Traumfrühstück, aber *um Welten* besser als an den Tagen, an denen ihr Dad an der Reihe war und versuchte, ihnen etwas am Herd zu zaubern. In diesem Fall mussten die Mädchen vorgeben, verbranntes Rührei oder halbgare Pfannkuchen zu essen – nur um am Ende doch noch eine Schüssel Cornflakes hinunterzuschlingen. Und zwanzig Minuten zu spät aus dem Haus zu kommen.

»Guten Morgen, Priya! Es gibt Eier!« Aus der Küche strahlte ihr Dad ihr entgegen. »Pochiert oder Rührei?«

Priya überlegte, was wohl schwieriger zu vermasseln war. »Ähm … pochiert? Eigentlich –«

»Pochiert – dein Wunsch ist mir Befehl!«, trällerte ihr Dad. »Toast ist im Toaster. Oder besser: Brot ist im Toaster. Denn Toast muss ja genau genommen erst daraus werden, was?«

»Jaaa … Wo ist Pinkie?«

Ihr Dad wandte sich mit schuldbewusster Miene wieder zu ihr um. »Ich nehme an, sie schläft noch.«

»Dad! Wir müssen in zehn Minuten los!«

Er fuhr sich mit einer Hand durch sein buschiges Haar, das langsam grau wurde. »Ich weiß, Priya. Sie ... wollte einfach nicht aufstehen. Es macht dir nichts aus, sie für mich wecken zu gehen, oder?«

»Doch, es macht mir sehr wohl etwas aus!« Priya schlug sich eine Hand auf den Mund. Das hatte sie nicht laut aussprechen wollen. Vermutlich war sie selbst noch nicht ganz wach. »Ähm, tut mir leid. Ich gehe sie wecken.«

Sie ignorierte die verdutzte Miene ihres Dads und stapfte die Treppe wieder hinauf zum Zimmer ihrer Schwester. Ohne die Beule unter der Bettdecke, die ihre Schwester erahnen ließ, auch nur eines Blickes zu würdigen, marschierte sie geradewegs zum Fenster und zog mit einem Ruck die Vorhänge zurück, sodass grelles Licht in den Raum strömte. Pinkie protestierte grummelnd und drehte dem Fenster den Rücken zu. Also riss Priya ihr die Decke weg.

Pinkie kreischte und setzte sich alarmiert auf. Ihr kurzes Haar stand ihr wild vom Kopf ab. Sie sah aus wie ein niedlicher Alien. »Was soll das?!«

»Wir müssen in genau ... neun Minuten aus dem Haus. Dad hat Eier aufgestellt«, sagte Priya und musterte missbilligend das kunterbunte Chaoszimmer ihrer Schwester: Die Wände waren knallblau, das Bett limettengrün, und in einer Ecke lagen verschiedenfarbige Sitzsäcke, auf denen sich haufenweise Kleider und Bücher türmten. Sogar über der wunderschönen Holztruhe, die Ba Pinkie vererbt hatte – eine echte Antiquität mit filigranen Schnitzereien, in der Pinkie ihre ganz persönlichen »Schätze« hortete –, lagen Klamottenberge. Stirnrunzelnd nahm Priya die Kleider von der Truhe. Pinkies Zimmer und ihr eigenes hätten nicht unterschiedlicher sein können – denn wer Priyas Reich betrat, stand inmitten von weißen Wänden, einem Bett mit weißer Tagesdecke (die allerdings immerhin eine Bordüre mit Sonnenblumen zierte) und ordentlich sortierten Bücherregalen.

Pinkie seufzte laut und stand widerwillig auf. Auf ihrem Nachthemd prangte ein riesengroßer Yoda. »Wieso macht er sich überhaupt die Mühe mit den Eiern? Wir essen sie doch sowieso nicht.«

»Weil er uns zeigen will, dass er uns lieb hat«, erwiderte Priya wie von selbst. Dann schüttelte sie den Kopf. Das war seltsam. So etwas sagte sie normalerweise nicht zu ihrer Schwester. Für gewöhnlich tat sie Pinkies Fragen mit einem »Was weiß ich?« ab. Woher war nun *diese* Antwort gekommen?

Doch Pinkie legte bloß den Kopf schief und schlüpfte unter dem Nachthemd in ihre Schulhosen. »Hmm. Ich schätze, das macht die Eier etwas erträglicher.«

»Jedenfalls«, fing Priya wieder an und gab sich dabei alle Mühe, nicht weiter darüber nachzudenken, wie sonderbar sie sich seit dem Aufstehen benahm. »Kannst du dich bitte beeilen? Ich muss zum Turnen.«

»Wieso bist du eigentlich immer so scharf aufs Turnen?«, fragte Pinkie, die auf unerklärliche Weise inzwischen komplett in ihrer Schuluniform steckte. Priya warf ihr einen widerstrebend bewundernden Blick zu. »Du gehst doch jeden Tag hin.«

»Weil ich dort Dan Zhang sehe«, sagte Priya. Sie japste auf, und wieder flog ihre Hand zu ihrem Mund. Hatte sie das gerade laut eingestanden? Was war nur los mit ihr?!

Ihre jüngere Schwester merkte neugierig auf. »Wer ist Dan?«

»Er ist in meinem Team«, sagte Priya eilig – in der Hoffnung, dass ihr nichts Zusätzliches, Ungewolltes aus dem Mund schlüpfte. »Er ist wirklich süß.« Oh nein. Sie rannte aus der Tür, ehe sie noch mehr preisgab, was andere gar nichts anging, und hastete die Stufen hinunter. Im Flur blieb Priya vor dem breiten Spiegel stehen. Sie starrte ihr Spiegelbild an: unspektakuläre schulterlange braune Haare, ebenfalls braune Augen und einen Ausdruck bodenloser Panik im Gesicht. Sie kam sich vor, als durchlebte sie hellwach einen Albtraum – *wieso nur* rutschte ihr in einem fort das Gegenteil von dem heraus, was sie eigentlich sagen wollte? Sie schüttelte den Kopf und musterte ihr Gegenüber im Spiegel streng.

»Priya Shah«, ermahnte sie sich halblaut, »hör auf, jeden deiner Gedanken hinauszuposaunen. Tu einfach ... was du immer tust – und halt die Klappe! Sonst machst du ALLES KAPUTT! Okay? Lass es ... einfach gut sein!«

Mit einem letzten warnenden Blick auf ihr Spiegelbild ging sie in die Küche.

»Die Eier sind fertig!«, verkündete ihr Dad fröhlich, als sie am Tisch Platz nahm. »Bitte sehr, Mademoiselle – Eier à la Monsieur Shah!«

Argwöhnisch beäugte Priya die wässrige Eimasse, die in eine verbrannte Toastscheibe einsickerte, und wünschte insgeheim, sie wäre zusammen mit Pinkie oben im Bad beim Zähneputzen. Wie schaffte ihre Schwester es nur immer, den schlimmsten Frühstückspannen ihres Dads zu entkommen? »Ähm ... danke?«

»Ich habe Essig dazugegeben, damit das Ei schön rund bleibt«, erklärte ihr Dad stolz und beobachtete, wie sie vorsichtig das Messer ansetzte. »Ist es nicht schön rund?«

»Ja«, antwortete Priya. Rund war es, allerdings stimmte die Konsistenz ganz und gar nicht – und, wie sie feststellte, als die Gabel ihre Zunge berührte: Es schmeckte so stark nach Essig, dass sie es unmöglich hinunterbrachte. Irgendwie schaffte sie es trotzdem, ohne zu würgen.

»Schmeckt es dir?«, fragte ihr Dad hoffnungsvoll.

Priya lächelte, bereit, ihren Dad anzuflunkern, wie jedes Mal. Sie öffnete den Mund, um zu bejahen.

»Nein.«

In der nächsten Sekunde schnappte sie nach Luft. Schon wieder! Wieso hatte sie Nein gesagt?! Sie hatte ihren Dad nicht verletzen wollen! Sie kniff die Augen fest zu, um die Traurigkeit in seinem Gesicht nicht sehen zu müssen. »Entschuldige. Ich meinte, es ist bloß noch nicht ganz ... ähm, gar.«

»Oh.« Ihr Dad klang enttäuscht. »Dann, ähm, lege ich die Eier einfach noch eine Minute ins Wasser! Ja, genau. Danach schmecken sie bestimmt prima, meinst du nicht?«

»Nein«, entgegnete Priya unglücklich und öffnete unwillkürlich wieder die Augen. Ihr Dad hatte ihr den Rücken zugekehrt, während er die Eier zurück in den Topf bugsierte, und sie war heilfroh darüber. Denn sie ahnte, dass sie auf keinen Fall seine Miene sehen wollte, wenn sie ihren Satz zu Ende brachte. Mit aller Kraft mühte sie sich, die Worte zurückzuhalten. Sie schluckte ein ums andere Mal, spürte jedoch, wie sie immer stärker aus ihr hinausdrängten. Ein letztes Mal versuchte sie, ihren Mund fest zuzupressen, doch es funktionierte nicht. Die Worte, die sie um jeden Preis für sich behalten wollte, schossen heraus. »Sie schmecken so oder so widerlich.«

Zum ersten Mal in ihrem Leben kam Priya viel zu früh zur Schule. Denn an diesem Morgen hatte sie das Turnen ausfallen lassen. Bis ihr Dad die Eier weggeworfen, den Mädchen stattdessen Cornflakes vorgesetzt und sie schließlich ins Auto gescheucht hatte, hatte Priya ohnehin schon die Hälfte des Trainings verpasst. Normalerweise hätte sie darauf bestanden, trotzdem hingefahren zu werden – Olaf wollte, dass sie vor dem großen Wettkampf so viel Übung wie möglich bekam. Doch ausnahmsweise hatte Priya ihrem Dad gesagt, er solle sie einfach gleich zur Schule bringen. Denn es war eine Sache, ihrem Dad zu eröffnen, was sie wirklich von seinem Frühstück hielt – aber eine ganz andere, womöglich Dan Zhang zu offenbaren, was sie *von ihm* hielt.

Nach dem schrägen Morgen wagte Priya es nicht, auch nur in seine Nähe zu kommen. Sie wurde zur Gefahr für sich selbst. Falls Dan Zhang ihr über den Weg liefe, wäre es höchst wahrscheinlich, dass sie ihn nicht einfach wie sonst aus der Ferne anlächeln, sondern tatsächlich *ansprechen* würde. Und in ihrem momentanen Zustand wäre das *keine* gute Idee. Bisher wusste Dan über Priya nur, dass sie 1. schon am längsten im Team war und mehr Goldmedaillen gewonnen hatte als alle anderen, 2. oft zu spät zum Training kam, 3. großartige Rückwärtssaltos sprang und 4. als Favoritin für den Nachwuchskader des Olympiateams galt. Also genau das, was auch der Rest des Teams wusste, und Priya hatte keinerlei Absicht, in nächster Zeit etwas an diesem Wissensstand zu ändern. Es war einfach zu riskant. Ihm würde klarwerden, wie uncool sie war. Und dass ihr Leben das reinste Chaos war. Und das wiederum würde jede noch so winzige Chance ruinieren, dass er Priya jemals um ein Date bitten würde. Zugegeben – wie sollte er sie überhaupt um ein Date bitten, wo sie doch niemals nach dem Training oder nach Wettkämpfen noch Zeit mit den anderen aus dem Team verbrachte? Doch es war sicherer so. Außerdem hatte sie im Gegensatz zu Dan gar keine Zeit, an all den gemeinsamen Freizeitaktivitäten teilzunehmen – sie war immer viel zu sehr damit beschäftigt, ihre Hausaufgaben zu erledigen und ihre Familie zu kitten. Falls wirklich einmal Zeit übrig blieb, verbrachte sie sie mit Sami und Mei.

Statt also vom Training zur Schule zu hetzen, war Priya nun überpünktlich und saß schon im Klassenraum, wo sie »Krankheit, bei der man sagt, was man denkt« und »Wieso sage ich immer die Wahrheit?« googelte. Sie überflog ein paar Selbsthilfeartikel, die die Vorzüge von Ehrlichkeit priesen. So ein Blödsinn: als ob es auch nur irgendetwas Gutes hätte, alle Menschen um sich herum zu verletzen und sich selbst bis auf die Knochen zu blamieren! Und sie wurde immer panischer bei der Vorstellung, dass sie womöglich irgendein psychisches Problem hatte. Die Aussicht, das Ganze könnte nicht nur ein vorübergehender Tick, sondern vielmehr ihr neues Ich sein, war schrecklich. Ihr graute davor, was sie als Nächstes tun würde – etwa Ms Lufthausen verkünden, dass es ihrem Unterrichtsstil an persönlicher Note mangelte? Oder Katie ins Gesicht sagen, was sie wirklich davon hielt, jede Woche ihre Mathehausaufgaben erledigen zu müssen? Oder – die schlimmste Option – würde sie womöglich Sami und Mei kränken?

Priya hatte gerade die Hälfte eines Online-Fragebogens geschafft, um herauszufinden, ob sie an einer Zwangsstörung litt, die sie dazu brachte, jeden Gedanken laut auszusprechen, als Sami und Mei hereinkamen. Beide mampften Schokocroissants. Wieder einmal hatte Priya etwas verpasst, und das versetzte ihr einen Stich: Sami und Mei gingen jeden Morgen zusammen bei der Bäckerei um die Ecke vorbei. Priya war eingeladen, sie jederzeit zu begleiten – obwohl die beiden seit der Grundschule beste Freundinnen waren und Priya erst in der siebten Klasse hinzugestoßen war, gaben sie ihr nie das Gefühl, sie wäre kein ebenbürtiges Mitglied ihres Trios. Doch bisher war Priya kein einziges Mal mitgegangen, weil sie ja stets beim Turnen war. Oder mit ihren restlichen Hausaufgaben beschäftigt. Oder, wie diesmal, vertieft in die Recherche nach Krankheiten, bei denen man unfreiwillig die Wahrheit sagt.

»Heyho, Priya«, rief Sami, schwang ihre Schultasche auf ihren Tisch und schob sich den Rest ihres Schokohörnchens in den Mund. Krümel sprühten nach allen Seiten. »Was machst du denn so früh schon hier?!«

»Ich versuche, herauszufinden, ob ich wahnsinnig werde«, erwiderte Priya, ohne nachzudenken. Entsetzt schüttelte sie den Kopf. »Ähm, ich meine …«

»Willkommen im Club«, sagte Mei und ließ sich auf den Stuhl neben ihr fallen. »Heute Morgen habe ich mir mit meiner Zahnbürste die Haare gekämmt. Volle zwanzig Sekunden hat es gedauert, bis ich darauf gekommen bin, wieso die Knoten einfach nicht herausgingen.« Sie hielt Priya einen dicken schwarzen Haarstrang hin, der vollkommen verklumpt war. »Dummerweise hatte ich vorher schon Zahnpasta auf die Bürste geschmiert.«

Priya lachte und spürte bereits, wie ihre Beklemmung ein wenig abebbte. Vielleicht wurde sie doch nicht verrückt – oder war damit zumindest nicht allein. Geteilter Wahnsinn war eventuell erträglich.

Sami zuckte angewidert zurück. »Igitt! Wieso hast du die Pampe denn nicht ausgewaschen?«

»Schon mal was von globaler Erwärmung gehört? Ich wasche meine Haare nur dienstags. Und heute ist … Mittwoch.«

»Ekelhaft«, urteilte Sami und erschauderte theatralisch, ehe sie sich Priya zuwandte. »Also, was für komische Sachen machst *du*, Pri? Lass mich raten … Hast du versucht, dir mit einem Tampon die Zähne zu putzen?«

Priya lachte. »Bäh, nein! Ich habe ja noch nicht mal meine Periode.« Sofort lief ihr Gesicht scharlachrot an, und eine Welle der Übelkeit überkam sie. Sie schlug die Augen auf ihre

Tischplatte nieder. Das durfte nicht wahr sein. Nein. Oh bitte, bitte nicht. Doch es war zu spät. Die Worte hatten sich bereits ohne jede Rücksicht auf Verluste aus ihrem Mund gedrängt.

»Aber ... ich dachte, du hast letztes Jahr deine Periode bekommen?«, fragte Sami verwirrt. »Kurz nach mir und Mei?«

Priya hielt sich mit einer Hand den Mund zu, in der Hoffnung, so ihre nächsten Worte verhindern zu können. Doch natürlich rempelten sie sich den Weg frei. »Das war gelogen.«

»Oh Pri«, flüsterte Mei.

Priyas Magen zog sich vor Scham schmerzhaft zusammen. Sie ertrug das alles nicht mehr. Rasch schnappte sie sich ihre Tasche, mied den Blick beider Freundinnen und sprintete aus dem Klassenzimmer.

»Warte, wo willst du hin?«, rief Sami ihr nach. »Priya, ist schon in Ordnung!«

Doch Priya blieb nicht stehen. Sie wäre am liebsten im Boden versunken, so sehr schämte sie sich. Heiße Tränen der Wut strömten ihre Wangen hinunter, während sie den Flur entlangrannte. Plötzlich krachte sie gegen etwas Festes. Sie sah hoch. Es war Ms Lufthausen.

»Priya Shah, wieso um alles in der Welt rennst du im Gang? Wohin denn so eilig?«

»In die Toilette, um mir die Augen auszuheulen«, antwortete Priya zwischen Schluchzern. Im nächsten Moment überwältigte sie vor lauter Überraschung ein Schluckauf. Hatte sie das gerade allen Ernstes zu ihrer Lehrerin gesagt? Ihre Wangen liefen erneut rot an, sie wischte sich hastig die Tränen ab und jagte geradewegs an der sprachlosen Ms Lufthausen vorbei. Erst als sie sich in die allerhinterste rechte Kabine der Mädchentoilette im ersten Stock eingeschlossen hatte, schöpfte sie Atem.

Endlich. In Sicherheit.

Priya schniefte, hockte sich auf den Klodeckel und umschlang ihre Knie mit den Armen. Sie hatte keine Ahnung, was mit ihr geschah. Wieso gab sie plötzlich allen so ehrliche Antworten? Wieso konnte sie nicht einfach den Mund halten und so tun, als wäre alles bestens – genau so, wie sie es in den vergangenen zwölf Jahren getan hatte? Wieso lief alles auf einmal so entsetzlich schief?! Sie zog die Beine noch fester an und wiegte sich unbehaglich auf dem Deckel hin und her. Als etwas sich in ihr Handgelenk bohrte, zuckte sie zusammen. Stirnrunzelnd schob sie den Ärmel ihres Langarmshirts hoch und schnappte im nächsten Moment laut nach Luft.

Der Armreif. Sie trug noch immer Bas Armreif.

Rasch schnippte sie den Verschluss zurück und wollte das Schmuckstück über die Hand ziehen, doch die Scharniere hakten. Sie versuchte es noch einmal, doch der Reif bewegte sich keinen Millimeter. Er klemmte wieder – nur befand er sich diesmal an ihrem Arm.

Priyas Gedanken überschlugen sich. Sie war mit dem Reif am Handgelenk eingeschlafen. Und seit dem Aufwachen am Morgen ging nun alles daneben. Sie hatte ihren Dad verletzt, Pinkie von Dan erzählt und ihre besten Freundinnen in eines ihrer peinlichsten Geheimisse eingeweiht. Sie hatte allen die Wahrheit gesagt – obwohl sie es jedes Mal *wirklich* nicht gewollt hatte.

Und zwar, seit sie sich den Armreif übergestreift hatte.

Voller Entsetzen starrte Priya auf das glänzende goldene Schmuckstück. Was, wenn Bas Geschichten über seine magischen Eigenschaften nicht einfach nur erfunden gewesen waren – sondern wahr?! Konnte dieser Reif tatsächlich übernatürliche Kräfte besitzen? Priyas Herz hämmerte, während sie sich an das Gespräch mit Ba im Krankenhaus erinnerte. Ihre Grandma hatte ihr den Armreif unmittelbar nach Priyas Geständnis gegeben, dass Ba der einzige Mensch sei, mit dem sie ehrlich sein konnte. Und hatte Ba nicht auch irgendetwas von »Wahrheit« sagen wollen, als Priyas Mum hereingeplatzt war? Priya hatte angenommen, dass Ba ihr die Wahrheit über das Schmuckstück hatte anvertrauen wollen – doch was, wenn es viel wörtlicher gemeint gewesen war? Was, wenn der Armreif denjenigen, der ihn trug, dazu zwang, die Wahrheit zu sagen?

Oh nein. Mit panischem Kopfschütteln betrachtete Priya den Reif, der fest um ihren Arm lag. Wollte ihre Grandma ihr so *helfen*? Hatte sie ihr ein magisches Schmuckstück gegeben, das Priya nun mit einem Fluch oder Zauber oder *womit auch immer* belegt hatte? Und nun konnte sie es nicht mehr abnehmen! Sie war dazu verdammt, allen die Wahrheit zu sagen, für den Rest ihres Lebens! Olaf würde herausfinden, wie grässlich sie das Training im Moment fand, und sie aus dem Team werfen. Ihre Eltern würden erfahren, wie unglücklich sie war, und bis an ihr Lebensende vor Sorge um sie vergehen. Ganz zu schweigen davon, wie viel schlimmer die Streitereien um das Geld werden würden, wenn Priya keine Preisgelder mehr gewann ... Sami und Mei würde klar werden, wie viel Priya ihnen im Laufe der Jahre verschwiegen hatte, und sie würden nicht mehr mit ihr reden. Und Dan würde durchschauen, wie sehr sie – Nein, diese Vorstellung war unerträglich.

»Priya?« Ein Klopfen an der Kabinentür ließ Priya ängstlich zusammenschrecken. Mei. Sie hatte sie gefunden. »Okay, ich weiß, dass du dadrin bist. Ich sehe deine Tasche auf dem Boden. Dein Name steht drauf.«

Priya seufzte. Sie hatte vergessen gehabt, dass Pinkie sich auch darauf mit ihren Permanentmarkern verewigt hatte. Es wurde wirklich Zeit, dass Priya die Stifte in den Müll warf.

»Es ist ganz egal, wirklich«, sagte Mei sanft. »Ob du deine Periode hast oder nicht. Ob du gelogen hast oder nicht. Kein Ding. Ehrlich.«

Priya spürte, wie ihre Wangen schon wieder rot und heiß wurden. Wer glaubt, Menschen mit dunklerem Teint erröteten nicht, hätte sie jetzt sehen sollen. Es war einfach so abgrundtief *peinlich*, dass sie ihre Freundinnen angelogen hatte. Dass Priya ihre Tage noch nicht bekommen hatte, war nur eine Sache mehr, die sie von den beiden abgrenzte. Als wäre es nicht genug, dass sie wegen des Turntrainings ausnahmslos alles verpasste, was Spaß machte, entging ihr nun auch noch das Frausein! Ihr Körper war vom Hochleistungssport so erschöpft, dass er sich nicht darum scherte, endlich mit der Pubertät loszulegen. Oder so etwas in der Art – ganz verstanden hatte sie die Erklärung ihrer Ärztin nicht.

»Haufenweise Leute haben ihre Periode noch nicht«, fuhr Mei fort. »Du hast Glück! Es nervt, sich jeden Monat mit

Blut in der Unterwäsche herumschlagen zu müssen. Von den Stimmungsschwankungen mal ganz abgesehen. Und von den Pickeln.«

Priya blieb stumm. Sie ahnte, dass Mei nicht ganz unrecht hatte, doch das tat nichts zur Sache. Sie wünschte sich, über die gleichen Dinge jammern zu können wie ihre Freundinnen.

»Außerdem haben wir alle irgendetwas, das uns peinlich ist«, plapperte Mei unerbittlich weiter. »Zum Beispiel ... dass ich nicht mal einen Sport-BH brauche, Sami ihre BHs aber schon in der Damenabteilung kauft.«

»Katie und Angela auch«, murmelte Priya. »Ich habe sie bei Marks & Spencer gesehen, als ich mit meiner Mum in der Kinderabteilung war. Nicht mal bei den Teenagern.«

Mei lachte. »Die Kinderabteilung kenne ich nur zu gut. Wenn du rauskommst, zeige ich dir meine Unterhose. *Möglicherweise* ist da das Wort *Mittwoch* aufgedruckt.«

Priya zögerte, ehe sie die Hand ausstreckte und den Riegel der Toilettentür zurückschob. »Ich habe *Donnerstag* an«, gestand sie mit einem zaghaften Schmunzeln. »*Mittwoch* habe ich nicht gefunden.«

Mei griff nach Priyas Hand und zog sie auf die Füße. »Du weißt, dass wir dich lieb haben, egal, ob sich deine Gebärmutterschleimhaut schon ablöst oder nicht, okay?«

Priya lachte und wischte eine letzte Träne weg. »Danke, Mei. Es tut mir leid.«

»Schon gut. Aber ... wieso hast du uns nicht einfach die Wahrheit gesagt?«

Priya öffnete den Mund, in der schicksalsergebenen Gewissheit, dass sie diesmal ehrlich antworten musste, ob sie wollte oder nicht. »Ich war es leid, immer außen vor zu sein«, beichtete sie leise. Unwillkürlich entspannten sich ihre Schultern. Nervös schielte sie nach Meis Reaktion.

Doch Mei nahm sie einfach fest in den Arm. »Hey, wir sind deine besten Freundinnen. Bei uns bleibst du niemals außen vor. Selbst wenn du es darauf anlegen würdest. Sami würde das gar nicht zulassen – sie würde buchstäblich mit einem Nebelhorn bei dir zu Hause aufkreuzen. Und mich würde sie auch mit anschleppen.«

»Da ist definitiv was dran.« Priya grinste. Sie spürte noch immer die Wärme von Meis Umarmung, obwohl ihre Freundin inzwischen losgelassen hatte. »Wo ist sie überhaupt?«

»Sie versucht, Ms Lufthausen davon zu überzeugen, dass Rennen und Weinen im Gang keine Gründe sind, die Nachsitzen rechtfertigen, weil es ein gesundes Anzeichen von Pubertät ist, seinen Gefühlen Ausdruck zu verleihen.«

Lachend folgte Priya Mei aus der Toilette. Alles war nach wie vor eine totale Katastrophe – denn wer konnte schon wissen, was der Armreif ihr als Nächstes in den Mund legen würde? Oder auch nur, ob das Schmuckstück *wirklich* verantwortlich war? Dennoch fühlte sie sich ein klein wenig besser. Weil ihre besten Freundinnen ihr zur Seite standen.

Kapitel 5

Viereinhalb Stunden später hockte Priya erneut in der hintersten rechten Kabine der Mädchentoilette im ersten Stock. Diesmal weinte sie nicht – was schon ein großer Fortschritt im Vergleich zu ihrem ersten Kloaufenthalt am Morgen war –, versteckte sich aber trotzdem vor der ganzen Schule. Irgendwie hatte sie es geschafft, ohne allzu großes Desaster durch den Vormittag zu kommen, auch wenn die Schulstunden alles andere als rundgelaufen waren. Sie hatte Mr Long erklärt, dass sie keinen Aufsatz zu Heinrich VIII. vorweisen konnte, weil ihre kleine Schwester bei ihrer Testreihe zur elektrischen Spannung der Küchengeräte einen Stromausfall verursacht hatte, doch er hatte ihr nicht geglaubt. Ironie des Schicksals: Ursprünglich hatte Priya ihm eine schnarchlangweilige Lüge erzählen wollen, die er ihr ohne jeden Zweifel abgekauft hätte, doch die Wahrheit erschien ihm zu weit hergeholt. Zur Strafe hatte er ihr Zusatzaufgaben gegeben.

Außerdem hatte Priya Sami unfreiwillig gestanden, dass sie fand, Samis neuer Hut stehe ihr nicht, sie hatte der Chefköchin Ms Pringle verkündet, wie ekelhaft der Shepherd's Pie aussehe, und Sarah P. wissen lassen, dass ihr neues Parfüm alles andere als gut roch. Die Folgen? Sami hatte Priya einen zwölfminütigen Vortrag darüber gehalten, dass sie völlig von gesellschaftlichen Schönheitsidealen verblendet wäre. Ms Pringle hatte ihr ein schlaffes Sandwich, das eindeutig vom Vortag stammte, auf den Teller geklatscht. Und Sarah P. hatte aus Rache Priyas komplette Tasche mit dem Parfüm eingesprüht. Doch all das konnte Priya verkraften.

Was sie nicht verkraftete, war die Furcht davor, was sie als Nächstes sagen würde. Deshalb hatte sie sich ihr Salmonellen-Sandwich geschnappt und war auf direktem Weg in die Mädchentoilette gepest, ehe Sami oder Mei Gelegenheit gehabt hatten, sie zu fragen, was denn los sei. In der Geborgenheit der winzigen Kabine fühlte sie sich gleich besser. Dort war niemand, den sie versehentlich kränken konnte, und auch niemand, der ihr neugierig dabei zuschaute, wie sie versuchte, den Armreif von ihrem Handgelenk zu lösen. Sie nestelte an dem Verschluss herum und mühte sich mit aller Kraft, ihn aufzustemmen. Doch er wollte einfach nicht nachgeben. Und da schwang auch noch die Tür auf, und Priya hörte ein Mädchen ... oder drei? Nein, zwei Mädchen kamen herein. Priya vernahm ihre Schritte, und nach dem Stampfen zu urteilen, handelte es sich um Mädchen, die sich nicht um die Kleiderordnung scherten und Dr. Martens trugen. Was wiederum bedeutete: nicht die Sorte von Mädchen, von denen Priya dabei ertappt werden wollte, wie sie allein im Schulklo ihr Mittagessen aß.

»Mein Leben ödet mich so dermaßen an«, seufzte eins der Mädchen. »Wieso kann ich nicht einfach schon sechzehn sein? Dann wäre ich erwachsen und könnte ausgehen.«

»Muss man dafür nicht achtzehn sein?«, fragte das zweite

Mädchen. »Also, um Alkohol zu trinken und Erwachsenen-kram zu machen?«

»Jaaa, wenn man darauf warten will, das *legal* machen zu können«, erwiderte das erste Mädchen. »Das habe ich aber nicht vor.«

Priyas Herz rutschte ihr in die Hose. Katie Wong und Angela Sutton. Die beiden beliebtesten Mädchen des Jahrgangs, die jeden, der nicht ebenso cool war wie sie, komplett igno-rierten – weshalb Priya, Sami und Mei unsichtbar für sie wa-ren. So war es zumindest noch wenige Monate zuvor gewesen. Bis Priya in ihren Fokus gerückt war.

Angefangen hatte alles damit, dass sie die beste Mathe-arbeit der Klasse geschrieben hatte. Anschließend hatte Katie sie geschickt abgepasst, als Sami und Mei gerade nicht in der Nähe gewesen waren, und Priya befohlen, ihre Mathehaus-aufgaben für sie zu machen. Bloß hatte sie es nicht so formu-liert. Aus ihrem Mund hatte es geklungen, als würde Priya ihr einen riesigen Gefallen tun – und außerdem wie eine ein-malige Sache. Also hatte Priya zugestimmt. Doch dann hatte Katie diesen »Gefallen« jede Woche von ihr erwartet. Und immer, wenn Priya gezögert hatte, darauf einzugehen, hatte Katie zuckersüß gelächelt und verkündet, sie werde Priya bei den Lehrern verpetzen und dafür sorgen, dass sie mächtig Ärger bekomme, sollte sie sich weigern.

Also erledigte Priya seither regelmäßig Katies Hausauf-gaben. Und kam sich furchtbar dumm vor. Sie wünschte, sie hätte den Mut, Katie die Stirn zu bieten. Doch Priya schaff-te es nicht. Stattdessen nickte sie stets brav, sobald Katie mit neuen Forderungen auf sie zukam, und tat, als machte es ihr gar nichts aus. Genau deshalb hatte sie auch Sami und Mei nichts von der Sache erzählt. Sie hasste es, noch ein weiteres Geheimnis vor ihren besten Freundinnen zu haben, doch es war einfach zu peinlich. Auch Sami und Mei schrieben gute Noten in Mathe, doch im Gegensatz zu Priya waren sie stark genug, um Nein zu sagen. Wahrscheinlich hatte Katie Priyas Schwäche gewittert wie eine Hyäne in Dr. Martens. Bei dieser Vorstellung fühlte sich Priya so elend, dass sie sie schnell beiseiteschob.

Flink zog sie ihre Füße auf den Toilettendeckel, damit Katie und Angela sie nicht unter der Tür hindurch entdeckten, und konzentrierte sich möglichst lautlos wieder darauf, ihren Armreif zu öffnen. Sie musste ihn dringend loswerden. Was für eine Horrorvision, damit jemandem wie Katie gegenüberzutreten! Stumm kämpfte sie mit dem Verschluss. Sie verstand einfach nicht, wie er so hoffnungslos verhakt sein konnte, wo er doch am Abend zuvor problemlos funktioniert hatte. Vor lauter Frust ruckte sie energisch daran – und musste dann entsetzt mit ansehen, wie ihr das Sandwich vom Schoß rutschte und über den Boden schlitterte, bis es *außerhalb* der Kabine zum Liegen kam.

»Boah, wie ekelhaft«, ertönte Katies Stimme. »Isst hier allen Ernstes jemand sein Mittagessen in diesem bakterienverseuchten Drecksloch?«

Priya betete, dass der Armreif die Äußerung als rhetorische Frage erkennen würde, wie sie ja zweifellos gemeint war. Doch dieses Glück war ihr nicht vergönnt. »Ja«, hörte sie sich antworten. Sie kniff die Augen fest zusammen – oh nein. Das würde nicht gut ausgehen.

»Wer ist da?«, fragte Angela herrisch. »Und willst du dein Sandwich zurück? Es liegt nämlich in einer Pfütze aus … weiß ich nicht genau.«

Priya hielt die Augen fest geschlossen und versuchte sich vorzustellen, wie sie Anlauf zu einem Dreisprung nahm. Sie spürte, wie ihr Atem ruhiger wurde. Wenn sie einfach nur ans Turnen dachte, würde alles gut werden. Sie schaffte das. Langsam öffnete sie die Augen und entriegelte die Kabinentür. Am besten brachte sie es schnell hinter sich. Vielleicht würde es gar nicht so schlimm, wie sie es sich ausmalte.

»Hi«, sagte sie linkisch, als sie der absurd hübschen Katie und ihrem etwas weniger hübschen – aber ebenso Furcht einflößenden – Sidekick gegenübertrat. Sie bückte sich behutsam, um das Sandwich aufzuheben, und warf es in den Mülleimer. »Und nein, ich will das Sandwich nicht zurück.«

Katie runzelte ihre makellose Stirn und warf sich das lange dunkle Haar über die Schulter. »Schräg. Wieso isst du auf dem Klo zu Mittag?«

»Ich habe mich versteckt.« Innerlich wand sich Priya bei ihren Worten. Sie klang wie eine komplette Loserin. Eventuell erlaubte der Wahrheitsfluch ihr ja, noch etwas zu ergänzen, das ebenso wahr war, sich allerdings weniger irre anhörte? Zum Beispiel … »Ich bin den anderen aus dem Weg gegangen«, platzte sie heraus. Tja, vielleicht wäre es auch besser gewesen, den Mund zu halten.

»Deinen kleinen Besties?«, fragte Katie und wirkte nun gelinde neugierig. Ihr perfekt geschminktes Gesicht erstrahlte. »Boah, ich liiiebe Drama. Habt ihr euch gezofft?«

»Nein«, erwiderte Priya. Eine Welle der Erleichterung brach über sie herein, als ihr klar wurde, dass sie tatsächlich nur diese eine Silbe von sich gegeben hatte. Sehr gut. Trotzdem musste sie schnellstmöglich verduften, ehe die beiden sie noch weiter mit Fragen löcherten. Darunter womöglich eine, die sich nicht mit einem kurzen Ja oder Nein beantworten ließ. Sie eilte in Richtung Tür, doch Angela versperrte ihr mit ihren breiten Lacrosse-Schultern den Weg. Unter ihrem Vorhang aus blonden Locken hervor blitzte sie Priya finster an.

»Und wieso versteckst du dich dann vor ihnen?«

Priya seufzte ergeben. Bildete sie es sich nur ein, oder stellten die Leute ihr ausgerechnet an diesem Tag sehr spezifische Fragen? »Weil ich Angst habe, dass mir etwas herausrutscht, womit ich sie verletze«, antwortete sie rasch. Dann atmete sie langsam aus. Das war glimpflich gelaufen. »Jedenfalls muss ich jetzt los. Ich brauche ... ein neues Sandwich.«

»Warte!«, rief Katie. »Du benimmst dich ... komisch. Irgendetwas ist hier faul. Und ich werde herausfinden, was.«

Priya stieß ein stummes Dankesgebet aus. Wie durch ein Wunder hatte Katie nichts davon als Frage formuliert.

»Ich mag es nicht, wenn sich irgendwo irgendwelche Dramen abspielen, über die ich nicht im Bilde bin«, fuhr Katie fort. »Was ich aber *sehr wohl* mag, ist, die Geheimnisse anderer Leute aufzudecken.« Sie lächelte Priya süßlich an. »Ach, und meine Mathehausaufgaben brauche ich diese Woche einen Tag früher. Das ist doch kein Problem, oder?«

Priya versuchte, den Kopf zu schütteln, doch stattdessen nickte sie unfreiwillig. Sie biss sich auf die Unterlippe, und ihre Augen weiteten sich furchtsam.

»Wie bitte?«, fragte Katie und verengte ihrerseits die Augen zu Schlitzen. »Du *hast* ein Problem damit, meine Hausaufgaben zu machen?«

»Ja«, murmelte Priya jämmerlich und spürte dabei, wie ihre Handflächen zu schwitzen anfingen. »Habe ich.«

»Und was genau ist dein Problem?«, wollte Katie wissen.

»Es ist nicht fair«, hauchte Priya, so leise sie konnte, in der Hoffnung, dass Katie sie nicht verstand.

»Aaah ja«, sagte Katie langsam. »Tja, was ebenfalls nicht fair ist: Die ganze Schule wird bald erfahren, dass du dein Mittagessen auf dem Klo einnimmst wie eine Vollspinnerin. Und dass du seit Monaten *meine* Mathehausaufgaben abschreibst. Das wird Ms Lufthausen gar nicht gefallen.«

Priya starrte hilflos zu Boden.

»Es sei denn, das Problem, das du damit hast, meine Mathehausaufgaben zu machen, löst sich in Luft auf«, ergänzte Katie mit so honigsüßer Stimme, dass Priya beinahe übel wurde. »Oh, und einen Aufsatz für Geschichte brauche ich auch noch. Über die Ehefrauen von Heinrich VIII. Oder zumindest über eine. Du hast freie Auswahl. Wenn ich beides vor dem Wochenende kriege, halte ich vielleicht den Mund.«

Priya nickte. »Ich mach's. Ist schon o–« Sie versuchte, »okay« zu sagen, doch das Wort weigerte sich, ihr über die Lippen zu kommen. »Es ist nicht okay, aber ich mache es.« Sie drängte sich an Angela vorbei, ehe ihr noch Schlimmeres herausrutschte, und stürzte aus der Toilette.

Priya hätte später nicht sagen können, wie sie den Rest des Schultags überlebt hatte. Zum Glück war er irgendwann beinahe zu Ende – und sie brauchte nur noch das Turnen zu überstehen ... Sie atmete tief durch, drückte die Tür der Umkleide auf und betrat die Sporthalle. Dabei hoffte sie inständig, dass niemand ihren panischen Herzschlag hören konnte. Sie würde es schaffen. Sie musste lediglich allen aus dem Weg gehen und dafür sorgen, dass wirklich niemand aus dem Team ihr eine Frage stellte. Am allerwenigsten Dan Zhang.

Die anderen waren bereits beim Aufwärmen oder turnten erste Übungen. Dan flog gemeinsam mit James und Kieran über den Bock. Unwillkürlich musste Priya lächeln, während sie ihm zusah, wie er lachte, als er bei der Landung wackelte, sich nach einem gelungenen Flickflack mit Kieran abklatschte und James aufhalf, der bei der Radwende gekippt war. Er war so nett, so hilfsbereit, so – Dan drehte sich zu Priya um und unterbrach ihren Gedankenfluss. Abrupt wandte sie sich ab. Er durfte nicht auf sie aufmerksam werden, vor allem diesmal nicht. Sie schlüpfte aus ihrer Trainingsjacke, behielt ihre Hosen über dem Gymnastikanzug aber noch an und trabte los, um sich mit einigen Runden in der Halle aufzuwärmen. Sie war allein – und damit sicher.

»Hey!« Rachael schloss sich ihr an. »Wie viele Runden laufen wir?«

Priyas Knie wurden weich. Sie war nicht mehr allein – und damit nicht mehr sicher. »Ähm, fünf?«

»Alles klar.« Rachael grinste. »Sag mal, wo warst du denn heute Morgen?«

Priya hatte keine Ahnung, welche Wahrheit ihr aus dem Mund sprudeln würde. Würde sie von den katastrophalen Kochkünsten ihres Dads berichten? Würde sie beichten, dass sie Dan mied? Bitte: alles, nur nicht das Letzte. »Mein Dad hat pochierte Eier gemacht«, sagte sie hastig, und Erleichterung durchflutete sie.

Das hätte übler ausgehen können. »Ich meine: Er hat erfolglos versucht, pochierte Eier zu machen. Deshalb waren wir spät dran.«

Rachael lachte. »Sind deine Eltern auch so besessen davon, was du isst, wie meine? Ich schwöre, wir schaffen es durch keine einzige Mahlzeit, ohne dass meine Mum sämtliche Proteine aufzählt, die ich auf dem Teller habe.«

»Ja!«, rief Priya. »Und geht es nur mir so, oder schmeckt es dir dann auch gleich nicht mehr richtig? Selbst wenn ich mich total auf etwas freue, verpufft mein Appetit, sobald mein Dad stolz verkündet, dass er extra auf komplexe Kohlenhydrate geachtet hat.«

»Absolut«, bestätigte Rachael. »Früher habe ich Bohnen geliebt – bis meine Eltern angefangen haben, sie jedem Gericht unterzujubeln, das auf meinem Teller landet.«

»Ich auch! Und seit Olaf diesen Rundbrief mit den Ernährungsempfehlungen geschickt hat, drängen sie mich ständig, M–«

»Makrelen zu essen!«, brachte Rachael ihren Satz zu Ende. »Die sind ist echt das Widerlichste überhaupt.«

»Ich weiß!«, stimmte Priya ihr zu. »So was von ...«

»Fischig?«

»Jep.« Priya lachte. Rachael grinste sie verschwörerisch an. Priya hatte sich nie zuvor wirklich mit Rachael unterhalten, zumindest nicht über etwas anderes als das Turnen, und allmählich fragte sie sich, wieso eigentlich nicht. Es fühlte sich gut an, mit jemandem zu reden, der Aspekte ihres Lebens nachvollziehen konnte, die niemand sonst verstand.

»Alle mal herhören!«, rief Olaf. Schlagartig verstummte die Halle, und das Team scharte sich um den eins neunzig großen Skandinavier. Olaf war über fünfzig, doch sein Bizeps wölbte sich immer noch beeindruckend, wenn er – so wie in diesem Moment – die Arme verschränkte und mit seinen eisblauen Augen seine Schützlinge durchdringend musterte. »Ich habe große Neuigkeiten. Wie ihr alle wisst, finden am 30. Juni die Britischen Juniorenmeisterschaften statt. Und ganz kurzfristig wurde entschieden, dass es auch einen Teamwettbewerb im Bodenturnen geben wird. Also habe ich uns dafür angemeldet. Ihr werdet alle wie besprochen in euren Einzeldisziplinen antreten, doch die Teamdisziplin bietet unserem Club eine zusätzliche Chance auf mehr Punkte – und mit dem Preisgeld könnten wir neue Ausrüstung anschaffen. Wir zeigen die Choreografie, die wir schon länger immer im Training üben, aber uns bleibt weniger als ein Monat. Deshalb brauche ich besonders großen Einsatz von euch, okay? Kein Schwänzen, keine Verspätungen.« Priya hätte schwören können, dass er sie bei diesen Worten direkt anschaute. »Wir haben eine echte Chance, also lasst sie uns nutzen!«

Aufgekratztes Getuschel folgte auf Olafs Rede, und Rachael wandte sich mit strahlenden Augen an Priya. »Das ist so klasse! Ich liebe Teamwertungen. Du etwa nicht?«

Priya schüttelte den Kopf. »Ich weiß nicht. Der Druck ist viel größer. Bei Einzelwettkämpfen enttäusche ich zumindest nur mich selbst, wenn ich einen Fehler mache. Na ja, und Olaf. Und meine Eltern. Aber ... eine Teamwertung klingt stressig.«

Rachael lachte. »Als ob du dir Sorgen wegen Fehlern machen müsstest! Du bist die Einzige von uns, die einen perfekten zweifachen Salto als Abgang vom Schwebebalken hinbekommt.«

»Jaaa, aber ich bin auch die Einzige, die ihren Spreizsprung verpatzt und bei den Britischen Juniorenmeisterschaften einfach vom Balken geplumpst ist.«

»Vor zwei Jahren!«, rief Rachael. »Du bist so streng mit dir selbst, Priya.«

»Was ist denn hier los?«, fragte Olaf, der nun auf die beiden zukam. »Trainiert ihr – oder plaudert ihr einfach nur ein bisschen?«

»Wir plaudern nur«, sagte Priya und wand sich dabei innerlich. »Entschuldige.«

Rachael warf ihr einen schiefen Blick zu. Olaf schüttelte den Kopf. »Rachael: Geh rüber zu Kieran und James. Ich möchte, dass ihr Synchronhandstände übt. Priya, du schließt dich Dan an. Ihr trainiert zusammen Flickflacks.«

»Allein? Nur wir zwei?!«

Olaf nickte, während Rachael bereits seiner Anweisung folgte und zu den Jungs hinüberlief. »Ja. Ihr beiden turnt am besten, deshalb möchte ich, dass ihr die Teamübung anführt, okay?«

Priya schluckte. Sie hatte noch nie mit Dan als Partner trainiert. Sie hatte ja bisher kaum allein mit Dan *geredet*! Er sagte hin und wieder etwas zu ihr – ganz normale Sachen wie: »Hey, wie geht's?«, »Bist du bei der Qualifikation für die Weltmeisterschaften dabei?«, und einmal: »Sauberer Rückwärtssalto!« –, aber Priya hatte sich noch nie richtig mit ihm *unterhalten*. Sondern immer nur gelächelt, genickt und »Gut«, »Ja« oder »Danke« gehaucht. Ein-Wort-Antworten. Der Gedanke daran, allein mit ihm zu sein, war Furcht einflößend – dass sie dabei auch noch DEN ARMREIF TRAGEN würde, machte die Vorstellung geradezu unerträglich.

Priya fixierte den Linoleumboden der Halle. Sie konnte sich einfach nicht überwinden, ihre Beine in Bewegung zu versetzen.

»Priya? Hat es einen bestimmten Grund, dass du dich nicht rührst?«

Priyas panische Augen fanden Olafs Blick. Oh nein. Sie kämpfte darum, das Wort wieder zu schlucken, doch es drängte sich unbeirrt aus ihrem Mund. »Ja.«

»Und der wäre?«

»Ich will nicht«, flüsterte sie.

»Was willst du nicht?« Olafs Stimme tönte so laut, dass es ringsum prompt still wurde.

»Zusammen mit Dan turnen«, wisperte Priya so leise wie nur möglich. Sie hatte die Augen wieder niedergeschlagen und betete, dass niemand sie gehört hatte.

»Wie bitte?«, fragte Olaf. »Sprich lauter, Shah!«

»Ich möchte heute nicht zusammen mit Dan turnen«, antwortete Priya ungefähr drei Prozent lauter als zuvor. Sie flehte stumm, dass es Olaf laut genug war.

Olaf runzelte die Stirn. »Teenager«, grummelte er. »Wie oft muss ich es euch noch sagen? Lasst euer privates Theater vor der Hallentür. Dan! Komm hier rüber. Du und Priya, ihr übt jetzt zusammen Flickflacks.«

Priya schloss die Augen. Sie spürte, wie Dan langsam näher kam. Als er direkt neben sie trat, war ihr klar, dass sie keine andere Wahl hatte, als die Augen wieder zu öffnen. Langsam hob sie den Kopf.

»Hey«, sagte er und fuhr sich mit einer Hand durch sein tiefschwarzes Haar. »Hast du, ähm, hast du gerade gesagt, dass du nicht mit mir turnen willst?«

Priya senkte einmal mehr den Blick und begriff endlich, was gemeint war, wenn jemand sagte, er würde am liebsten im Boden versinken. »Ja.«

»Bist du irgendwie sauer auf mich?«, fragte Dan unbehaglich. »Habe ich ... etwas falsch gemacht?«

»Nein!«, rief Priya entsetzt und riss den Kopf wieder hoch. Sein Gesicht – sein perfekt symmetrisches Gesicht mit der wunderbar glatten Haut – stand voller Besorgnis. Und das war einzig und allein ihre Schuld. Sie rang um die beste Antwort auf seine Frage, wohl wissend, dass eine einzige Silbe nicht genügen würde – doch welche Version der Wahrheit würde der Armreif ihr durchgehen lassen? Ihre Gedanken rasten. »Natürlich nicht!« Das stimmte. Und weiter? »Es ist nur … Ich habe heute keinen besonders guten Tag. Und damit meine ich: Genau genommen habe ich den schlimmsten Tag überhaupt. Den schlimmsten Tag aller Zeiten.« Wow. So viel hatte sie in ihrem ganzen Leben noch nicht zu Dan gesagt. Ein Pech nur, dass ihre erste richtige Unterhaltung mit ihm ausgerechnet dazu diente, ihn auf Abstand zu halten.

Dans Miene entspannte sich und wurde freundlich und gutmütig wie eh und je. »Solche Tage kenne ich sehr gut. Möchtest du … darüber reden?«

Priya staunte ihn mit großen Augen an. Zum allerersten Mal an diesem Tag hatte jemand ihr eine Frage gestellt, die nicht nur eine korrekte Antwort zuließ. Er bot ihr die *Wahl*, ihm zu antworten – oder auch nicht. Sie musste nicht die Wahrheit sagen – sondern konnte einfach ganz aufs Antworten verzichten. Priya verspürte ein freudiges Herzflattern: Haargenau darum mochte sie (ebenso wie alle anderen) Dan so gern. Er war nicht nur irrsinnig süß – der wohl süßeste Junge im ganzen Team –, sondern auch *nett*. »Wirklich, wirklich nicht«, entgegnete sie mit aufrichtiger Dankbarkeit in der Stimme und bemerkte, dass sie ausnahmsweise einmal bereitwillig die Wahrheit sagte.

Dan zuckte mit den Schultern. »Okay. Was hältst du davon, wenn wir uns dann heute einfach ganz auf unsere Flickflacks konzentrieren?«

Priya war noch nie so verknallt in Dan Zhang gewesen

wie in dieser Sekunde – und im vergangenen Sommer, als sie vierzehn Nächte in Folge von ihm geträumt hatte. Strahlend erwiderte sie: »Großartig.« Offenbar verfiel sie wieder in Ein-Wort-Antworten – aber großartig fühlte es sich tatsächlich an.

Sie begannen mit der Übung, und sofort wusste Priya wieder, weshalb sie so gern turnte, ganz gleich, wie stressig und fordernd der Sport mitunter war. All ihre Sorgen verschwanden, solange ihr Fokus darauf lag, was ihr Körper am besten konnte: federn, rotieren und durch die Luft segeln. Da war kein Platz für irgendetwas außer dem Hier und Jetzt, und weil im Hier und Jetzt Dan Zhang neben ihr herwirbelte, war das *exakt* der Ort, wo Priya sein wollte.

Kapitel 6

Das Schrillen ihres Weckers ließ Priya aus dem Schlaf schrecken. Zeit für einen weiteren Schultag. Einen weiteren Tag unerbittlicher Ehrlichkeit, die ihr Leben zu ruinieren drohte. Ihr Blick fiel auf ihr Handgelenk. Der Armreif war immer noch da und wirkte mit seinem schimmernden Gold und den funkelnden Edelsteinen unverschämt unschuldig. Stundenlang hatte sie sich am Vorabend abgemüht, um ihn zu lösen – sie hatte sich die Hände mit Unmengen Seife eingerieben und versucht, ihn abzustreifen, sie hatte probiert, ihn mit einer Zange ihres Dads aufzutrennen, und Dutzende Male »Wie wird man einen verfluchten Armreif wieder los?« gegoogelt. Doch allem Anschein nach war sie der einzige Mensch in der Geschichte des Internets, der sich mit diesem spezifischen Problem herumschlug. Denn alles, was sie online aufgetan hatte, waren normale Leute, deren Handgelenke in normalen Armreifen feststeckten – und diese Armreife ließen sich am Ende mit Seife oder Zange entfernen.

In einem Akt der Verzweiflung hatte Priya es sogar riskiert, in Pinkies Zimmer zu schleichen, um zu überprüfen, ob die Schatztruhe, die Ba ihrer Schwester vermacht hatte, ebenfalls magische Kräfte besaß. Fehlanzeige. Priya hatte darin nichts weiter gefunden als eine merkwürdige Sammlung kaputter

Drähte und Schrauben, und als sie sich am untersten Schubfach zu schaffen gemacht hatte, hatte ein schriller Alarm losgeplärrt. Wie sich herausstellte, hatte Pinkie die Truhe mit einem Alarmsystem ausgerüstet, weil sie darin ihre geheimen Tagebücher aufbewahrte, und als sie ins Zimmer gestürmt war und Priya auf frischer Tat ertappt hatte, hatte Priya sich nicht einmal mit einer Ausrede retten können. Dank des Armreifs war sie gezwungen gewesen, alles zu gestehen: Ja, sie hatte herumgeschnüffelt, und ja, sie hatte sich bewusst über die Aufschrift NICHT ÖFFNEN! hinweggesetzt, die dick und fett auf der Truhe prangte. Pinkie hatte sie dazu verdonnert, eine Woche lang sämtliche Haushaltspflichten – Pinkies wie auch ihre eigenen – zu übernehmen als Preis dafür, dass ihre Schwester sie nicht bei ihren Eltern verpfiff.

»Priya?« Ihre Mum steckte den Kopf zur Tür herein. Ohne Make-up war ihr Gesicht von Erschöpfung gezeichnet. »Bist du schon auf? Kannst du mir helfen und dafür sorgen, dass Pinkie rechtzeitig für die Schule fertig wird? Ich muss schnell noch einmal telefonieren.«

»Okay«, sagte Priya. Ein Hoffnungsfunke loderte mit einem Mal in ihr auf. Was, wenn alles nun wieder normal und der Wahrheitsfluch verschwunden war? »Mum, stell mir eine Frage!«

»Das habe ich doch gerade.«

Priya verdrehte frustriert die Augen. Sie war im Begriff, ihre Mum ein zweites Mal zu bitten, als ihr klar wurde, dass sie gar nicht darauf *angewiesen* war, eine Frage zu beantworten. Sie konnte einfach versuchen, rundheraus zu lügen. Sie schenkte ihrer Mum ein strahlendes Lächeln. »Außerdem, Mum, wollte ich dir nur sagen, dass du heute wirklich nicht toll aussiehst.« Sie schnappte nach Luft und schlug sich eine Hand auf den Mund. »OH NEIN! Entschuldige! Das war es nicht, was ich sagen wollte.«

»Sehr liebenswürdig«, erwiderte ihre Mum verschnupft. »Wenn ich mal wieder ein wenig Selbstbestätigung brauche, komme ich direkt zu dir.«

Priya ließ sich zurück in die Kissen fallen. Ihre plötzliche Hoffnung war im Keim erstickt. Sie hatte ihrer Mum sagen wollen, dass sie toll aussah, und doch war ihr irgendwie das Wörtchen »nicht« in den Satz geschlüpft. Diese ganze Situation ergab überhaupt keinen Sinn, alles war so *unfair*. Der Gedanke an einen weiteren Tag wie den vorigen erschien ihr unerträglich. Sie brauchte einen Ausweg. »Mum?«

Ihre Mum wandte sich um und hob eine Augenbraue. »Ja? Möchtest du mir auch noch mit auf den Weg geben, wie alt ich ausschaue?«

»Nein! Das will ich *wirklich*, wirklich nicht.« Sie zögerte und fügte dann rasch hinzu: »Und bitte frag mich auch nicht, ob ich finde, dass du alt ausschaust.« Sie überlegte sich gründlich, wie sie ihr Anliegen formulieren sollte. Die Vorstellung, in die Schule zu müssen, bereitete ihr Magenkrämpfe, doch wenn sie es geschickt anstellte, gab es vielleicht ein Entrinnen aus diesem schrecklichen Albtraum. Zumindest für einen Tag.

Sie bemühte sich um eine möglichst kränkliche Miene, während sie sich die Worte zurechtlegte. Sie musste lediglich recht allgemein bleiben in ihrer Aussage, wie es ihr ging – denn dass es ihr nicht gut ging, war *definitiv* wahr. »Mum, ich ... fühle mich im Augenblick nicht gut. Kann ich heute von der Schule zu Hause bleiben? Bitte?«

Stirnrunzelnd trat Priyas Mum an ihr Bett. Sie setzte sich auf die Kante und legte ihrer Tochter eine Hand an die Stirn. »Das sieht dir ja gar nicht ähnlich. Was ist denn los? Fieber hast du nicht.«

»Mir ist einfach nicht wohl«, sagte Priya langsam und versuchte dabei abzuschätzen, was der Armreif ihr zugestehen würde. »Es wäre eine *riesige* Erleichterung für mich, heute zu Hause zu bleiben.«

»Auf mich wirkst du völlig gesund. Und du bist kein bisschen heiß.«

»Mir geht es ... allgemein mies.« Priya hatte keine Ahnung, wie sie erklären sollte, dass ihr Hauptsymptom zwanghafte Ehrlichkeit war. Und wenn sie ihrer Mum gestand, dass zu den Nebensymptomen Angstzustände und Stress gehörten, durfte sie zwar womöglich daheimbleiben, würde ihre Mum aber auch in Sorge stürzen. Das wiederum wollte Priya ihr nicht antun, sie schien ohnehin so belastet. »Bitte, Mum!«

Ihre Mum schüttelte den Kopf. »Tut mir leid, Priya. Sich ›allgemein mies‹ zu fühlen ist kein Grund, die Schule zu versäumen. Da musst du schon etwas genauer werden – ansonsten gehst du zur Schule.«

»Ich denke, ich bin nicht erkältet«, sagte Priya verzweifelt. Sie stöhnte – schon wieder war ihr ein »nicht« dazwischengerutscht – und versuchte es erneut. »Ich bin nicht ansteckend. Oh Mist!« Sie vergrub verzweifelt den Kopf in ihrer Decke.

»Wunderbar«, meinte ihre Mum und stand auf. »Wir sehen uns unten.«

Eine Stunde später hatte Priyas Mum sie an der Schule abgesetzt, und Priya stand vor der Tür ihres Klassenraums und kratzte allen Mut zusammen, ehe sie sich hineinwagte. Sie war dankbar, dass diesmal zumindest kein morgendliches Turntraining stattgefunden hatte – ihr Trainingsplan änderte sich ständig und ausnahmsweise nun einmal zu ihren Gunsten. Doch vor der Schule konnte sie sich nicht drücken. Trotzdem: Vielleicht würde es klappen. Ihre Chancen, einen ganzen Tag zu überstehen, ohne dass Katie, Angela, Sami, Mei oder irgendein Lehrer eine direkte, persönliche Frage an sie richtete, standen bei mindestens zehn Prozent. Na schön, eher bei einem Prozent. Aber es würde schon gut gehen. Solange sie jede freie Minute in ihrem neuen Lieblingsversteck verbrachte: der hintersten Klokabine.

»Priya!«, rief Sami und legte ihr einen Arm um die Schultern. »Wie läuft's, Girlie?«

»Nicht so besonders.« Priya seufzte unglücklich. Ihre Chancen waren prompt von einem auf null Prozent gesunken.

»Wieso stehst du hier draußen vor dem Klassenzimmer herum?«, wollte Mei wissen, die plötzlich neben ihr aufgetaucht war.

»Ich ... will nicht reingehen«, gestand Priya wahrheitsgemäß – und betete insgeheim, dass das als Antwort genügen würde.

»Ganz meine Meinung. Eine Doppelstunde Mathe ist ein brutaler Start in den Tag«, pflichtete Sami ihr bei.

Mei dagegen musterte Priya durchdringend mit leicht gerunzelter Stirn. »Bist du *sicher*, dass es nur an Mathe liegt? Oder gibt es noch einen anderen Grund dafür, dass du nicht reinmöchtest?«

Priya schloss kurz die Augen. »Ich ... habe Angst davor, was passieren könnte«, antwortete sie widerstrebend. »Angst vor dem Ungewissen.«

»Wow, ziemlich existenzialistisch für Viertel vor neun Uhr morgens«, kommentierte Mei.

»Aber gnadenlos ehrlich«, ergänzte Sami. »Wie viele von uns können schließlich aufrichtig von sich behaupten, dass sie keine Angst vor dem Ungewissen haben? Wer von uns hat nicht schon gebibbert vor Furcht beim Anblick eines unangekündigten Vokabeltests in Französisch? Oder einen Stich Panik verspürt beim Betreten der Schulbühne?«

Mei wandte sich Priya zu und rollte verschwörerisch mit den Augen. »Und los geht's mit dem dramatischen Monolog.«

Priya lächelte dankbar. Ihr Geheimnis war sicher. Fürs Erste.

»Da ist sie.« Die scharfe Stimme in ihrem Rücken ließ Priya herumfahren. Katie. »Miss Klo-Foodie. Hast du meinen Aufsatz?«

Priya starrte Katie verwirrt an. Was sollte das? Katie konfrontierte sie niemals vor Sami oder Mei! So würden die beiden ja herausfinden, was Priya für sie tat! Doch da bemerkte Priya Katies breites Grinsen. Sie handelte in vollem Bewusstsein – sie *wollte*, dass Sami und Mei alles erfuhren. Offenbar in der Absicht, Priya so noch mehr Stress zu bereiten, nachdem sie am Vortag versehentlich verraten hatte, dass sie Sami und Mei aus dem Weg gegangen war. Priya wusste, wie hinterhältig Katie war, doch diese Aktion war die Höhe.

»Na?«, drängte Katie und ihr Blick wanderte von Priya zu Sami und Mei. »Ich brauche meinen Aufsatz.«

Priya konzentrierte sich rasch darauf, ihre Tasche zu öffnen, um ihre Freundinnen nicht ansehen zu müssen. »Ähm, ja. Hier.« Sie reichte Katie einen Aufsatz mit dem Titel: *Warum Anne Boleyn die tragischste Ehefrau von Heinrich VIII. war.* Erstaunlicherweise war es regelrecht therapeutisch gewesen, den Text zu schreiben – insgeheim hatte es ihr beinahe ein wenig Spaß gemacht, »Katie« die manipulativste (und zugegebenermaßen vermutlich auch coolste) der Frauen des Tudor-Königs preisen zu lassen, und sie hatte sogar ein paar Zeilen dazu einfließen lassen, wie viel die beiden gemeinsam hatten. Der Vergleich ergab absolut Sinn: Priya konnte sich *bestens* vorstellen, dass auch Anne Boleyn ihre Zofen erpresst hätte, Aufsätze für sie zu schreiben.

»Danke«, sagte Katie und rempelte sich an Priya vorbei ins Klassenzimmer. Über die Schulter spähte sie noch einmal zurück. »Oh, und wegen meiner Mathehausaufgaben komme ich morgen auf dich zu. Danke schöööön.«

Priya lief scharlachrot an, kaum dass Katie verschwunden war. Sie war fassungslos darüber, was gerade passiert war.

Und diesmal hatte der Armreif überhaupt nichts damit zu tun gehabt! Sie versuchte, Katie flink in den Unterrichtsraum zu folgen, doch Mei legte ihr behutsam eine Hand auf den Arm, um sie zurückzuhalten. »Priya, wieso machst du Katies Hausaufgaben? Und ... warum hast du uns nichts davon erzählt?«

Priya biss sich panisch auf die Lippe. Sie wünschte verzweifelt, sie könnte sich mit einer Lüge herausreden. Doch zugleich war ihr klar, dass sie keine Chance hatte. Denn in ungefähr zwei Sekunden – drei, wenn sie Glück hatte – würde sie enthüllen, dass –

»Ich habe mich vor euch beiden geschämt«, platzte es aus ihr heraus, sosehr sie sich auch dagegenstemmte. »Sie hat es von mir verlangt, und ich habe es einfach nicht geschafft, Nein zu sagen. Ich weiß, ich sollte stärker sein, aber ... wir reden hier von Katie Wong.«

Sami nickte verständnisvoll. »Einer unglaublich gut gekleideten Tyrannin. Ich hätte auch nicht Nein sagen können.«

Priya klappte der Mund auf. »Im Ernst?«

»Pri, Katie ist echt ziemlich Furcht einflößend«, sagte Mei. »Sie schüchtert jeden ein.«

»Ich dachte, dass sie mich ausgesucht hat, weil ich als Einzige zu schwach bin, um mich zu wehren«, gab Priya kleinlaut zu.

»Ähm, sie hat dich ausgesucht, weil du superschlau bist!«, korrigierte Sami.

»Das ist alles nicht deine Schuld«, bekräftigte Mei sanft. »Katie mobbt dich, Priya.«

»Tut sie nicht!«, widersprach Priya. »Na ja, nicht richtig. Ich meine, es ist ja nicht so, dass sie mir etwas *antun* würde, wenn ich ihre Hausaufgaben nicht mache. Sie droht mir nur, mich anzuschwärzen, falls ich mich weigere.«

Meis Miene verhärtete sich. »Wie lange geht das schon so?«

»Ein paar Monate«, sagte Priya. »Ich weiß auch nicht, wie es dazu gekommen ist. Früher hat sie mich überhaupt nicht beachtet.«

Sami nickte weise. »Das Glück der Unscheinbaren.«

»Sekunde mal – seit *Monaten* zieht sie diese Nummer ab?«, schaltete sich Mei ein.

»Ja, aber normalerweise will sie nur Mathe«, wiegelte Priya eilig ab. »Und das ist babyleicht. Diese Woche hat sie zum ersten Mal auch die Hausaufgaben für Geschichte verlangt, weil sie gesehen hat, wie ich – ähm, ich meine ...« Sie kniff die Augen zusammen und zermarterte sich verzweifelt den Kopf nach etwas, das wahr, aber zugleich nicht *abgrundtief* peinlich war. »Sie hat gesehen, wie ich mein Mittagessen auf dem Klo gegessen habe, und gedroht, es allen zu erzählen.« Also doch abgrundtief peinlich.

»Wieso hast du dein – ach, vergiss es«, sagte Mei. »Viel wichtiger: Das *ist* Mobbing, Pri. Und es ist nicht in Ordnung. Ich wünschte, du hättest uns früher eingeweiht. Wir hätten für dich da sein können.«

»Auf jeden Fall«, stimmte Sami ihr zu. »Und wir hätten das Ganze benutzen können, um sie zu erpressen, sodass sie uns zu ihrer Party hätte einladen müssen.«

Mei blitzte Sami ärgerlich an, ehe sie sich wieder Priya zuwandte. »Was Sami *eigentlich* sagen will, ist, dass du das nicht allein hättest aushalten müssen. Und wir lassen Katie nicht damit durchkommen.«

Sami nickte wie wild. »Jep. Wir unternehmen etwas! Wir stürzen sie. Wir rächen dich.«

»Aber sie hat gesagt, wenn ich aufhöre, erzählt sie Ms Lufthausen, ich hätte die ganze Zeit über bei *ihr* abgeschrieben«, erwiderte Priya und merkte, dass sie sich gar nicht mehr so sehr gegen die Wahrheit sträubte. In gewisser Weise war es eine Erleichterung, ihren Freundinnen zu beichten, was los war.

»Ah«, meinte Sami. »Dann machst du vielleicht doch besser so weiter wie bisher.«

»Ms Lufthausen wird ihr kein Wort glauben«, warf Mei ein. Dann zögerte sie. »Na ja, möglicherweise doch. Sie hasst dich quasi, Priya. Ich glaube, dass du in ihrem Unterricht einschläfst, empfindet sie als persönliche Beleidigung ihrer Lehrkompetenz.«

»Mag sein, dass ich öfters mal einnicke, aber meine Noten sind trotzdem top!«

Mei zuckte mit den Schultern. »Ich fürchte, das macht es eher noch schlimmer ... Du bist eine gute Schülerin *und* döst bei ihr weg. Nicht gerade eine Auszeichnung für Ms L.«

»Na toll.« Priya seufzte. »Ich schätze, dann erledige ich wohl weiter Katies Hausaufgaben. Wobei es wirklich gar nicht so übel ist. Ich habe in ihrem Namen darüber geschrieben, wie sehr sie sich Anne Boleyn verbunden fühlt. Der, die geköpft wurde.«

Sami prustete los. »Da möchte ich ihr Gesicht sehen, wenn sie das liest.«

Mei grinste ebenfalls. »Gut gemacht. Aber es ist nicht fair, dass du die ganze Arbeit allein machen musst, zusätzlich zu allem anderen, was du um die Ohren hast.« Sie überlegte. »Pass auf, wie wäre es, wenn wir es unter uns aufteilen? So lange, bis uns ein richtig guter Plan einfällt, um Katie das Handwerk zu legen?«

»Das könnte ich nicht von euch verlangen«, wehrte Priya ab. »Das ist zu viel!«

»Tja, ein Glück, dass du uns gar nicht erst darum zu bitten brauchst«, konterte Sami. »Weil wir es von uns aus angeboten haben. Also, Mei hat es angeboten.«

»Ähm, du hilfst auch!«, betonte Mei.

Sami verdrehte die Augen. »Na schön. Das ist wahrscheinlich nur gerecht. Alle für eine und eine für alle!«

»Wir sind nicht die drei Musketiere«, gab Mei zurück. »Hör auf, immer wieder darauf anzuspielen.«

»Aber das wäre perfekt – schließlich sind wir auch ein Trio!«, erklärte Sami. »Ich kriege euch schon noch rum, wartet nur ab.«

Priyas Blick wanderte von Samis leuchtenden grünen Augen zu Meis entschlossenen dunklen. Ihr Herz fühlte sich an, als wollte es platzen. Sie hatte so ein *riesengroßes* Glück, Freundinnen wie die beiden zu haben. »Danke«, sprudelte es ganz untypisch überschwänglich aus ihr heraus. »Ihr seid die besten Freundinnen auf der ganzen Welt. Ich habe euch so, so lieb.«

»Wir haben dich auch lieb«, entgegnete Sami gefasst. »Sogar obwohl du dich lieber mit deinem Mittagessen auf dem Klo verkriechst, als mit uns Spaghetti bolognese zu futtern, und seit Monaten Katie Wongs Hausaufgaben machst, ohne uns etwas davon zu sagen – ganz zu *schweigen* davon, dass du einen Aufsatz geschrieben hast, in dem du besagte Tyrannin mit einer Frau vergleichst, die im sechzehnten Jahrhundert der Hexerei bezichtigt wurde. Priya Shah ist einmalig, und es ist uns eine Ehre, mit ihr befreundet sein zu dürfen.«

Mei deutete auf Sami. »Dem schließe ich mich an.«

Ausnahmsweise lief Priya einmal nicht Gefahr, in Mathe einzuschlafen. Sie hatte solche Angst, Ms Lufthausen könnte ihr eine Frage stellen, dass sie alles in ihrer Macht Stehende tat, um der Lehrerin keinerlei Angriffsfläche zu bieten. Sorgfältig schrieb sie den Tafeleintrag in ihr Heft und erledigte still die Aufgaben, die die Lehrerin der Klasse gestellt hatte.

Bis Ms Lufthausen um Freiwillige bat, die an der Tafel eine Gleichung vorrechnen sollten. Niemand meldete sich, und Ms Lufthausens Augen wanderten durch den Raum und hefteten sich schließlich auf genau die Schülerin, die am inständigsten dafür betete, nicht ausgewählt zu werden. »Priya. Möchtest du nach vorn kommen und das übernehmen?«

Priya spürte, wie Panik in ihr aufstieg. Sie flehte innerlich, mit Ja statt mit Nein antworten zu können. *Alles* hätte sie gegeben, um nur für einen Moment dem Fluch des Armreifs zu entrinnen. Sie presste die Lippen fest aufeinander, doch je angestrengter sie sich bemühte, das Wort zurückzuhalten, desto mächtiger schien es zu werden. »Nein!«

Ms Lufthausens Miene wurde starr vor Entsetzen.

»Ähm, ich meine, nein *danke?*«, schob Priya hinterher, in der Hoffnung, ein wenig Höflichkeit werde ihre frech klingende Antwort abmildern.

»Wie bitte?«, empörte sich Ms Lufthausen.

Priyas Herz hämmerte gegen ihre Rippen. Sie musste etwas unternehmen. Irgendwie *musste* sich diese Situation auflösen lassen. »Entschuldigen Sie«, sagte sie verzweifelt. »Ich meinte, ähm, ich möchte lieber nicht an die Tafel gehen. Aber ich kann trotzdem nicht gern – oje, verflixt, ›gern‹ ist gelogen – also, ähm, ich kann die Gleichung lösen. Ich löse die Gleichung, wenn es sein muss.«

»Ja, es *muss* sein«, rief Ms Lufthausen. »Weil ich deine Lehrerin bin und es von dir verlange! Ist das klar?«

»Jetzt ja.«

»Und vorher war es nicht klar?«, schnaubte Ms Lufthausen.

»Na ja, vorher war es eine Frage«, antwortete Priya und starrte dabei kreuzunglücklich auf ihre Tischplatte. An jedem anderen Ort der Welt wäre sie in diesem Moment lieber gewesen. »Sie haben gefragt, ob ich den Rechenweg an die Tafel schreiben möchte, von daher, ähm, habe ich ehrlich darauf geantwortet. Es tut mir leid. Es tut mir wirklich leid. Hätten Sie mich einfach angewiesen, an die Tafel zu gehen, hätte ich es gleich gemacht.« Die fragenden Blicke ihrer Freundinnen bohrten sich von links und rechts in ihre Seiten, doch sie brachte es nicht über sich, Sami und Mei anzusehen. Es war zu viel. Alles war zu viel.

»Ich FASSE es nicht, dass du dich erdreistest, so mit einer Lehrerin zu reden!«, brauste Ms Lufthausen auf. »Ich bin schockiert. Und ich muss dich bitten, auf der Stelle den Raum zu verlassen.«

»Soll ich zuerst noch die Gleichung lösen?«, fragte Priya hoffnungsvoll.

»Nein, das sollst du nicht«, donnerte Ms Lufthausen. »Ich komme gleich nach, und dann unterhalten wir uns.«

Priya stand langsam auf und griff mit brennenden Wangen nach ihrer Tasche. Sie wich all den baffen Blicken ringsum aus – niemand hatte je zuvor erlebt, dass Priya Shah so mit einer Lehrerin sprach, und ihr war klar, dass sie alle nur so darauf brannten, zu erfahren, was hier vor sich ging. Priya jedoch fixierte stur die besorgten Smileys auf ihren Sneakers.

Sie schloss die Klassenzimmertür hinter sich und fand sich bereits zum zweiten Mal in ein und derselben Woche allein auf dem Schulflur wieder. Beim ersten Mal hatte sie geglaubt, ihr Leben sei schrecklich. Doch in Wirklichkeit hatte sie zu diesem Zeitpunkt noch nicht einmal die wahre Bedeutung des Wortes »schrecklich« gekannt. Inzwischen war alles so viel schlimmer, und in Anbetracht der rasanten Entwicklung, die die Dinge nahmen, würde es in einer Woche noch zehnmal übler sein. Es schien darauf hinauszulaufen, dass der Armreif Priya einen Schulverweis bescheren würde – wenn sie sich nicht schleunigst etwas einfallen ließ.

Kapitel 7

Priya hockte mit angezogenen Beinen in ihrer Klokabine und aß wieder einmal ein klägliches Sandwich zu Mittag. Ms Pringle hatte ihren Kommentar zum Shepherd's Pie nicht vergessen und sie erneut mit Resten abgespeist. Zumindest war dabei diesmal ein veganes Sandwich für Priya herausgesprungen, sodass das Risiko, sich davon Salmonellen zu holen, vermutlich geringer war. Missmutig schälte sie die Frischhaltefolie herunter und überwand sich, einen Bissen von den Brotscheiben mit dem schlaffen Salat und der dünnen Schicht Hummus dazwischen zu nehmen. Es schmeckte so erbärmlich, wie es aussah. Immerhin war es ihr gelungen, sich das Sandwich zu schnappen, ehe Sami und Mei sie entdeckt hatten. Seit Mathe ging sie den beiden abermals aus dem Weg.

Verbittert spähte sie hinunter auf den Armreif an ihrem Handgelenk. Noch immer hatte sie keinen Schlachtplan. Nur jede Menge Wut im Bauch – auf das Schmuckstück. Wobei … Wenn sie ganz ehrlich war, galt ein Teil ihres Ärgers auch derjenigen, die ihr den Reif vermacht hatte. Natürlich war ihr Leben vor dem Armreifdilemma nicht perfekt gewesen, doch wenigstens war sie in der Lage gewesen, zusammen mit ihren Freundinnen in der Mensa zu essen und eine Mathestunde auszusitzen, ohne ihre Lehrerin zu beleidigen. *Warum* also hatte Ba ihr das Schmuckstück gegeben? War ihr klar gewesen, was passieren würde? Wieso hätte sie wollen sollen, dass Priya so etwas durchmachen musste? Es ergab keinerlei Sinn. Priya vergrub den Kopf in den Händen. Sie wünschte, Ba hätte vor ihrem Tod mehr erklären können. Alles, was sie Priya noch mit auf den Weg gegeben hatte, war, dass der Armreif ihr helfen würde, wenn sie sich einsam fühlte. Doch das war Unsinn, denn bislang sorgte er dafür, dass Priya sich einsamer fühlte denn je.

»Hallo? Priya?«

Priya schoss in die Höhe. Oh nein. Wieder hatte jemand sie gefunden. Sie musste sich wirklich dringend eine neue Klokabine suchen.

»Wir wissen, dass du dadrin bist.«

Sie lauschte angestrengt, um die Stimme zuordnen zu können. War es Sami oder Mei? Oder gar Katie? In diesem Augenblick hätte sie nicht sagen können, was schlimmer gewesen wäre.

»Deine Tasche steht wieder auf dem Boden.« Mei.

Priya Blick fiel auf ihre Schultasche, und sie seufzte. Ihre neue Klokabine musste definitiv auch einen Wandhaken für ihre Tasche haben.

»Wir möchten nur mit dir reden«, sagte Sami. »Das ist alles. Eine harmlose, einfühlsame Unterhaltung. Nichts, wovor du Angst zu haben brauchst.«

»Wenn man sagt, jemand braucht keine Angst vor etwas zu haben, klingt es nur umso beängstigender«, merkte Mei an. »Wir wollen doch, dass sie rauskommt – und nicht noch länger dadrin bleibt.«

»Ähm, darum ging es mir ja«, gab Sami zurück. »Du meinst also, du bekommst es besser hin? Dann *adelante, amiga.*«

»Du weißt genau, dass ich Französisch gewählt habe und kein Spanisch«, grummelte Mei. »Priya? Kannst du einfach rauskommen? Bitte.«

»Lieber nicht«, flüsterte Priya. Ihr graute bereits vor den Fragen, die unweigerlich als Nächstes folgen würden.

»Aber *wieso*?«, hakte Sami prompt nach.

»Weil ich gerade … eine Phase durchmache, sozusagen«, druckste Priya in dem verzweifelten Versuch, die Wahrheit so zu formulieren, dass sie ihre Freundinnen nicht verschreckte. »Eine komplizierte Phase.«

»Dann erzähl uns davon!«, rief Sami. »Genau dafür sind Freundinnen doch schließlich da!«

»Da hat sie recht«, stimmte Mei ihr zu. »Wir können dir helfen. Du musst uns nur verraten, was los ist.«

Priya blieb stumm. Was die beiden sagten, klang absolut vernünftig, doch Priya konnte sie in dieser Sache nicht einfach so ins Vertrauen ziehen. Sie würden ihr nicht glauben. Sie würden sie für verrückt erklären. Und vielleicht nichts mehr mit ihr zu tun haben wollen.

»Priya, was *hast* du?« Diesmal erklangen die frustrierten Stimmen von Sami und Mei wie aus einem Mund.

Und da war sie: die direkte Frage, die Priya die ganze Zeit über gefürchtet hatte. Doch nun, da sie ausgesprochen war, empfand Priya sie als weniger schlimm denn erwartet. Sie war sogar regelrecht ... erleichtert. Noch einmal holte sie tief Luft, dann brach alles aus ihr hervor. »Ich kann nicht mehr anders, als immer die Wahrheit zu sagen! Ich trage Bas Armreif, und ich glaube, er ist quasi magisch und hat mich mit einem Fluch belegt, sodass ich jetzt die ganze Zeit ehrlich sein muss.«

Stille hallte von der anderen Seite der Kabinentür.

»Ähm, hallo?«, fragte Priya. Ihr Herz hämmerte. Sie hatte solche Angst davor, was ihre Freundinnen nun von ihr denken würden. Doch zugleich fühlte sie sich irgendwie ... großartig. Sie hatte die zwei soeben in alles eingeweiht! Sie war frei!

Weder Sami noch Mei sagte ein Wort.

Priya stand auf und entriegelte vorsichtig die Tür. »Hallo?« Sami und Mei standen beide vor ihr, und pure Enttäuschung sprach aus ihren Mienen.

»Wie du meinst«, sagte Mei und verschränkte die Arme. »Wir haben bloß versucht, dir zu helfen. Da brauchst du dir keine so blöde Geschichte auszudenken.«

»Und wenn du schon meinst, etwas erfinden zu müssen, hättest du mich wenigstens um dramaturgische Ratschläge bitten können.« Sami schniefte und warf sich ihr langes Haar über die Schulter. »Du weißt, wie sehr ich magischen Realismus liebe.«

»Nein!«, rief Priya eindringlich. »Das ist alles *wahr*!«

»Jaaa ... klar«, sagte Mei und schob sich die schulterlangen Haare hinter die Ohren, sodass ihre silbernen Ohrringe zum Vorschein kamen. »Und meine Ohrringe machen mich auf magische Weise plötzlich ganz sarkastisch.«

Wut und Hilflosigkeit überschwemmten Priya. »Wie könnt ihr mir nicht glauben? Die ganze Zeit habe ich versucht, es vor euch beiden geheim zu halten, und jetzt sage ich euch die Wahrheit, und ihr glaubt, ich lüge! Das ist absurd. Wieso hört mir eigentlich niemand zu, wenn ich schon ehrlich bin?«

Sami wandte sich an Mei, die Stirn in zweifelnde Falten gelegt. »Ich habe Priya noch nie so viel am Stück sagen hören. Und du weißt, dass sie eine miserable Schauspielerin ist. Ich glaube nicht, dass sie so große Verzweiflung heucheln könnte. Meinst du ...?«

»Nein, ich meine nicht, dass sie die Wahrheit sagt!«, ereiferte sich Mei. »Ich bitte dich! Ich bin kein kleines Kind mehr, das an Zauberei glaubt. Ich bin dreizehn!«

»Okay: Fragt mich irgendwas!«, verlangte Priya, der plötzlich eine Idee gekommen war. »Fragt mich nach irgendwas Peinlichem, das ich normalerweise niemals zugeben würde. Dann werdet ihr schon sehen.«

Sami und Mei tauschten Blicke, und beide verzogen den Mund langsam zu einem Grinsen. Priya schluckte. Ihr wurde mulmig, aber wenn das der Preis war, um ihre Freundinnen davon zu überzeugen, dass sie ihr vertrauen konnten, war es die Sache wert.

»Also schön«, sagte Mei. »Wie wäre es, wenn du uns dann verrätst, was du *wirklich* hältst von –«

»Dan Zhang«, schloss Sami triumphierend.

Priya wurde blass. »Wie bitte?«

Mei nickte. »Jep. Dan *Zhang*. Den Jungen, den du immer samt Nachnamen nennst, wenn du von ihm sprichst – nämlich ausnahmslos jedes Mal, sobald du von deinem Turntraining anfängst. Wie sieht es aus: Magst du ihn oder magst du ihn nicht?«

»Und damit meinen wir, ob du ihn *magst*magst«, stellte Sami klar.

Priya spürte, wie Röte ihr in die Wangen stieg. Wieder einmal. Nie im Leben hatte sie Sami und Mei in ihre Schwärmerei für Dan einweihen wollen, weil ... na ja, weil klar war, dass nicht mehr daraus werden würde. Nie im Leben würde jemand wie Dan sie ebenfalls mögen. Also war es sinnlos, darüber zu reden. Und einfach nur peinlich.

Doch nun blieb ihr keine Wahl. »Ich mag ihn so sehr, dass es mir körperliche Schmerzen bereitet, ihn nur anzuschauen. Sogar wenn er mir in meinen Träumen erscheint. Und das tut er fast jede Nacht.« Entsetzt schlug sie sich eine Hand auf den Mund. Sie hatte nicht damit gerechnet, *so sehr* ins Detail zu gehen.

Samis Augenbrauen schossen in die Höhe. »Oh mein Gott! Du *träumst* von ihm!«

Mei schnappte nach Luft. »Wow. Unglaublich, dass du uns das gerade erzählt hast – du bist sonst immer so ... verschlossen. Bisher bist du immer bloß knallrot angelaufen, sobald wir dich auf ihn angesprochen haben, und hast behauptet, das Einzige, was dir an ihm gefiele, wären seine Rückwärtssaltos.«

»Das war gelogen«, beichtete Priya. »Ich meine, seine Rückwärtssaltos sind fantastisch. Aber er ist es auch. Deshalb benutze ich auch immer seinen Nachnamen – für mich ist er zu besonders, um ihn nur beim Vornamen zu nennen.«

»Du bist so was von süß gerade – ich sterbe gleich«, quietschte Sami. »Es geht nichts über eine verknallte Priya! Oh mein wahrhaftiger Gott – du musst Dan *unbedingt* zu meiner Bat-Mizwa einladen. Entschuldige: Dan *Zhang* – ich vergaß, er hat ja Promistatus. Stell dir nur vor, dann hast du ein Date auf meiner BM!« Im nächsten Moment klappte ihr panisch der Mund auf. »Sekunde – *ich* habe gar kein Date für meine BM! Wen soll ich nur fragen?«

»Du brauchst kein Date – wir sind nicht mehr im Jahr 1999«, konterte Mei und musterte Priya dann durchdringend. »Wieso hast du uns das alles gerade erzählt? Bisher hast du es doch immer abgestritten!«

»Weil der Armreif mich dazu zwingt«, erklärte Priya und hob den rechten Arm. Sie zog den Ärmel ihres Shirts zurück und zeigte ihren Freundinnen den glänzenden Übeltäter in all seiner goldenen Pracht. »Seht ihr?«

»Oha, das ist mal ein protziges Teil«, kommentierte Sami. »Wie kommt es, dass du Diamanten und Rubine in der Schule tragen darfst?«

»Meine Eltern haben es noch nicht mal bemerkt. Und selbst wenn: Ich kann ihn nicht abnehmen! Er hat sich verklemmt.« Sie demonstrierte ihren Freundinnen ihre erfolglosen Versuche, das Schmuckstück zu lösen. Wie immer ließ der Verschluss sich keinen Millimeter bewegen. »Nichts zu machen.«

»Oh mein Gott«, hauchte Sami theatralisch. »Das ist so was von strange. Und erklärt absolut, warum du so komisch zu Ms Lufthausen warst! Ich meine, du hast ihr ja absolut die

Wahrheit gesagt. Die ganze Wahrheit. Auch wenn es ein bisschen zu viel Wahrheit war.«

»Ich bin immer noch nicht überzeugt«, meldete sich Mei. »Du musst schon mit der ganzen Geschichte herausrücken, Priya. Von Anfang an.«

»Jep«, pflichtete Sami ihr bei. »Aber ...« Sie blickte sich angewidert im Toilettenraum um. »Vielleicht machen wir das besser irgendwo anders? Sosehr mich die dramatische Inkongruenz einer solchen Unterhaltung vor der Kulisse eines Mädchenklos im ersten Stock fasziniert: Hier stinkt es übelst.«

Priya nickte eifrig. »Ja, bitte! Ich bin am Verhungern! Können wir in die Mensa gehen? Und könnt ihr mir vielleicht einen Teller Pasta von Ms Pringle holen?«

»Ähm, wieso holst du ihn dir nicht selbst?«, wollte Mei wissen.

Priya deutete auf den Armreif. »Der Reif hat mich dazu gebracht, ihr zu sagen, wie ekelhaft ihr Shepherd's Pie ausschaut. Seitdem gibt sie mir Salmonellen-Sandwiches.«

Samis Augen weiteten sich. »Das hast du Ms Pringle *ins Gesicht gesagt*? Oha. Leute, wir haben es hier mit echt ernst zu nehmender Magie zu tun.«

Zehn Minuten später schlürfte Priya sich die letzten Spaghetti mit Bolognesesoße in den Mund, während ihre Freundinnen sie mit herunterhängender Kinnlade anstarrten.

»Wie kannst du so entspannt essen, während du mit einem Wahrheitsfluch belegt bist?«, fragte Sami.

Priya zuckte mit den Schultern. »Das geht ja schon zwei Tage so. Ich habe Hunger.«

»Sie wird ihre Kraft brauchen«, prophezeite Mei finster. »Diesen Armreif wieder abzubekommen, wird nicht einfach werden.«

Sami nickte. »Ihn abzubekommen. Das ist unsere wichtigste Aufgabe. Und nicht ... Priya mit all den Fragen zu löchern, die wir ihr schon immer stellen wollten?«

Priya schaute besorgt drein. Ihr war bereits durch den Kopf gegangen, dass ihre Freundinnen nun, da sie von dem Geheimnis des Schmuckstücks wussten, enorme Macht über sie gewonnen hatten – Macht, die sie ausnutzen könnten, um Priya alles zu fragen, was ihnen in den Sinn kam. Doch Sami und Mei würden so etwas niemals tun – oder doch?

»So etwas würden wir natürlich niemals tun«, sagte Mei in diesem Moment mit Nachdruck. »Das wäre etwas für Katie und Angela – aber nicht für echte Freundinnen wie uns.«

Priya spürte, wie ihre Schultern vor Erleichterung nach unten sackten. Ihr hätte klar sein sollen, dass sie Sami und Mei vertrauen durfte. Mei fuhr fort: »Wir müssen dich von diesem Armreif befreien.«

»Genau!« Sami nickte. »Indem wir ...?«

»Ihr könnt gar nichts tun«, warf Priya ein und wischte sich mit dem Handrücken Bolognesesoße vom Mund. »Ich habe bereits versucht, das Ding loszuwerden. Aber es ist magisch, schon vergessen?«

»Ich fasse es immer noch nicht, dass deine Grandma gesagt hat, es stammt von einer indischen Prinzessin«, schwärmte Mei.

»Wie aus einem Fantasyfilm klingt das.« Ihre Augen strahlten. »Glaubt ihr, wir müssen die Prinzessin aufspüren, um das uralte Geheimnis des Armreifs zu ergründen? Ihr wisst ja noch, wie clever ich damals kombiniert und uns aus dem Escape-Room befreit habe – ich schätze, wir hätten gute Chancen.«

»Nein«, stellte Priya prompt klar. »Die Prinzessin ist vor etlichen Jahrhunderten gestorben. Und ich habe versucht, die Legende zu googeln, aber nichts dazu gefunden. Wie es scheint, hat Ba sich das alles bloß ausgedacht.«

»Oder die Legende ist mit der Prinzessin gestorben, und du bist die Einzige, die sie nun noch kennt!«, vermutete Sami mit leuchtenden Augen. »Das ist so dermaßen romantisch!« Dann bemerkte sie Priyas Miene. »Mit ›romantisch‹ meine ich natürlich: lästig und unfair.«

»Falls die Prinzessinnengeschichte stimmt, wünschte ich, ich hätte ein anderes ihrer magischen Schmuckstücke bekommen«, seufzte Priya. »Zum Beispiel eins, das normale Dinge in Gold verwandeln kann. Stattdessen kriege ich die Macht, die Wahrheit zu sagen. Ich Glückspilz.«

»Jaaa, auch nicht unbedingt die Superkraft, die ich mir ausgesucht hätte«, stimmte Sami ihr zu.

»Tja, jedenfalls müssen wir uns jetzt etwas einfallen lassen, wie wir das Ding von Priyas Arm abkriegen«, sagte Mei. »Und da wir nicht zaubern können, bleibt uns wohl nur, ordentlich zuzupacken.«

Sami nickte. »Da hast du recht. Lass mich mal.« Sie bedeutete Priya, ihr Handgelenk auszustrecken. »Wow, das ist *echt* –«

»Au!«, rief Priya, als Sami rabiat an dem Goldreif ruckte.

Sami ließ los und blickte ein wenig betreten drein. »Tut mir leid, ich dachte, mit ein bisschen Krafteinsatz könnte ich es dir vom Arm ziehen ...«

Priya blitzte sie finster an und massierte ihren Arm. »Das habe ich natürlich längst versucht. Aber es geht nicht über die Hand.«

»Wie wäre es hiermit?« Triumphierend hielt Mei eine Handvoll kleiner Butterpäckchen in die Höhe.

»Ooh, fein!«, frohlockte Sami. »Damit flutscht es bestimmt herunter!«

»Hmm, ich weiß nicht«, entgegnete Priya zweifelnd. »Mit Seife habe ich es schon probiert.«

»Butter ist viel glitschiger«, wischte Sami ihren Einwand herrisch beiseite. »Und ein Versuch schadet ja nicht. Schlimmstenfalls hast du gleich superleckere Hände.«

Kaum hatte Priya widerstrebend ihre Hände in Meis gelegt, machte Mei sich daran, sie großzügig mit Butter einzuschmieren.

»Bäh«, machte Priya. »Dir ist schon klar, dass du nur meine rechte Hand bestreichen musst, nicht die linke, oder?«

»Sicher ist sicher«, entgegnete Mei und massierte die Butter ein.

»Ich kann auch helfen«, bot Sami an und wickelte noch mehr Butterpäckchen aus. »Wie ist das? Ein bisschen kräftiger kneten – oder eher nicht?«

»Ooh, das fühlt sich gut an mit mehr Druck!«

Mei verdrehte die Augen. »Wir sind hier nicht im Spa. Genug massiert. Jetzt versuchen wir, das Ding abzuziehen.«

Sami nickte ernst und legte ihre Hand neben Meis auf den Reif. »Jep. Bei drei? Eins ... zwei ...«

Priyas Blick zuckte in hilfloser Panik von einer Freundin zur anderen. Ihr schwante, dass die Nummer nicht gut ausgehen –

»AU!«, brüllte Priya. Sie riss ihren Arm – mit dem noch immer bombenfest sitzenden Armreif – aus den Klauen ihrer Freundinnen und barg ihn schützend an ihrer Brust. »Im Ernst? Ihr amputiert meine ganze Hand. Und wolltet ihr nicht erst bis drei zählen?«

»WAS ist hier los?« Erschrocken blickten die Mädchen hoch: Über ihnen ragte Ms Lufthausen auf. Sie zog scharf die Luft ein, als sie das Butterchaos auf dem Tisch, Priyas fettige Arme und den glitzernden goldenen Armreif erfasste. »Lebensmittelverschwendung. Tragen von unangemessenem Schmuck in der Schule. Und Verschmutzung von Schuleigentum. Das. Schreit. Nach. Strafarbeiten.«

»Aber wir helfen ihr dabei, den unangemessenen Schmuck *abzulegen*«, erklärte Sami. »Der Reif geht nicht auf.«

»*Strafarbeiten*, habe ich gesagt«, bellte Ms Lufthausen. »Alle drei. Ich erwarte euch in der Tutorenstunde heute Nachmittag bei mir. Und ich verlange, dass dieser Armreif bis dahin von deinem Handgelenk verschwunden ist, Priya Shah. Sonst benachrichtige ich deine Eltern.«

Kapitel 8

Priya, Sami und Mei hatten wirklich *alles* Erdenkliche ausprobiert, um den Reif herunterzubekommen: Seifenwasser, einen Gummibandtrick, den sie im Internet entdeckt hatten, sogar eine Säge aus dem Werkraum. (Wobei Priya sich geweigert hatte, die beiden mit dem gezähnten Sägeblatt das Schmuckstück tatsächlich *berühren* zu lassen – so verzweifelt war sie nun doch nicht. Noch nicht.) Doch im Nu war die Zeit bis zum Beginn ihrer Strafarbeiten verflogen.

Auf dem Weg zu Ms Lufthausens Büro sah Priya bedrückt von einer Freundin zur anderen. »Sie wird meine Eltern anrufen. Meine Mum und mein Dad werden mich fragen, was los ist, und dann werde ich ihnen gezwungenermaßen alles erzählen. Absolut alles.«

»Sieh es positiv«, meinte Mei. »Wahrscheinlich werden sie dir sowieso nicht glauben.«

»Oder sie glauben dir – und können dir sogar helfen!«, schlug Sami vor. »Vielleicht wird das Geheimnis ja seit Generationen in deiner Familie weitergegeben, und Ba hat deiner Mum verraten, wie man den Fluch aufhebt.«

»Das ist hier kein Pixar-Film«, grummelte Priya düster. »Keine Chance, dass meine Mum irgendetwas weiß – sie hat den Armreif in meinem Zimmer schon eine Million Mal gesehen und nie ein Wort darüber verloren. Außer: ›Gib acht, dass du ihn nicht verlierst, er ist wertvoll.‹ Sie wird durchdrehen, wenn sie die ganze Geschichte hört.«

»Nicht nur sie ...« Mei gestikulierte zum Ende des Flurs, wo Ms Lufthausen stand und die drei Mädchen bereits erwartete. »Ich habe keinen blassen Schimmer, wie wir aus der Nummer rauskommen sollen.«

Priya schluckte. »Oh nein. Was, wenn ich wieder frech zu ihr bin? Was, wenn sie mir Nachsitzen nach Schulschluss aufbrummt? Dann verpasse ich mein Turntraining.« Sie zog scharf die Luft ein. »Wenn das passiert, bringen meine Eltern mich *um*.«

Sami zwinkerte ihr zu. »Überlass alles mir. Ich hatte gerade einen Geistesblitz.« Mei und Priya tauschten nervöse Blicke, doch Sami schüttelte bloß ihr langes rotes Haar und räusperte sich. »Keine Sorge. Ich bin die beste Schauspielerin in unserem Jahrgang. Ich habe alles im Griff – vertraut mir.« Mei und Priya schauten nur noch nervöser drein.

»Also?«, fragte Ms Lufthausen streng. »Ist die Schweinerei beseitigt? Und der Armreif ab?«

»Wir haben alles sauber gemacht, selbstverständlich«, beteuerte Sami und riss unschuldig die Augen auf. »Aber ich fürchte, wir müssen Ihnen gestehen, dass Priya noch immer den Armreif trägt.« Sie griff nach Priyas schlaffem Arm und reckte ihn der Lehrerin hin. »Sie müssen wissen, es ist nicht einfach irgendein *normaler* Armreif.«

»Sami«, zischte Mei, während Priya eine panische Grimasse schnitt. »Was wird das?!«

Sami fuhr unbeirrt fort: »Es ist ein *religiöser* Armreif.«

Ms Lufthausen verspannte sich. »Religiös?«

»Oh ja«, betonte Sami. »Nach hinduistischer Tradition trägt ein Mädchen, sobald es zur Frau wird, einen goldenen Armreif. Oder na ja, Sie verstehen schon: zur Not eben einen vergoldeten, falls die Leute sich kein echtes Gold leisten können.«

»Und wieso höre ich davon heute zum ersten Mal?«, erkundigte sich Ms Lufthausen argwöhnisch. »Euch ist doch bekannt, dass jegliche Abweichungen von der Kleiderordnung unserer Schule schriftlich und detailliert von den Eltern begründet werden müssen, damit die Lehrerschaft darüber im Bilde ist.«

»Das stimmt natürlich«, meinte Sami und senkte entschuldigend den Kopf. »Das Ganze ist bloß ... ein in kultureller Hinsicht etwas *heikles* Thema.«

Ms Lufthausen verspannte sich noch mehr. »Inwiefern?«

»Lassen Sie mich kurz abklären, ob es für Priya in Ordnung ist, dass ich darüber rede«, sagte Sami. Sie drehte sich zu Priya um und flüsterte ihr etwas ins Ohr. Priya musste sich ein Lächeln verkneifen. Sie nickte.

Sami wandte sich wieder an die inzwischen gereizt dreinblickende Ms Lufthausen. »Es geht um die *Periode*«, erklärte Sami laut und deutlich. »Erst wenn Mädchen ihre Monatsblutung bekommen, erhalten sie ihren goldenen Armreif.« Das Wort »Monatsblutung« brüllte sie regelrecht. »Und Priyas Eltern kommen aus Indien. Dort spricht man ungern offen über die Periode. Deshalb haben sie sich in dieser Angelegenheit Ihnen noch nicht anvertraut.«

»Schon gut, schon gut«, sagte Ms Lufthausen eilig. Ihre Miene verriet, dass auch sie ungern offen über die Periode sprechen wollte. »Schön. Dann ... achte einfach darauf, dass der Armreif unter dem Ärmel deiner Schuluniform bleibt, Priya.«

Priya nickte eifrig und blickte ergeben zu Boden, in der Hoffnung, dass die Lehrerin, die sie am wenigsten leiden konnte, dann keine weiteren Fragen stellen würde. »Ja. Natürlich. Ganz bestimmt.«

»Vielen Dank, Ms Lufthausen«, trällerte Sami. »Sie sind die Beste. Einen wundervollen Nachmittag noch!«

»Moment!« Ms Lufthausen hob eine Hand. »Eine Strafe bekommt ihr alle trotzdem. Ihr sortiert die Trikotschränke in der Sporthalle. Jetzt.«

In der Sporthalle warf Priya Sami einen bewundernden Blick zu – nicht zum ersten Mal. »Ich bin noch immer baff, dass du uns da herausgehauen hast. Du bist ein Genie.«

Sami legte schwungvoll ein Lacrosse-Trikot zusammen. »Oh, danke. Das war gar nicht so schwer – die meisten Lehrer kommen überhaupt nicht damit klar, wenn man über die Periode reden will. Also verweise ich natürlich in jeder Ausrede und Entschuldigung, die ich mir einfallen lassen muss, darauf. Mr Carter hat noch immer nicht durchschaut, dass mein Menstruationszyklus so perfekt auf unsere Schwimmstunden abgestimmt ist, dass er nur sieben statt achtundzwanzig Tage dauert.«

Mei rümpfte die Nase und hielt mit spitzen Fingern ein

Sportshirt voller Schweißflecken in die Höhe. »Zu blöd nur, dass die angebliche Periodentradition, die du da erfunden hast, uns nicht auch die Strafarbeit erspart hat.«

»Ich habe kein Problem damit, verschwitzte Sportklamotten aufzuräumen, wenn dafür meine Eltern keinen Wind von der Sache kriegen«, sagte Priya. Sie spähte ängstlich auf ihre Uhr. »Allerdings hoffe ich, ich komme deswegen nicht zu spät zum Turnen. Mal wieder.«

»Oooh, zu spät zu Dan Zhang«, säuselte Sami. »Wie sollen wir euch nennen? Priyang? Diya? Panshang?«

»Ähm, nichts davon! Deshalb habe ich euch zweien so lange nichts erzählt!« Priya verbarg vor lauter Verlegenheit ihr Gesicht in einem Lacrosse-Trikot. Bis sie den Schweißgeruch einatmete, würgen musste und den Stoff rasch fallen ließ. »Igitt, das muss wirklich dringend gewaschen werden.«

Mei hatte mitten im Zusammenlegen der Shirts innegehalten und starrte Priya an. »Ähm, Priya?«

»Ja?«

»Du gehst gleich zum Turnen. Mit Dan Zhang. Und dem Armreif am Handgelenk. Und ... wir sind nicht dabei, sodass wir für dich lügen könnten.«

Priya biss sich auf die Lippe. »Ähm, jep.«

Samis Augen weiteten sich. »Oh nein. Das wird eine Katastrophe.«

Priya verlagerte unbehaglich ihr Gewicht. »Vielleicht auch nicht. Man weiß nie. Ich habe ihn gestern schon getroffen, und ...«

»Was ist passiert?«, drängte Mei. »Die ganze Wahrheit, bitte.«

»Na ja, normalerweise rede ich nie wirklich mit ihm. Obwohl er so nett ist und lustig und sich mit allen gut versteht, gehe ich ihm immer aus dem Weg.«

»Klar«, kommentierte Mei trocken.

»Aber gestern hat der Coach uns einander für eine Partnerübung zugeteilt ...«

Sami kreischte schrill auf. »Oh mein Gott!«

»Aber ich habe ihm gewissermaßen – über Olaf – gesagt, dass ich nicht mit ihm zusammen turnen möchte«, gestand Priya kleinlaut. »Und da hat er mich gefragt, wieso. Und ich habe geantwortet, dass ich ihm das nicht verraten will.«

»Du hast gesagt, du willst nicht mit ihm turnen?!«, rief Sami. »Jetzt hält er dich garantiert für verrückt! Oder denkt, du hasst ihn! Oder beides!«

»Vielleicht auch nicht«, wiederholte Priya. »Wir sind dann zusammen Rückwärtssaltos gesprungen, perfekt synchron.« Ein schüchternes Lächeln schlich sich bei der Erinnerung daran auf ihre Lippen. »Das war fantastisch, irgendwie ...«

»Oh mein Gott, ihr beiden kommuniziert durch Bewegung anstelle von Worten«, rief Sami. »Das ist so was von wunderschön!« Sie stockte. »Aber, ähm, eventuell wäre es trotzdem auch gut, Worte zu verwenden?«

»Jaaa.« Priya seufzte. »Solange das, was mir aus dem Mund kommt, nicht superpeinlich ist.«

Mei legte nachdenklich den Kopf schief. »Es muss doch einen Ausweg geben. Irgendein Schlupfloch. Oder einen Trick.«

»Pfff, wir haben schon alles versucht«, meinte Sami. »Es sei denn, Priya ist jetzt bereit, die Säge einzusetzen?«

Priya schüttelte rasch den Kopf. »Priya ist definitiv nicht bereit, die Säge einzusetzen. Und ein paar mögliche Schlupflöcher habe ich selbst auch schon getestet. Zum Beispiel, immer nur mit Ja oder Nein zu antworten – aber je nachdem, wie die Frage formuliert ist, erlaubt der Reif mir das nicht immer. Außerdem habe ich probiert, nur einen Teil der Wahrheit zu sagen, etwa heute Morgen, als ich meiner Mum erklärt habe, dass ich mich nicht wohl genug fühle, um zur Schule zu gehen. Aber ich stehe vor euch, also könnt ihr euch denken, wie das gelaufen ist.«

Mei runzelte die Stirn, doch in der nächsten Sekunde strahlte sie mit einem Mal. »Ich weiß, was wir noch testen können! Schreiben!« Sami und Priya starrten sie ratlos an. Mei rollte mit den Augen. »Ich zeige es euch. Ich brauche einen Stift und ein Blatt Papier.«

Sami wühlte in ihrer Schultasche und zog einen Block und einen Füller hervor. »Bitte sehr!«

»Was hast du vor?«, fragte Priya. »Ich bezweifle nämlich, dass das klappt. Wir haben doch wirklich schon alles versucht, oder?«

»Das nicht«, sagte Mei. »Also, Priya: Ich stelle dir jetzt eine Frage. Und du schreibst die Antwort auf, anstatt sie auszusprechen, okay? Und zwar eine unwahre Antwort.«

»Oh mein Gott!«, platzte Sami heraus. »Du bist genial!«

»Probieren wir es erst einmal aus«, wiegelte Mei ab. Sie legte den Notizblock auf einen Stapel Trikots vor Priya hin. »Okay, Priya, was hältst du von dieser Softrock-Playlist, die ich dir letzte Woche geschickt habe?«

Priya wurde rot. »Ähm ...«

Mei lachte. »Keine Sorge, mir ist schon klar, dass du sie schrecklich findest. Aber versuch einfach mal, das Gegenteil aufzuschreiben, ja?«

Priya zögerte kurz, ehe sie nach dem Stift griff. Langsam fing sie zu schreiben an und stützte sich dabei auf den Trikots ab. *G* und *r* gingen ihr leicht von der Hand. Doch als sie ein *o* dahintersetzen wollte, ruckte der Stift in ihrer Hand eigenwillig. Ein halber Schwung gelang ihr noch, doch dann wurde irgendwie ein *ä* daraus. Und ehe sie sichs versah, hatte sie »Grässlich« geschrieben. Erschrocken starrte sie ihre Freundinnen an. Die beiden starrten ebenso entsetzt zurück.

»Das war total gruselig«, stellte Mei fest.

»Bist du sicher, dass du das nicht selbst warst?«, fragte Sami. »Ich meine ... Das ist ein Stift. Du bist ein Mensch. Du kannst ihn dazu bringen, zu tun, was du willst.«

»Ich habe es versucht!«, protestierte Priya. »Ich schwitze sogar – schau! Ich habe echte Schweißflecken!«

»Vielleicht sollten wir es noch mal testen«, schlug Mei vor. »Nur um ... ganz sicherzugehen.«

»Okay«, lenkte Sami ein. »Ich habe eine Frage: Wen magst du lieber – mich oder Mei?«

Mei und Priya schnappten gleichzeitig nach Luft. Priyas Herz wummerte, doch ehe sie Gelegenheit hatte, ihre Gedanken zu sortieren, sprudelte es schon aus ihr heraus: »Keine – ich mag euch beide genau gleich gern!«

Sami packte Mei und Priya am Handgelenk. »Das ist megasüß, vor allem weil wir dank des Armreifs wissen, dass es einhundertprozentig wahr ist! Musketiere für immer und ewig!«

Mei wand sich aus Samis Griff. »Ja, es ist süß, aber solche Fragen sollst du Priya nicht stellen, schon vergessen? Wir wollen ihre Lage nicht ausnutzen.«

»Aber ich wusste, dass sie genau diese Antwort geben würde«, rechtfertigte sich Sami. »Du bist jetzt nicht sauer, oder, Priya?«

Priya schüttelte den Kopf. »Schon okay. Ich bin eher erleichtert als sauer.«

»So oder so: Können wir uns bitte wieder darauf konzentrieren, Priya Fragen zu stellen, mit denen sie schriftliches Lügen üben kann?«, drängte Mei.

»Okay, eine einfache«, sagte Sami. »Gefällt dir unsere Strafaufgabe? Denk daran, du musst lügen.«

Priya setzte den Stift aufs Papier, und das Wort floss mühelos aus der Spitze: *Ja*.

Mei und Sami tauschten begeisterte Blicke.

»Es funktioniert!«, rief Sami. »Du hast gelogen!«

Priya spürte, wie ihr vor Verlegenheit Röte in die Wangen stieg. »Ich fürchte, es könnte sein, dass das *nicht* gelogen ist. Irgendwie macht es mir nämlich tatsächlich Spaß ... Es macht Spaß, Zeit mit euch beiden zu verbringen. Und hätten wir keine Strafaufgabe bekommen, wären wir jetzt in der Tutorenstunde und würden Hausaufgaben erledigen – aber so kann ich Trikots zusammenlegen und dabei mit euch quatschen.«

Mei schenkte ihr ein Lächeln. »Mir geht's genauso. Obwohl

ich viel lieber irgendwo quatschen würde, wo es nicht nach Käsefüßen stinkt.«

Sami blickte verwirrt drein. »Das heißt – das war die Wahrheit? Versuch es mit einer anderen Lüge.«

Priya nahm den Stift wieder zur Hand und fing zu schreiben an: *Ihr seid nicht meine* – doch als sie *besten Freundinnen* zu Papier zu bringen versuchte, rebellierte der Füller. Mit aller Kraft mühte sie sich, ihn unter Kontrolle zu bringen, doch er weigerte sich, ihr zu gehorchen. Im Nu kritzelte die Spitze wie wild über das Wort *nicht*. Priya schrie alarmiert auf, als der Stift anschließend ihre Hand führte und sie zwang, den Satz zu Ende zu bringen. *Ihr seid meine besten Freundinnen.*

Sami und Mei starrten erst Priya, dann den Stift und schließlich einander an. »Ich bin mir nicht sicher, ob das jetzt das Rührendste ist, was ich je gesehen habe, oder das Gruseligste«, gestand Mei endlich.

»Ganz meine Meinung«, schloss Sami sich an. »Das war wie eine Szene aus *Der Exorzist*. Wäre ich nicht mittlerweile überzeugt, dass alles echt ist, würde ich dir ans Herz legen, Schauspielerin zu werden, Pri. Dafür wäre dir ein Oscar sicher.«

Priya kaute auf ihrer Lippe herum. »Turnen nachher wird ein Debakel, stimmt's?«

»Man weiß nie«, entgegnete Sami munter. »Vielleicht braucht es genau das – dass du Dan die Wahrheit sagst. Damit er dich um ein Date bittet. Und dann kommt ihr als Paar zu meiner Bademütze.«

Priya lachte nervös und versuchte die Beklemmung zu verbergen, die sie jedes Mal überkam, wenn Sami ihre Bat-Mizwa erwähnte.

»Bademütze klingt schrecklich«, erklärte Mei. »Und Priya, wir begleiten dich – ja? Zum Turnen? Dann können wir im Notfall für dich lügen.«

»Aber wir haben Tickets für den neuen Marvel-Film!«, protestierte Sami. Auf Meis strafenden Blick hin wechselte sie den Tonfall. »Ich meine, klar. Natürlich kommen wir gern mit. Ganz logisch.«

»Danke.« Priya lächelte traurig. Sie sehnte sich inständig danach, gemeinsam mit ihren besten Freundinnen nach der Schule ins Kino gehen zu können statt zum Turntraining, wo sie ihrem Schwarm begegnen musste – unter dem Einfluss eines Wahrheitsfluchs. »Aber ich fürchte, das muss ich allein auf die Reihe bekommen.«

Kapitel 9

Priya hatte gehofft, sich einfach unbemerkt dem Training anschließen zu können, ohne dass jemandem ihre Verspätung auffiel. Ms Lufthausen hatte die drei Freundinnen erst gehen lassen, als auch noch das allerletzte Trikot sauber gefaltet gewesen war. Doch Priya hatte kaum ihren ersten Hampelmann absolviert, da rief Olaf auch schon ihren Namen. Und seine Stimme klang alles andere als wohlwollend.

»Priya!«

Widerstrebend drehte sie sich um. Olaf stand mit in die Hüften gestemmten Händen vor ihr und blitzte sie finster an. »Wie nett, dass du dich zu uns gesellst.«

»Tut mir leid. Es lag an meiner Lehrerin. Sie –«

»Ich will keine Ausreden«, fauchte er. »Jedes Mal, wenn du zu spät kommst, ist jemand anders schuld. Würde dir genug am Turnen liegen, wärst du pünktlich hier. Du weißt genau, wie wichtig es ist, dass wir die Teamchoreografie perfektionieren.«

Priya schwieg. Dass immer jemand anders schuld war, war die *Wahrheit*. Sie hatte es ja nicht darauf angelegt, von Ms Lufthausen zu einer Strafarbeit verdonnert zu werden. Allerdings ... stimmte vielleicht auch, was Olaf noch gesagt hatte: Vielleicht lag ihr nicht genug am Turnen.

»Liegt dir genug am Turnen, Priya?«, herrschte Olaf sie

an. Priya wurde flau im Magen – nun, da Olaf es als Frage formuliert hatte, würde sie wohl Gewissheit bekommen … zusammen mit allen anderen. »Wenn du nämlich diesen Platz im Olympiateam willst, dann sollte dir klar sein, dass du einhundertzehn Prozent geben musst. Alles andere muss hintenanstehen. Deine Freunde, deine Familie, deine Hausaufgaben. Also, verrate mir: Liegt dir genug daran?«

Priya spürte das Wort auf ihrer Zungenspitze. Sie kämpfte darum, es dort festzuhalten – so angestrengt, dass ihr der Schweiß ausbrach. Doch je mehr sie sich anstrengte, desto überwältigender wurde der Drang, zu sprechen. Und dann flog es ihr aus dem Mund, mindestens ebenso rasant wie Dan Zhang über den Bock.

»Nein.«

Olaf starrte sie an. Rachael verstolperte ihren Hampelmann. Die gesamte Halle verstummte schlagartig, und alle fuhren zu Priya herum. Ihre Wangen brannten.

»Wie bitte?«, vergewisserte sich Olaf.

»Es tut mir leid«, flüsterte Priya mit Tränen in den Augen. Olaf würde sie aus dem Team werfen, so viel stand fest. Seine oberste Regel lautete: »Keine Frechheiten.« Und sie war soeben rotzfrech gewesen. Sie konnte selbst kaum glauben, dass sie einfach so und mit einem einzigen Wort *alles* ruiniert hatte, wofür sie derart hart gearbeitet hatte. »Damit meine ich nicht, dass mir gar nichts daran liegt. Ich liebe Turnen – das weißt du. Aber ich will nicht mein ganzes Leben dafür aufgeben. Ich bin so müde. Ich vermisse meine Freundinnen. Es ist zu viel.«

Wütend wandte sich Olaf zum Rest der Gruppe um. »Habe

ich irgendetwas davon gesagt, dass ihr Pause machen könnt? Dreißig Liegestützsprünge, aber dalli!« Er drehte sich wieder zu Priya und bedeutete ihr, ihm in eine Ecke der Halle zu folgen. »Okay, Priya. Ich verstehe dich. Du hast in letzter Zeit zu schwer gearbeitet. Du brauchst eine Pause.«

»Ich ... Wirklich?« Das war das Letzte, was Priya erwartet hatte.

Er nickte. »Es hätte mir auffallen sollen. Du bist gar nicht du selbst. Ich glaube, du brauchst eine Auszeit, um dich zu entspannen.«

»Entspannen?«, echote Priya. Sie hatte keine Ahnung, was gerade vor sich ging.

»Ja. Wann hattest du zuletzt einen freien Freitagabend?«

»An Weihnachten«, antwortete Priya automatisch. Sie lächelte bei der Erinnerung daran, wie sie sich am letzten Schultag zusammen mit Sami und Mei Pizza geholt hatte. »Das war echt, echt schön.«

Olaf wirkte ein wenig schuldbewusst. »Von jetzt an hast du freitags frei. Triff dich mit deinen Freundinnen. Mach deine Hausaufgaben. Geh früh ins Bett. Was auch immer dir guttut. Okay?«

Priya nickte stumm. Sie fühlte sich wie in einem Traum. Doch dann fiel ihr der Wettkampf wieder ein. »Sekunde – aber was ist mit dem Training? Brauche ich nicht noch mehr Übung, für die Britische Meisterschaft?«

»Du kriegst das schon hin. Wir haben noch jede Menge Zeit. Ich koordiniere es so, dass wir freitagabends Einzeltraining machen, damit du keine Teamvorbereitung verpasst.«

Priya runzelte die Stirn. Für die Einzelwettbewerbe gab es Preisgeld – was bedeutete, dass sie insbesondere darin gut abschneiden musste. Sie würde also allein umso härter trainieren müssen, wenn sie diese Stunden versäumte. Doch diese Mühe waren freie Freitagabende allemal wert!

»Um ehrlich zu sein«, fuhr Olaf fort, »ist dein größtes Manko im Moment, dass du zu verkrampft bist. Dir fehlt die Leichtigkeit in deinen Bewegungen. Vielleicht gibt sich das, wenn du ein bisschen Ruhe bekommst.« Er nickte entschieden. »Ab sofort brauchst du weniger Training und dafür mehr Entspannung. Wie klingt das?«

Priya bedachte Olaf mit einem Blick, wie er normalerweise einem gigantischen Oreo-Milchshake vorbehalten war. »Das. Klingt. Phänomenal. Danke, danke, danke.«

Olaf zog verlegen die Augenbrauen zusammen. »Tja, das Training heute bringst du aber trotzdem zu Ende. Los. Liegestützsprünge.«

Als Priya aus der Sporthalle trat, strahlte sie über das ganze Gesicht. Selbst die endlosen Liegestützsprünge hatten ihr nichts ausgemacht. Eher hatten sie ihr geholfen, die Höhe ihrer Sprünge bei den Einzeldisziplinen noch zu verbessern – und Olaf überlegte nun, sie am Ende der Teamübung ganz oben auf die Pyramide zu stellen! Das war eine riesige Ehre. Und trotzdem nichts gegen das Glücksgefühl, das sie durchströmte bei dem Gedanken daran, dass sie fortan freitags frei hatte. Endlich einmal würde sie sich Sami und Mei anschließen und an ganz normalen Freitagabendunternehmungen teilhaben können. Sie könnten griechische Tragödien nachspielen und im Bett Pizza essen.

»Hey, Priya, warte mal!« Das war Dan Zhang.

»Heeeeeey«, erwiderte Priya und zog dabei das Wort absurd in die Länge. Warum redete sie so?! Das hatte nun überhaupt nichts mit dem Armreif zu tun! »Tut mir leid, ähm, ich meine ... Alles klar?«

»Jep, danke. Ich wollte dir nur sagen – dass du vorhin so ehrlich zum Coach warst, das fand ich klasse. Entschuldige, ich habe nicht absichtlich gelauscht oder so, ich ... ähm, ich fand es einfach echt cool. Ich hätte nie den Mumm, ihm ins Gesicht zu sagen, dass ich nicht mein ganzes Leben fürs Turnen opfern mag.«

Priya staunte ihn an. Er machte ihr ein *Kompliment*! Mit Adjektiven! Er hielt ihre Aktion für *cool*! Das war der *Wahnsinn*!

Dan räusperte sich laut.

Schlagartig wurde Priya bewusst, dass sie antworten sollte. »Danke!« Dann erst ging ihr vollends auf, was er ihr soeben anvertraut hatte. »Sekunde – geht es dir etwa *auch* so?«

»Natürlich. Ich wünschte nur, ich wäre genauso mutig wie du und könnte es dem Coach sagen ...« Er musterte sie interessiert. »Wie kam es, dass du das gemacht hast? Normalerweise bist du so ... höflich und alles.«

»Wieso ich das jetzt plötzlich gemacht habe?« Priyas Hals wurde eng.

»Ja!«

Sie geriet in Panik. Ihre Pupillen weiteten sich, während sie verzweifelt nach einer wahren Antwort suchte, die nicht das Wort »Magie« enthielt. Ehe es ihr unfreiwillig aus dem Mund stolperte, riss sie rasch ihren Arm in die Höhe. »Deshalb!«

»Wegen deines ... Arms?«

»Nein. Wegen des Armreifs.«

»Oh.« Dan beugte sich nach vorn, um das Schmuckstück genauer in Augenschein zu nehmen. »Der ist ... sehr glitzrig.«

»Er hat meiner Grandma gehört«, erklärte Priya so vage wie möglich. »Sie ist gestorben. Letztes Jahr. Und hat ihn mir vererbt.«

»Jetzt verstehe ich«, sagte Dan. Priya zog eine Augenbraue hoch – ach ja? »Die Erinnerung an deine Grandma hat dich dazu inspiriert, ehrlich zu sein. Wow, Priya, du bist wirklich tapfer.«

Eine haushohe Woge aus Emotionen schlug über Priya zusammen – Traurigkeit, weil sie Ba vermisste, Verwirrung darüber, ob tatsächlich sie hinter dem Wahrheitsfluch steckte oder nicht, Dankbarkeit dafür, dass Dan so wunderbar war ... und vielleicht auch ein klein wenig Stolz auf sich selbst, weil sie wirklich tapfer gewesen war. Ein zaghaftes Lächeln stahl sich auf ihre Lippen. »Danke, Dan.«

»Außerdem ...« Dan schnitt eine verlegene Grimasse. »Ähm, wegen neulich ... als du nicht mit mir zusammen trainieren wolltest ... Ich weiß, ich habe gesagt, wir vergessen es einfach, aber ...«

Das Lächeln rutschte Priya aus dem Gesicht. Oh nein. Darüber konnte sie unmöglich mit Dan reden – sobald er auch nur eine einzige Frage stellte, würde sie ihm die Wahrheit sagen müssen. Eine Wahrheit, die sie vor Scham tot umfallen lassen würde. »Tut mir leid«, murmelte sie eilig und griff nach ihrer Sporttasche. »Ich muss – ich meine, ich *muss* nicht. Aber ich werde ... Ich sollte – Himmel, das sagt man einfach so! Ähm. Entschuldige. Ich bin dann mal weg. Jetzt.«

»Warte!« Dan raufte sich die dichten schwarzen Haare. »Habe ich, ähm, irgendwas falsch gemacht? Weil ... Ich weiß, wir quatschen in der Regel nicht allzu viel, deshalb war ich irgendwie, ähm, überrascht, dass du nicht mit mir üben wolltest.«

Priya kniff fest die Augen zusammen. Sie drehte sich langsam wieder zu Dan um. Ihr war schleierhaft, wie sie diese Unterhaltung überleben sollte. »Nein. Du hast überhaupt nichts falsch gemacht.«

Seine ängstliche Miene entspannte sich ein wenig, doch ganz beruhigt wirkte er noch nicht. »Okay, gut zu wissen. Aber ist ... sonst irgendwas? Also, gibt es einen bestimmten Grund dafür, dass du ausgerechnet mit mir nicht trainieren wolltest?«

Oh nein. Diese Frage wollte Priya wirklich, wirklich nicht beantworten. Doch das »Ja« kroch ihr bereits den Hals herauf. Sie rang darum, es wieder zu schlucken und zum Verschwinden zu bringen. Um nichts in der Welt durfte sie jetzt »Ja« sagen. Auf gar keinen Fall. Sie drängte es zurück, bot alle Kraft, die sie nach den Liegestützsprüngen noch hatte, dafür auf, ihre Lippen geschlossen zu halten. »JA!« Priyas Hand landete auf ihrem Mund, und sie starrte Dan entsetzt an. Sie hatte seine Frage nicht einfach nur bejaht – sie hatte ihm das

Wort *ins Gesicht gebrüllt*. Was sollte sie nun bloß tun? Nur eines stand fest: Sie musste auf der Stelle verduften. Denn als Nächstes würde Dan nachhaken, was genau der Grund war – und das konnte sie ihm um keinen Preis verraten. Sie packte ihre Tasche und sprintete los, so schnell ihre Füße sie trugen.

Regelrecht schwindelig vor Reue und Frust hockte Priya in ihrem Zimmer. In der Halle beim Training hatte sie sich großartig gefühlt – freie Freitagabende waren die beste Neuigkeit des Jahres. Doch die Unterhaltung mit Dan hatte alles ruiniert. Kaum zu Hause, hatte sie sich direkt an den Laptop gesetzt und wieder nach Wegen gegoogelt, den Armreif loszuwerden. Sie hatte Juweliere in der Gegend recherchiert, die ihr womöglich dabei helfen könnten, den Verschluss zu lösen, und sogar angefangen, ein Online-Formular zur Terminvereinbarung auszufüllen. Gekommen war sie dabei bis zu einer Liste, in der sie ihr konkretes Anliegen hatte ankreuzen sollen. »Magischer Armreif« war keine der Auswahlmöglichkeiten gewesen. Und »kaputter Verschluss« wurde dem vollen Ausmaß ihres Problems nicht wirklich gerecht. In diesem Augenblick hatte sie akzeptiert, dass sie auf keinen Fall zu einem gewöhnlichen Juwelier gehen konnte – denn falls die Leute dort den Reif nicht öffnen könnten, würden sie ihre Eltern anrufen oder sie in ein wissenschaftliches Labor schleppen oder noch Schlimmeres. Es war noch immer keine Lösung in Sicht.

Die einzige gute Entwicklung: Als Priya nach Hause gekommen war, waren ihre Eltern zu sehr von dem Chaos in Beschlag genommen, das Pinkie bei ihrem jüngsten Experiment (Ergebnis: Badesalz lässt sich nicht gut in der Mikrowelle erhitzen) veranstaltet hatte, um Priya zu fragen, wie ihr Tag gelaufen war. Priya war erleichtert – sie wollte wirklich niemandem die Wahrheit über das erzählen, was ihr soeben passiert war. Wobei ... Sie setzte sich kerzengerade auf, als ihr klar wurde: Doch, genau das *wollte* sie.

Sie wollte Sami und Mei davon erzählen. Normalerweise behielt sie alles für sich. Doch es hatte sich am Vormittag so gut angefühlt, ihren beiden besten Freundinnen das Geheimnis um den Armreif anzuvertrauen. Eine riesige Erleichterung hatte sie danach verspürt. Und sich weniger allein gefühlt. Wieso also sollte sie es kein zweites Mal versuchen? Immerhin wussten die beiden bereits über den Reif Bescheid *und* auch darüber, wie sehr sie Dan mochte. Da konnte Priya ihnen doch auch von den irre peinlichen neuesten Entwicklungen berichten. Zumal sie gleich als Erstes zu verkünden hatte, dass sie bei der nächsten Übernachtungsparty dabei sein würde! Ausnahmsweise einmal würden nicht nur Sami und Mei das Wochenende miteinander verbringen und ihr Selfies schicken, die sie betrübt in ihren Trainingspausen betrachten würde, während sie sich wünschte, bei ihnen zu sein, und insgeheim Sorge hatte, eines Tages würden sie nicht mehr mit ihr befreundet sein wollen. Diesmal wären sie alle drei zusammen.

Priya griff nach ihrem Handy, ehe sie es sich anders überlegen konnte, und drückte im Gruppenchat auf den Telefonhörer, sodass sie beide gleichzeitig anwählte. Mei nahm als Erste ab, und sobald ihr Gesicht den Screen ausfüllte, fühlte

113

Priya sich bereits ein klein wenig besser. »Wie ist es gelaufen?!
Was hast du gesagt?«

»Ich bin auch da!«, meldete sich Sami mit rotem Gesicht.
»Oh mein Gott, ich kriege ... keine Luft. Ich musste ... die
Treppe hochrennen. Für ein bisschen Privatsphäre.«

Priya schenkte ihnen ein zaghaftes Lächeln. »Es lief ... ge-
mischt. Aber vor allem schlecht.«

»Ich setze mich kurz hin«, sagte Mei. »So, ich bin bereit.«

»Warte«, japste Sami. »Ich noch nicht. Wasser.« Sie stürzte
ein ganzes Glas in einem Zug hinunter. Ihre Freundinnen ver-
folgten es mit hochgezogenen Augenbrauen.

»Wie kannst du so viel auf einmal abpumpen?«, fragte Mei.

»Ich habe kräftige Lungen«, erwiderte Sami.

Mei schüttelte den Kopf. »Du solltest in Biologie wirklich
besser aufpassen.«

Priya grätschte dazwischen: »Also: Olaf hat mich gefragt,
ob mir genug am Turnen liege – und ich habe Nein gesagt.«

Sami und Mei keuchten auf.

»Hat er dich aus dem Team geworfen?«, fragte Mei. »Ist
alles okay?!«

»Mehr als okay, genau genommen.« Priya musste unwillkürlich grinsen, obwohl so viel im Argen lag. »Weil – ratet
mal! Er hat gesagt, das müsse daher rühren, dass ich zu erschöpft bin, und deshalb gibt er mir ab sofort freitags frei.
Zum Entspannen!«

Sami quietschte vor Begeisterung. »ÜBERNACHTUNGS-
PARTY!!!«

»Sekunde mal, das ist doch genial!«, rief Mei. »Wieso

114

guckst du so traurig? Hast du nicht gesagt, es sei schlimm gewesen?!«

Priya nickte, und ihre Miene verdüsterte sich wieder. »Ich wollte zuerst die gute Nachricht erzählen. Die schlechte ist ...«

»Irgendwas mit Dan, stimmt's?« Mei umklammerte ihr Handy fester und hielt es sich ganz dicht vors Gesicht. »Spuck's aus.«

»Oh mein Gott, warte, ich brauche mehr Wasser.« Sami nahm noch etliche gierige Schlucke. »Okay. Jetzt bin ich ausreichend hydriert. Raus mit der Sprache.«

»Er hat mich gefragt, ob es irgendeinen bestimmten Grund dafür gab, dass ich beim letzten Training nicht mit ihm üben wollte«, sagte Priya. »Und ich habe mit aller Macht versucht, es nicht auszusprechen, und so gekämpft, um das Wort in mir drinzubehalten – aber dann habe ich praktisch ›JA!‹ gebrüllt. Es war schrecklich.«

»Nein!«, kreischte Sami.

»Und da bin ich abgehauen. Ohne noch irgendetwas zu sagen.«

»Oh mein Gott«, stöhnte Sami. Sie war blass geworden. »Er wird denken, dass du –«

»Spinnst«, brachte Priya ihren Satz zu Ende. »Er wird denken, dass ich vollkommen und hoffnungslos durchgeknallt bin.«

Mei runzelte die Stirn. »Sekunde mal. Du hast dich mit aller Kraft angestrengt, um nicht ›Ja‹ zu sagen, aber am Ende hast du das Wort gebrüllt?«

»Genau.«

»Das Ja ist also heftiger herausgeplatzt als geplant?«

Priyas Mundwinkel rutschten noch tiefer nach unten. »Ja. Danke, dass du noch Salz in die Wunde reibst.«

Mei strahlte ihre beiden Freundinnen an. »Ich glaube, ich hab's!«

»Du hast was?«, fragte Sami. »Wieso lächelst du? Hast du nicht gehört, was Priya gerade erzählt hat? Sie hat die Sache mit Dan Zhang voll vermasselt.«

Priya ließ das Gesicht in die Hände sinken. »Ich habe die Sache mit Dan Zhang voll vermasselt!«

»Nur vorübergehend«, wiegelte Mei ab. Sie grinste noch immer von einem Ohr zum anderen. »Ich habe einen Plan. Aber zuerst musst du mir haarklein wirklich *alles* berichten, was passiert ist. Jedes Detail. Wort für Wort.«

Priya hob den Kopf und musterte Mei mit zusammengekniffenen Augen. »Im Ernst? Ich soll meine Demütigung noch einmal in allen Einzelheiten durchleben?«

»Jep.« Mei nickte und schnappte sich ein Notizheft. »Ich schreibe mit.«

»Gern auch mit Stimmimitationen«, ermunterte Sami. »Was denn? Wenn du schon alles noch mal durchleben musst, kannst du es genauso gut so realistisch wie möglich machen.«

Kapitel 10

Priya konnte das Klingeln der Schulglocke kaum erwarten. Auf wundersame Weise hatte sie den Tag ohne allzu großes Drama überstanden – vor allem dank Sami und Mei, die ihr auf Schritt und Tritt gefolgt waren und dafür gesorgt hatten, dass sie nicht versehentlich Ms Lufthausen verriet, wie ekelhaft die Schultrikots rochen. (So widerwärtig nämlich, dass alle drei beinahe in Ohnmacht gefallen wären.) Und in exakt zwei Minuten war sie erlöst und konnte wieder mit Sami und Mei allein reden. Und zu bereden gab es *jede Menge*.

Mei hatte am Vorabend kaum Gelegenheit gehabt, ihre Idee richtig zu erläutern, da Priyas Mum ins Zimmer geplatzt war, kaum dass Priya ihre Ein-Frau-Darbietung des Turntrainings beendet hatte, und wissen wollte, weshalb sie so viel zu besprechen hatte mit den beiden Menschen, mit denen sie bereits praktisch den ganzen Tag verbracht hatte. Also hatten die Freundinnen beschlossen, sich alles für die Übernachtungsparty aufzusparen. Priya grinste in sich hinein. Klar, eine Übernachtungsparty war nicht außergewöhnlich spannend – zumindest verglichen mit Katies und Angelas Wochenendplänen –, doch für sie war es eine riesige Sache. Endlich konnte sie ganz normal sein, bis zum Morgengrauen mit ihren Freundinnen plaudern (oder zumindest bis ihnen

117

die Augen zufielen – je nachdem, was früher der Fall sein würde), raffinierte Kohlenhydrate essen ... ach ja, und versuchen, einen magischen Wahrheitsfluch zu brechen.

Die Glocke ertönte, und in der Klasse brach die Hölle los.

»Wir sind frei!«, johlte Sami. »Nichts wie raus hier!«

Ms Carlyle seufzte. »Ihr seid keine Gefangenen. Wir versuchen euch etwas beizubringen, damit ihr später in eurem Leben mehr Freiheiten habt.«

Doch niemand schenkte der Lehrerin Beachtung – alle waren viel zu beschäftigt damit, ihre Sachen zusammenzupacken und durch die Tür zu verschwinden.

»Meine Mum wartet auf dem Parkplatz«, sagte Mei. »Sie hat Frühlingsrollen dabei.«

Priya presste sich eine Hand aufs Herz. »Das ist jetzt schon der beste Freitagnachmittag, den ich je hatte.«

»Warte nur, bis du den Berg an Köstlichkeiten siehst, den ich für unser Mitternachtsbüfett zusammengehamstert habe«, verkündete Sami. »Alles aus dem Naschschrank geklaut.«

»Bei euch gibt es einen Naschschrank?«, rief Priya begeistert. »Ich hoffe, euch beiden ist klar, was für ein Glück ihr habt.«

»Ein Riesenglück – dass du zur Übernachtungsparty kommst«, meinte Mei und hakte sich bei Priya unter. »Wenn ich noch einen Freitagabend allein mit Sami verbringe, werde ich wahnsinnig ... Was?! Beim letzten Mal musste ich mir einen einstündigen Monolog von dir anhören!«

»Ein Meisterwerk der Redekunst!«, stellte Sami richtig. »Du solltest dich geehrt fühlen, dass du ihm beiwohnen durftest.«

Mei rollte mit den Augen. »Na los. Je schneller wir zu mir nach Hause kommen, desto eher kann ich euch meinen Plan erklären. Und da muss ich *eine Menge* erklären.«

Einige Zeit später – und nach Bergen an Süßigkeiten – lehnte sich Priya in Meis Zimmer gegen das gepolsterte Kopfende des Betts und stöhnte. »Ich fasse es nicht, wie viel ich gegessen habe. Mir ist schlecht.«

Sami wischte sich mit dem Handrücken ein wenig Käsefett vom Mund. »Unglaublich, du hast meinen Rekord gebrochen. Ich weiß nicht, ob ich jetzt neidisch sein soll oder stolz.«

»Ich hoffe, du hast noch ein bisschen Platz für den Nachtisch gelassen«, merkte Mei an und deutete zu einem Stapel aus Schokoladentafeln, Konfekt und Macarons mitten auf dem Bett.

»Vielleicht war es gut, dass ich bisher nie zu den Übernachtungspartys kommen konnte«, murmelte Priya. »Würde ich jede Woche so viel futtern, würde ich keinen einzigen Rückwärtssalto mehr hinbekommen.«

Sami zuckte mit den Schultern. »Das ist es wert, denke ich.«

Mei räusperte sich. »Okay. Jetzt, da wir mit der Pizza fertig sind, finde ich, es ist Zeit für eine Verdauungspause, in der ich meine Armreiftheorie erläutern kann.«

»Oh mein Gott, ja!«, rief Sami. »Endlich!«

Priya versuchte sich aufzurichten, um besser zuhören zu können, ehe ihr klar wurde, dass ihr Bauch dabei nicht mitspielen würde. Sie sank zurück in die Kissen. »Alles klar. Ich bin bereit.«

»Also dann.« Mei setzte sich gerade hin und griff nach einem Notizbuch. Sie schlug die erste Seite auf, die von ihrer ordentlichen runden Handschrift überzogen war. »Was wir bisher wissen, ist, dass du nicht in der Lage bist, zu lügen, während du den Reif trägst, Pri. Nicht einmal schriftlich. Oder mit Gesten. Oder indem du fälschlicherweise nickst. Der Armreif zwingt dich, die Wahrheit zu sagen – mit deinem ganzen Körper.«

Priya nickte missmutig. Wenn Mei es so formulierte, erschien ihr die Situation noch hoffnungsloser.

»Und manchmal bringt der Reif dich dazu, die Wahrheit laut auszuposaunen«, fuhr Mei fort. »Wie neulich bei Dan.«

Priya fühlte sich schlagartig noch elender. »Soll uns das irgendwie weiterhelfen? Dann würde ich gerne gleich zum hilfreichen Teil springen.«

»Tja, meiner Recherche zufolge« – Mei wedelte ihr Notizbuch durch die Luft – »nötigt der Armreif dich immer dann dazu, mit der Wahrheit herauszuplatzen, wenn du Widerstand leistest. Je mehr du also dagegen ankämpfst, desto wahrscheinlicher entschlüpft dir das, was du auf keinen Fall sagen willst, doch.«

Priya fuhr hoch, ohne dabei das Zwicken in ihrem Magen auch nur zu bemerken. »Wahnsinn – du hast recht! Wie bei Ms Lufthausen, als sie mich gefragt hat, ob ich die Gleichung an die Tafel schreiben möchte. Ich hatte solche Panik, der Armreif würde mich zwingen, ›Nein‹ zu sagen, dass ich mich krampfhaft bemüht habe, das Wort hinunterzuschlucken – nur um es ihr dann ins Gesicht zu brüllen.« Ihr Hochgefühl ebbte ab. »Und ... genauso war es mit Dan.«

»Oha«, machte Sami. »Das ist quasi Jedi-Niveau.«

Priya kaute auf ihrer Unterlippe herum. »Aber ... ich verstehe nicht, wie uns das weiterbringt. Ich kann aufhören, mich gegen die Wahrheit zu wehren, schön und gut – dann brülle ich nicht mehr. Aber *sagen* muss ich die Wahrheit ja trotzdem.«

Meis Augen funkelten. Sie blätterte eine Seite weiter. »Klar. Aber du kannst die Kontrolle über die Situation übernehmen. Widersetz dich dem Armreif nicht. Wenn du *freiwillig* die Wahrheit sagst, kannst du sie so formulieren, wie es dir gefällt.«

Sami und Priya blickten sie verständnislos an.

»Ich schätze, ich will einfach sagen: Wenn du vor dem Antworten kurz überlegst, *welche* Wahrheit du aussprechen möchtest und *wie*, dann hast du zumindest ein bisschen Kontrolle darüber«, erklärte Mei. »Statt dem Armreif ganz ausgeliefert und dazu verdammt zu sein, die peinlichsten Wahrheiten hinauszuposaunen.«

Priya nickte langsam. »Das stimmt. Hin und wieder bin ich mir nicht sicher, welche Antwort am wahrsten ist, und zögere – und dann lässt mich der Armreif das sagen, was sich richtig anfühlt. Einmal, als ich mich beim Turnen mit Rachael unterhalten habe und sie mich gefragt hat, wieso ich zu spät bin, da hatte ich Angst, ich könnte zu viel über die ständigen Zankereien meiner Eltern verraten, aber am Ende habe ich einfach gesagt, dass die katastrophalen Kochkünste meines Dads schuld waren. Was genauso wahr war! Oder als ich meiner Mum gesagt habe, dass es mir nicht gut geht. Da habe ich ganz viel auf einmal empfunden – vor allem Panik, weil ich ein verfluchtes Schmuckstück am Arm habe –, aber nur eine Wahrheit ausgesprochen: dass es mir nicht gut ging.«

»Oh mein Gott, wir haben ein Schlupfloch gefunden!«, rief Sami. Mei hob eine Augenbraue. »Okay, Mei hat ein Schlupfloch gefunden. Yay! Ein Macaron zur Feier der Erkenntnis, Leute?«

Priya schüttelte rasch den Kopf und beäugte die Leckereien mit einem Anflug von Übelkeit, während Mei sich ein Macaron mit Pistaziencreme nahm. »Ja, gern! Deshalb habe *ich* nach fünf Stücken Pizza aufgehört.« Zögerlich wandte sie sich an Priya. »Also, ähm, du musst jetzt nicht antworten, aber: Möchtest du darüber reden, dass deine Eltern ständig streiten?«

Priya erstarrte. Das hatte sie überhaupt nicht ausplaudern wollen. Doch als sie ihre Freundinnen ansah – Mei mit ihrer mitfühlenden Miene und Sami, die völlige Ruhe und Gelassenheit ausstrahlte –, ahnte sie auf einmal, dass es eventuell in Ordnung wäre, wenn die beiden Bescheid wüssten. »Ich ... Ich denke, das wäre vielleicht gut«, sagte sie langsam. »Meine Eltern ... streiten echt viel.«

»Das kenne ich«, mümmelte Sami und knabberte weiter an ihrem Macaron. »Meine Eltern haben sich pausenlos gezofft vor ihrer Scheidung. Manchmal war es so extrem, dass ich mich nicht einmal auf meinen Text konzentrieren konnte, den ich für unser aktuelles Theaterstück lernen musste.«

»Im Ernst?!«, japste Priya. Sie war baff, dass Sami so ähnliche Erfahrungen gemacht hatte. »Bei meinen Eltern ist es genauso! Neulich abends war es so laut, dass ich kaum einschlafen konnte.«

»Das klingt anstrengend«, meinte Mei besorgt. »Ich hatte keine Ahnung, dass es bei dir daheim dermaßen schlimm zugeht.«

»Tut es n–« Priya röchelte. Die beiden anderen schauten sie erschrocken an, doch sie schüttelte hustend den Kopf. »Keine Sorge, das war nur der Armreif. Ich ... Okay, schön, es geht wohl *wirklich* schlimm zu bei uns zu Hause, aber ich hasse es, wie das klingt. Keine Ahnung. Deshalb habe ich euch noch nie etwas davon erzählt. Ich wollte nicht, dass ihr – na ja – schlecht von mir denkt.«

»Wieso sollten wir schlecht von dir denken?«, fragte Sami verwirrt. »Denkst du schlecht von mir, weil meine Eltern geschieden sind?«

»Natürlich nicht!«, rief Priya. »Auf keinen Fall! Ich bin bloß ... Meine Mum sagt immer, dass es Dinge gibt, die man nur innerhalb der Familie besprechen sollte. Nicht mit Freunden. Ihr wisst schon: ›Blut ist dicker als Wasser.‹ ›Wasch deine schmutzige Wäsche nicht in der Öffentlichkeit.‹ Dieser ganze Kram. Und darum ... hatte ich das Gefühl, dass ich mich euch beiden nicht anvertrauen kann.«

Mei betrachtete für einen merkwürdig langen Moment die restliche Pizza, ehe sie sprach: »Entschuldige, Priya. Es sollte nicht wertend klingen, als ich gemeint habe, dass es bei dir daheim anscheinend schlimm zugeht. Ich wollte damit nur sagen, wie leid es mir tut, dass deine Mum und dein Dad so viel streiten. Und dass du mir am Herzen liegst.«

Priya sah ihre Freundin überrascht an. »Danke, Mei. Das ist lieb von dir.«

»Und ich kann das alles *so* nachempfinden«, meldete sich Sami. »Also: *Wann auch immer* du deswegen mal Dampf ablassen musst, ruf mich jederzeit an. Ich weiß noch genau, wie stressig alles war, ehe meine Eltern sich haben scheiden lassen.« Sie erschauderte. »Der ständige Streit. Die Spannung. Daraus hätte man einen großartigen Thriller machen können.«

Priya runzelte die Stirn. »Aber du hast nie etwas davon erzählt. Ich hatte keine Ahnung, dass du auch so was erlebt hast!«

»Am schlimmsten war es, bevor wir uns kennengelernt haben«, sinnierte Sami. »Mei habe ich jedenfalls eingeweiht, damals in der Grundschule. Bis du dann zu uns gestoßen bist, hatten meine Eltern schon die Scheidung beschlossen, von daher hatte sich die Lage beruhigt.«

»Ich habe einfach angenommen, dass deine Eltern sich total einvernehmlich und freundschaftlich getrennt und nie gestritten haben«, gestand Priya.

»Ähm – definitiv nicht«, stellte Sami klar. »Es war die Hölle! Ich war *überglücklich*, als sie endlich geschieden waren. Und beide sind jetzt so viel besser dran. Meine Mum genießt es, auf Dates zu gehen, und mein Dad kümmert sich hingebungsvoll um seine Pflanzen. Es ist perfekt.«

»Meine Eltern streiten auch recht doll«, ergänzte Mei. »Vor allem wenn meine Mum zu kochen versucht. Mein Dad kriegt jedes Mal die Krise, weil sie in der Küche so ein Chaos veranstaltet.«

Priya lachte. »Das kenne ich! Bloß ist es bei uns mein Dad, der nicht kochen kann, und meine Mum, die sich darüber aufregt. Aber – streiten deine Eltern jeden Abend? Bis ganz spät? Und auch über Geld?«

Mei schüttelte sacht den Kopf. »Nein. Nur ab und zu. Meistens wirken sie ziemlich glücklich miteinander.«

Das trübte Priyas Stimmung sofort wieder. »Ich kann mich gar nicht daran erinnern, wann meine Eltern zuletzt glücklich waren. Manchmal wünsche ich mir, sie würden endlich die Scheidung einreichen!« Sie zog scharf die Luft ein. »Ich fasse es nicht, dass ich das gerade laut ausgesprochen habe.«

»Schon in Ordnung«, sagte Sami und griff nach ihrer Hand. »Ich habe mir früher auch immerzu gewünscht, dass meine Eltern sich scheiden lassen, das ist gar nicht sooo schräg. Sondern im Grunde sogar irgendwie vernünftig – welchen Sinn hat es denn, mit jemandem zusammenzuleben, der überhaupt nicht zu einem passt?«

»Aber jeder weiß, dass Kinder sich nicht wünschen sollten, ihre Eltern wären geschieden«, flüsterte Priya. »Das sollte eine ganz schreckliche Vorstellung für sie sein.«

»Ich wäre wirklich megatraurig, wenn meine Eltern sich scheiden lassen würden«, gestand Mei. »Aber nur, weil sie eben glücklich miteinander wirken. Und ich denke, für solche Situationen gibt es keine allgemeingültigen Regeln. Das ist etwas ganz Persönliches und Individuelles.«

Priya nickte nachdenklich. »Jaaa. Ich bezweifle allerdings sowieso, dass sie sich jemals trennen – offenbar ›machen‹ Inder so was nicht. Zumindest behaupten das meine Eltern.«

»Davon kann ich ein Lied singen«, schnaubte Mei. »Die Liste der Dinge, die man mit chinesischen Wurzeln ›nicht macht‹, ist das Lieblingsgesprächsthema meiner Eltern beim Abendessen. Man lässt sich zum Beispiel nicht die Nase piercen, und man studiert auch nicht Kunst. Alles tabu, wenn du chinesisch bist.«

»Bei Juden gibt es auch jede Menge, was sich ›nicht gehört‹«, legte Sami nach. »Lady Macbeth bei der Bat-Mizwa zu zitieren zählt offenbar auch dazu. Oder in der Synagoge Rad zu schlagen.«

»Jaaa«, meinte Mei und zog eine Augenbraue hoch. »Das ist ja auch total vergleichbar.«

»Der Punkt ist: Es ist Mist, Teenager – oder Fast-Teenager – zu sein, wenn die Eltern über einen bestimmen und ständig völlig katastrophale Lebensentscheidungen treffen«, fasste Sami zusammen. »Sobald wir erst erwachsen sind, ist alles garantiert viel besser.«

»Ich hoffe es«, seufzte Priya. Sie schielte auf den Armreif hinunter. »Und ich hoffe *noch mehr*, dass ich bis dahin dieses Teil los bin.«

»Das wird schon«, meinte Mei zuversichtlich. »Schau nur, wie super du gerade diese ehrliche Unterhaltung über deine Eltern gerockt hast, ohne irgendetwas auszuplaudern, das dir peinlich sein müsste.«

»Aber doch nur, weil ich euch das alles anvertrauen *wollte*«, sagte Priya. »Na ja, zuerst nicht, aber dann hat es sich richtig angefühlt. Und es tut so gut, dass ihr beiden diesen ganzen Kram in gewisser Weise nachempfinden könnt.«

»Absolut«, bekräftigte Sami. »Also, wie wäre es, wenn wir einfach weiter über Ultrapersönliches reden, damit du noch ein bisschen üben kannst, ehrlich zu sein, ohne dich dabei unwohl zu fühlen?«

Priya starrte sie alarmiert an. »Ähm, wenn wir das wirklich machen, dann brauche ich vorher eine Stärkung. Gib mir bitte mal die Macarons.«

Kapitel 11

Als Priya sich am nächsten Morgen von ihren Freundinnen verabschiedete, fühlte sie sich leicht und frei – völlig überraschend in Anbetracht der Tatsache, dass sie den beiden gerade Dinge anvertraut hatte, die sie nie im Leben hatte preisgeben wollen.

Ihre Mum wartete am Ende der Einfahrt auf sie. »Guten Morgen, *beta*. Du wirkst glücklich! Ich nehme an, es war schön?«

Priya nickte fröhlich. »Es war FANTASTISCH!«

Ihre Mum legte den Gang ein und fuhr los. Dabei wandte sie sich Priya zu. »Na, was habt ihr gemacht? Ich will alles wissen.«

Priya lächelte. Es war herrlich, wenn sie nur zu zweit waren – denn dann hatte ihre Mum tatsächlich einmal Zeit, sich nach Priyas Leben zu erkundigen. »Wir haben Unmengen gegessen! Meis Mum hat uns alles erlaubt, worauf wir Lust hatten. Und ich habe *so* gut geschlafen. Ich kann mich nicht einmal daran erinnern, wann ich zuletzt so erholt aufgewacht bin.«

Ihre Mum blickte leicht pikiert drein. »Der einzige Grund dafür, dass *ich* dich nicht alles essen lasse, worauf du Lust hast, ist, dass mir deine Gesundheit am Herzen liegt.«

»Ich weiß, Mum«, beteuerte Priya eilig. »So war das nicht gemeint.«

»Hmpf. Und wieso hast du so viel besser geschlafen in einem Bett, das du dir mit Mei teilen musstest, als zu Hause?«

»Oh, das Bett hat Sami genommen. Ich habe auf dem Boden in einem Schlafsack geschlafen.«

»Und das war bequemer als dein Bett zu Hause?!«

»Nein ...«

»Na dann: Warum hast du dort besser geschlafen als auf der teuren orthopädischen Matratze, die ich dir extra gekauft habe, nachdem Olaf mich regelrecht dazu genötigt hatte?«, wollte ihre Mum wissen.

Priya biss sich auf die Unterlippe. Darauf mochte sie wirklich nicht antworten, doch ihr war klar, dass sie auf ihre eigene Weise die Wahrheit sagen musste, ehe der Armreif das für sie übernahm. »Ich schätze, es war ... friedlicher bei Mei daheim.«

Sie hielten an einer Ampel, und ihre Mum drehte sich ganz zu ihr um. »Und bei uns zu Hause findest du es nicht friedlich?«

Priya seufzte innerlich. Das Einzige, was ihre Mum mehr hasste als Unordnung, strenge Gerüche und raffinierten Zucker, war alles, was sich als Kritik auffassen ließ. Und Priya hatte keinen Zweifel, dass sie ihren nächsten Kommentar genau so auffassen würde. »Ähm ... nicht so sehr.«

»Und weshalb nicht?!«

Priya blickte aus dem Fenster. Sie hatten beinahe die Sporthalle erreicht. Sie wünschte, sie wären bereits da, sodass ihr die Antwort erspart bliebe. Doch zugleich ahnte sie: Je mehr sie sich dagegen sträubte, desto schlimmer würde es. Also zwang sie sich, die Frage ihrer Mum so behutsam wie möglich zu beantworten. »Na ja ... Vielleicht weil ... Ich nehme an, es liegt daran ... dass du und Dad ... manchmal ... also, ziemlich oft ... miteinander streitet.«

Röte stieg ihrer Mum in die Wangen. »Du ... bekommst mit, wie wir streiten?«

Priya nickte entschuldigend. »Das lässt sich kaum überhören.«

Ihre Mum hielt vor der Sporthalle am Straßenrand und wandte sich vollends zu Priya um. Sie wirkte so unbehaglich, wie Priya sich jedes Mal fühlte, wenn sie mit Katie reden musste. Priya hoffte inständig, dass sie ihrer Mum nicht ebenso zusetzte wie Katie Wong ihr selbst.

»Es tut mir leid, Priya. Ich hatte keine Ahnung, dass du uns hörst. Und ... belastet dich das?«

Priya nickte stumm.

»Oh Priya«, sagte ihre Mum. »Wieso hast du mir das nie erzählt?«

Priya schaute auf. Die Augen ihrer Mum waren groß vor Sorge. »Ich weiß nicht ... Ich wollte dir keinen Kummer machen.«

»Du bist meine Tochter – du sollst mir Kummer machen!«, rief ihre Mum. »Ich meine: Du machst mir keinen Kummer. Es ist nur – oh Priya, ich möchte doch wissen, wie es dir geht. Wie es dir *wirklich* geht.«

»Okay«, flüsterte Priya. Insgeheim staunte sie darüber, dass sie gerade diese Unterhaltung mit ihrer Mum führte. Und noch mehr, dass es sich in Ordnung anfühlte – *mehr* als in Ordnung, genau genommen.

»Und, ähm ...« Nun biss sich ihre Mum verlegen auf die Lippe. »Dass dein Dad und ich streiten ... Wir haben einfach viel um die Ohren momentan.«

»Ich weiß«, versicherte Priya ihr rasch. »Du musst dich nicht erklären. Ich weiß, dass wir Geldsorgen haben. Deshalb ist ja mein Preisgeld so wichtig. Ich übe ganz viel für den Einzelwettkampf, dann wird hoffentlich alles besser, wenn ich gewinne. Und ich weiß auch, dass Dad alles verpatzt. Und dass du erschöpft von der Arbeit bist. Und dass Pinkie hin und wieder enorm anstrengend sein kann. Und dass mein Terminplan wahnsinnig voll ist. Tut mir leid.«

Ihre Mum war baff. »Na ja – das stimmt. Aber nichts davon ist deine Schuld, Priya, also brauchst du dich auch nicht zu entschuldigen. Und über nichts davon solltest du dir Gedanken machen. Das liegt in unserer Verantwortung, nicht in deiner.« Sie hielt inne und sah ihrer Tochter dann unverwandt in die Augen. »Du weißt aber, dass wir sehr stolz auf dich sind, oder?«

Für einen Moment wurde Priya ganz warm ums Herz. Ihre Eltern waren stolz auf sie, weil sie war, wie sie war. Und sie würden immer stolz auf sie sein.

Doch dann fuhr ihre Mum fort: »Wie könnten wir auch nicht stolz sein, bei all deinen Goldmedaillen und perfekten Noten? Ich sage immer, ich wüsste gar nicht, was ich ohne dich machen würde, und das meine ich genau so! Wir wollen dir nicht das Leben schwer machen mit unseren, nun ja, Problemen ...«

Prompt wurde Priyas Herz wieder schwer, denn der vertraute Leistungsdruck breitete sich aufs Neue in ihrem ganzen Körper aus. Eine Anspannung, die immer da sein würde – wie sollte es auch anders sein, wenn so viel von ihr erwartet wurde? Doch immerhin wusste ihre Mum nun ein wenig mehr über Priyas Gefühle.

Ihre Mum legte die Stirn in Falten. »Meinst du, Pinkie leidet auch darunter?«

Priya schüttelte entschieden den Kopf. »Sie kann bei *jedem* Lärm schlafen.«

»Aber ... emotional?«, hakte ihre Mum nach.

Priya zuckte mit den Schultern. »Ich denke, ihr geht's prima.«

Ihre Mum nickte. »Okay, tja, ich werde mich jedenfalls noch mal in Ruhe mit ihr darüber unterhalten. Und ...« Sie zögerte. »Es tut mir leid, dass es in letzter Zeit so schwierig war, Priya. Aber ich bin wirklich froh, dass du mir das gesagt hast. Ich kümmere mich darum, dass zwischen deinem Dad und mir alles ins Lot kommt.«

»Im Ernst?« Priya wollte ihrer Mum *sehnlichst* glauben, doch sie ahnte, dass das Ganze nicht so einfach sein konnte. Sonst hätten ihre Eltern sicher schon vor Jahren ihre Differenzen geklärt. »Meinst du, das funktioniert?«

Ihre Mum nickte überzeugt. »Ja, natürlich, *beta.* Wir sind bloß ein bisschen gestresst, weil alles in letzter Zeit so viel teurer geworden ist, und dein Dad verdient natürlich weniger, seit er nur noch Teilzeit arbeitet. Aber wir arrangieren uns damit. Und wir ... wir lieben uns.«

Priyas Augen wurden groß und hoffnungsvoll. Womöglich würde sich nun tatsächlich alles zum Guten wenden. »Ihr liebt euch?«

»Selbstverständlich, Schatz! Ganz ehrlich: Wir bringen das in Ordnung. Alles wird gut. Mach dir *überhaupt gar keine* Sorgen.«

Priya strahlte. »Okay. Super!«

»Wunderbar.« Die Miene ihrer Mum entspannte sich, und sie lächelte. »Na dann. Du hast immer noch eine halbe Stunde Zeit, bis dein Training anfängt. Wollen wir uns Milchshakes holen?«

Priya klappte die Kinnlade herunter. »Richtige Milchshakes? Oder – Sekunde, meinst du frisch gepresste Fruchtsäfte?«

»Ich meine Milchshakes«, bekräftigte ihre Mum. »Einer wird dich schon nicht umbringen.«

Erfrischt vom Zucker-Sahne-Flash betrat Priya die Sporthalle. Sie würde es schaffen. Sie brauchte sich lediglich an Meis Regeln zu halten. Zur Sicherheit zog sie ihr Handy hervor, um die Liste noch einmal durchzulesen.

Priyas Regeln für den Umgang mit dem Armreif der Wahrheit:
1. Sag die Wahrheit – so ruhig und ungezwungen wie

möglich, bevor der Reif dich dazu bringt, damit heraus-
zuplatzen.
2. *Auch wenn du um keinen Preis die Wahrheit sagen*
   willst, sträube dich NICHT! Entspann dich!
3. *Sollte alles schiefgehen, ruf nach Sami und mir, damit*
   wir kommen und für dich lügen können.

Priya schob ihr Handy zurück in die Tasche und grinste. Es war sehr untypisch für sie, von ihrem Leben erzählen zu wollen, doch sie konnte es *kaum erwarten*, Sami und Mei von der Unterhaltung zu berichten, die sie gerade mit ihrer Mum geführt hatte. Und das auch noch bei einem Milchshake! Nie im Leben hätte sie geglaubt, dass so etwas einmal passieren würde. Doch ihre sonst so verkrampfte Mum hatte raffinierten Zucker zu sich genommen, beteuert, dass sie sich mit ihrem Dad aussprechen würde, und zugegeben, dass Pinkies verwackelte Smileys keine bereichernde Verschönerung für Priyas Sneakers waren. Sie hatte Priya zwar nicht direkt ihre Kreditkarte in die Hand gedrückt, damit sie sich ein neues Paar kaufen konnte, doch sie zumindest in ihrem Frust gegenüber ihrer kleinen Schwester bestätigt. Priya wusste, dass die Verschandelung eigentlich nicht Pinkies Schuld war – nicht so richtig. Trotzdem brachte das ja ihre Sneakers nicht wieder in Ordnung. Und es fühlte sich gut an, dass ihre Mum das ausnahmsweise einmal eingestand.

»Hey! Du wirkst ganz in Gedanken.«

Priya schreckte hoch. Ihre Züge entspannten sich jedoch gleich wieder, als sie sah, dass es Rachael war, die sie unter ihren streng geflochtenen Rastazöpfen heraus anstrahlte. »Jaaa. Ich habe gerade noch mal in Erinnerungen an den Oreo-Milchshake geschwelgt, den ich mir vorhin mit meiner Mum geteilt habe.«

Rachael starrte sie mit offenem Mund an. »Nein! Jetzt bin ich so was von neidisch!«

»Und zwar nach den sieben Stücken Pizza und dem Berg Macarons, die ich gestern Abend gefuttert habe.«

»Wow!«, staunte Rachael. »Ich habe gerade Hühnchen mit Reis gegessen. Jollofreis, den mag ich am liebsten. Aber trotzdem. Oh, schau mal, da ist Dan. Hey!«

Priyas Magen überschlug sich. Ihr war klar gewesen, dass sie auf Dan treffen würde – deshalb hatten Sami und Mei ja gemeinsam mit ihr die drei Regeln erarbeitet. Doch das machte es nun nicht einfacher.

Er kam zu den beiden herüber und nickte ihnen zu. »Hey.«

»Priya hat mir gerade erzählt, dass sie die köstlichsten Sachen geschlemmt hat.« Rachael seufzte. »Ich bin bestimmt schon grün vor Neid.«

»Oh, echt?«, wandte Dan sich an Priya. Er lächelte eigentlich immer – doch nun war auf seinem Gesicht nicht die geringste Spur eines Lächelns zu erkennen. »Dann war dein Freitagabend also genau so, wie du ihn dir immer erträumt hattest?«

Priya nickte. »Jep. Danke.«

»Cool.«

»Verrate ihm, was du gegessen hast«, drängte Rachael. »Ich will, dass er genauso neidisch wird, wie ich es bin.«

»Ähm … Pizza. Und Macarons.« Priya wurde rot und schlug die Augen nieder, um Dans Blick auszuweichen. Alles, was ihr durch den Kopf ging, war, wie verletzt er gewirkt hatte, als sie bei ihrer letzten Begegnung praktisch vor ihm geflohen war.

»Schön«, sagte Dan. Und seinen einsilbigen Kommentaren zufolge erinnerte er sich ebenfalls nur zu gut daran.

»Oookay«, machte Rachael langsam. »Sollen wir uns aufwärmen gehen? Olaf möchte, dass wir heute die komplette Übung einmal durchturnen.«

Dan und Priya nickten, doch keiner von ihnen bewegte sich. Rachael schüttelte den Kopf und marschierte davon. »Ich bin dann mal am Barren.«

Priya zwang sich, etwas zu sagen. Sie musste ihre Panik davor, mit Dan zu reden, überwinden und alles wieder geradebiegen. Ehe der Armreif die Situation noch weiter verschlimmerte. Sie spähte hinüber zum Schwebebalken und versuchte sich vorzustellen, dass sie sich selbst für einen Flickflack pushte. Tiefes Einatmen, starke Mitte und Selbstvertrauen. Sie konnte das. »Ähm …« Unbehaglich verlagerte sie ihr Gewicht, während Dan sie erwartungsvoll anschaute. Sie gab sich alle Mühe, ebenso viel Kraft zusammenzuziehen, wie sie es für einen Flickflack tat. »Ähm, ich … wollte mich nur entschuldigen. Dafür, dass ich komisch war. Neulich.«

»Schon okay.« Dan zuckte mit den Schultern. »Ich werde dich nicht fragen, was der Grund war. Ich habe kapiert, dass du nicht darüber reden willst.«

Priyas Züge verspannten sich. »Es tut mir wirklich leid. Bei mir war jede Menge los. Aber ... langsam ergibt alles ein bisschen mehr Sinn. Denke ich.«

»Okay. Möchtest du ... irgendwann reden?«

Priya biss sich auf die Unterlippe und ging im Kopf noch einmal die Regeln durch. Ihr war vollauf bewusst, dass Dan darüber reden wollte, weshalb sie komisch gewesen war und welches Problem sie eventuell mit ihm hatte, doch *genau genommen* hatte er das so nicht gesagt. Sie nickte bedächtig. »Ja! Ich würde sehr gern irgendwann reden – vielleicht bei einem Milchshake, was hältst du davon?«

Dans Miene hellte sich auf. »Ja! Das klingt großartig! Wie wäre es mit übernächstem Montag? Da haben wir nachmittags kein Training.«

Priya strahlte zurück. »Fantastisch! Ich sage Rachael und den anderen Bescheid!«

Dan nickte langsam. Auf seinen Lippen lag noch immer ein Lächeln. »Klar. Den anderen.«

In diesem Moment klatschte Olaf laut in die Hände. »Hier rüber, alle miteinander! Ich habe eine Ankündigung zu machen. Der Talentscout des Olympiateams wird am 30. Juni den ganzen Tag lang bei den Britischen Meisterschaften anwesend sein, also möchte ich, dass ihr alle in Topform seid. Selbst wenn eure Chancen dieses Jahr nicht so gut stehen, könnte der Scout sich euch für nächstes Jahr merken. Wobei einige von euch natürlich hervorragende Chancen haben.« Er sah Priya geradeheraus an, und sie spürte, wie es in ihren Adern kribbelte. Es wäre der Wahnsinn, wenn sie für den neu entstehenden Nachwuchskader des Olympiateams ausgewählt würde – sie konnte sich nichts Aufregenderes vorstellen, als gemeinsam mit den besten Turnerinnen und Turnern des Landes zu trainieren! Und die Gelegenheit zu bekommen, um die ganze Welt zu reisen und dabei das zu tun, was sie am liebsten tat. Ihre Familie wäre *so* stolz auf sie.

Auch wenn das bedeuten würde, dass ihr noch weniger Zeit für alles andere in ihrem Leben bliebe ... Sie rechnete nicht damit, dass die Olympiatrainer ihren Schützlingen freitagabends freigaben, damit sie an Übernachtungspartys teilnehmen konnten. Doch darum musste sie sich im Augenblick noch keine Gedanken machen.

»Deshalb will ich derjenigen mit den besten Chancen auch die beste Gelegenheit bieten, den Scout zu beeindrucken«, erläuterte Olaf weiter. »Priya – ich möchte, dass du bei der Teamchoreografie ganz oben auf der Pyramide stehst. Der Höhepunkt soll so aussehen, dass du hinaufspringst und im Spagat landest. Was meinst du?«

»Ja!«, brach es aus Priya hervor – sie brauchte nicht einmal den Armreif, um in diesem Moment aus ganzem Herzen die Wahrheit zu sagen. »Vielen, vielen Dank! Ich kann es kaum erwarten!«

»Gut«, erwiderte Olaf. »Aber verpatz das bloß nicht für uns, ja? Keine Verspätungen mehr. Ich erwarte vollen Einsatz von dir.«

Priya nickte, während die anderen grinsten und herbeikamen, um ihr zu gratulieren. »Du wirst das total rocken!«, sagte Rachael. »Super!«

»Keine Frage«, bekräftigte Dan und schenkte ihr ein Lächeln. »Und Olaf möchte mich ganz unten haben, um dich in die Höhe zu katapultieren – ich sorge dafür, dass du bis ganz nach oben fliegst. Versprochen.«

Priya stand abermals der Mund offen. Sie würde nicht nur die Pyramide krönen, sondern auch noch von Dan in die Luft geworfen werden! Aus dem Augenwinkel erhaschte sie das Blitzen des Armreifs und grinste breit darauf hinunter. Es musste Ba sein, die hinter alldem steckte. Sie hauchte ein »Danke« und stellte sich vor, wie Ba zurückzwinkerte.

Kapitel 12

»Wer bitte ist diese Priya Shah?«, kreischte Sami. »Die süße Jungs zum Eisessen einlädt, mit ihrer Mum Milchshakes trinkt und allen ihre Gefühle offenbart?! Das ist das beste Wochenend-Update aller Zeiten! Ich habe mein restliches Wochenende mit einem Netflix-Marathon verbracht. Wobei: Am Sonntag habe ich noch meine ganze Theatergruppe geflasht mit meiner Darstellung von Hamlet als Frau.«

»Ähm, du hast vergessen zu erwähnen, dass Priya auch noch aus den Händen ihres Schwarms an die Spitze einer leibhaftigen menschlichen Pyramide springen *und* sich einen Platz im Olympiateam sichern wird«, ergänzte Mei. »Da wäre sogar Hamlet platt.«

Priya verdrehte die Augen. »Übertreib mal nicht – die Plätze im Olympia-Nachwuchskader sind superumkämpft. Vielleicht schaffe ich es nicht ins Team. Und ich habe Dan auch nicht zum Eisessen eingeladen! Das war bloß der Armreif – und mein Versuch, ein Schlupfloch zu finden. Keine große Sache.«

»Das ist es sehr wohl, und das weißt du auch«, verkündete Sami. Sie rollte sich im Gras auf den Rücken und zog ihr Shirt nach oben. »Oh, diese Sonne ist himmlisch. Ich hole mir die perfekte Bat-Mizwa-Bräune.«

»Und da denkst du zuerst an einen gebräunten Bauch?«, fragte Mei.

»Ich habe vor, ein bauchfreies Top und Statement-Hosen zu tragen«, erklärte Sami und drehte sich auf die Seite, sodass sie Mei zugewandt war. »Apropos: Wann wollen wir bat-mizwa-shoppen?«

Priyas Magen schlug einen Purzelbaum. Sooft sie in der letzten Zeit auch die Wahrheit gesagt hatte: Sami wusste noch immer nicht, dass die Britischen Meisterschaften auf den exakt selben Tag fielen wie ihre BM. Und Priya graute es sehr vor diesem Geständnis. »Ähm, sollten wir nicht langsam wieder reingehen? Es ist gleich zwei.«

»Seit wann gehen wir rein, *bevor* es klingelt?«, fragte Sami. »Und es ist erst Viertel vor. Wie wäre es dieses Wochenende? Ich brauche ein Outfit, und zwar *pronto.*«

»Na schön«, meinte Mei. »Aber nur, wenn du nicht wieder sämtliche Umkleiden des Ladens belegst, um eine ›Live-Filmmontage‹ zu veranstalten, und dein Handy an die Lautsprecher anschließt. Versprich es! So eine peinliche Nummer überlebe ich kein zweites Mal.«

»Peinlich? Das war eine oscarreife Aufführung! Die Angestellten waren begeistert.«

»Falls du mit ›begeistert‹ meinst: Sie haben es schicksalsergeben toleriert«, korrigierte Mei.

Sami zuckte ungerührt mit den Schultern. »Geschenkt. Jedenfalls: Bist du dabei, Priya?«

Priya erstarrte. »Bin ich ... wobei?«

»Beim Shoppen! Am Samstag.«

Priya atmete erleichtert aus. Ihr Trick hatte noch einmal funktioniert. »Vielleicht nach dem Training. Ich frage meine Mum.«

»Perfekt.« Sami strahlte. »Wir können alles bei unserer nächsten Übernachtungsparty besprechen. Und für euch beide kaufen wir dann auch gleich Outfits! Ich denke, wir sollten uns farblich abstimmen – was haltet ihr von Orange und Türkis als Farbschema?«

Mei wandte sich an Priya. »Diese Antwort überlasse ich dem Armreif der Wahrheit.«

»Ähm ...« Priya biss sich auf die Unterlippe. »Ich kann nicht behaupten, dass mich das restlos begeistert.«

»Hey, da schau an, wie diplomatisch du auf einmal die Wahrheit sagst!«, lobte Mei. »Du machst dich!«

»Was soll das denn heißen?«, hakte Sami nach. »Das ist das perfekte Farbschema – ein Riesenhype auf TikTok im Moment. Sommertöne, Leute!«

Priya lachte über Meis Grimasse. »Sagen wir einfach, ich bezweifle, dass die Farben uns ebenso gut stehen würden wie dir. Außerdem ist es deine Bat-Mizwa. Da musst du hervorstechen – du willst doch nicht, dass wir dir die Schau stehlen.«

Sami setzte sich ruckartig kerzengerade auf. »Oh mein Gott, du hast recht. Vielleicht könntet ihr zwei gedeckte Farben tragen? Pastell?«

»Oder eventuell – nur so ein Gedanke – könnten wir schlicht tragen, worauf wir Lust haben, und du machst es genauso?«, schlug Mei vor.

Priyas Miene verdüsterte sich. Sie hatte sich so sehr von

dem Gespräch mitreißen lassen, dass sie darüber beinahe vergessen hatte: Sie würde gar nicht dabei sein. »Ich gehe mal rein. Ich muss noch aufs Klo.«

»Solange du dich nicht wieder in der hintersten Kabine rechts im Mädchenklo im ersten Stock versteckst«, neckte Mei. »Falls du das nämlich vorhast: Wir wissen genau, wo wir dich finden.«

Priya lachte nervös. Exakt das war ihr Plan gewesen. »Wir sehen uns in Mathe!«

Priya drückte die Spülung und schlüpfte aus der Kabine. Sie war gerade dabei, sich die Hände zu waschen, als sie zwei Paar Stiefel auf sich zustampfen hörte. Innerlich stöhnte sie auf.

»Miss Klo-Foodie«, meinte Katie feixend. Angela trat mit verschränkten Armen neben Katie. »Wie war's heute in der Kabine? Wir könnten dir darin auch einen kleinen Tisch aufstellen.«

»Genau genommen habe ich draußen gegessen«, erwiderte Priya. Sie drückte den Knopf am Händetrockner, in der Hoffnung, der Lärm würde weitere Fragen übertönen.

Doch Katie ignorierte das Brummen, kam ganz nah an Priya heran und sprach ihr direkt ins Ohr. »Also: Wo sind meine Mathehausaufgaben?«

Priyas Herz setzte einen Schlag aus. Ach herrje – hatte sie etwa vergessen, die Aufgaben zu erledigen? Doch dann entspannte sie sich, als ihr die drei Musketiere und ihr Plan wieder einfielen. »Ähm ... Ich glaube, Sami hat sie.«

»Sami?« Angela zog die Augenbrauen zusammen und stellte sich auf der anderen Seite neben Priya. »Was hat denn Sami damit zu tun?«

»Sie hat diesmal die Aufgaben gemacht«, erklärte Priya. »Um mich zu entlasten.«

Katie klappte die Kinnlade herunter. »Ähm, ich habe nie gesagt, dass das erlaubt ist. *Du* erledigst meine Hausaufgaben für mich – nicht Sami, nicht sonst irgendwer. Wie klingt das?«

Priya zwang sich, weiterzuatmen. Sie würde es schaffen. Sie konnte die Wahrheit auf bedächtige, kontrollierte Weise äußern, ehe der Armreif für sie übernahm. »Es klingt ... nicht besonders fair.«

»*Wie bitte?*«

»Es ist bloß ... Ich habe selbst jede Menge Hausaufgaben. Und noch Turntraining. Und Sami und Mei helfen gern.«

Katie drehte sich fassungslos zu Angela. »Bilde ich mir das gerade ein – oder sagt sie, dass sie zu beschäftigt ist, um meine Hausaufgaben zu machen?«

Angela schüttelte langsam den Kopf. »Das hat sie tatsächlich gesagt. Was stellen wir jetzt mit ihr an?«

»Genau das, was wir ihr angedroht haben«, verkündete Katie und verschränkte die Arme. »Ich werde Ms Lufthausen erzählen, dass du diejenige bist, die ständig von mir abschreibt. Sie ist im Moment ohnehin nicht gerade gut auf dich zu sprechen, Shah – was meinst du, wie sie darauf reagieren wird? Vielleicht suspendiert sie dich vom Unterricht? Oder sorgt direkt dafür, dass du von der Schule fliegst?«

Priya überlegte einen Augenblick. Es stimmte, dass Ms Lufthausen kein großer Fan von ihr war, aber ... sie war doch eine intelligente Frau. »Um ehrlich zu sein«, erwiderte Priya und formulierte die Wahrheit mit Bedacht, »bezweifle ich, dass sie euch glauben wird.«

»Was?« Katie verlor kurz die Fassung. »Natürlich wird sie uns glauben!«

»Nein, wird sie nicht«, wiederholte Priya, und ihre Stimme gewann allmählich an Stärke. »Sie hasst mich, das ist richtig, aber sie ist nicht dumm. Sie braucht ja bloß unsere Noten in den letzten Arbeiten zu vergleichen – mag sein, dass du im Mündlichen gut bist, weil ich deine Hausaufgaben für dich erledige, aber ich wette, schriftlich sieht es ganz anders aus. Und selbst wenn du auch bei den Klassenarbeiten geschummelt hast – wahrscheinlich wird Ms Lufthausen uns einfach aus dem Stegreif eine Aufgabe stellen, um zu prüfen, wer von uns wirklich die Arbeit gemacht hat.«

Katie starrte Priya stumm an. Kalte Wut stand ihr ins Gesicht geschrieben. Priya spürte, wie ihr Selbstvertrauen wieder schrumpfte. Unglaublich, dass sie all das gerade zu Katie gesagt hatte! Ohne den Armreif hätte sie das nie im Leben gewagt! Und nun würde Katie ... Um Himmels willen, was *würde* Katie tun?

»Wie auch immer«, schnaubte Katie und wirbelte zu Angela herum. »Ich habe Besseres zu tun, als mich mit Miss Klo-Foodie herumzuärgern.« Sie warf Priya einen letzten abfälligen Blick zu. »Und überhaupt: Du brauchst meine Hausaufgaben nicht mehr zu machen. Dein Anne-Boleyn-Aufsatz war gerade mal mittelprächtig. Laut Mr Long wegen ›fehlender Selbsterkenntnis‹. Also danke für nichts.« Mit Angela im Schlepptau stolzierte Katie aus der Mädchentoilette, wobei Angela Priya ebenfalls noch mit einem drohenden Blick durchbohrte.

Priya stieß einen tiefen Seufzer der Erleichterung aus. Sie hatte nicht einmal gemerkt, dass sie die Luft angehalten hatte. Vor allem aber: Sie hatte es geschafft. Sie, Priya Shah, hatte soeben dem furchterregendsten Mädchen der Schule die Stirn geboten – und den Mut dafür verdankte sie allein dem Armreif. Sie schielte hinunter auf das harmlos wirkende goldene Schmuckstück an ihrem Handgelenk und dachte an Ba und die Legende, die sie ihr erzählt hatte. Priya hatte keine Ahnung, ob der Armreif einst wirklich einer Prinzessin gehört hatte oder nicht, doch inzwischen war sie sicher, dass Ba von seinen magischen Kräften gewusst hatte. Sie hatte – typisch Ba – die Zukunft vorhergesehen und erahnt, dass der Reif Priya bei etwas helfen konnte, wozu sie allein nicht in der Lage war: für sich selbst einzustehen.

Kapitel 13

Später beim Abendessen streckte Priya sich nervös nach einem weiteren Roti. Sie spähte unauffällig in die Runde und traute ihren Augen kaum:

Pinkie aß ihr Spinat-Shaak, ohne zu murren, ihr Dad schöpfte ihrer Mum Dal auf den Teller – und ihre Mum *lächelte* ihm zum Dank zu. Etwas nie Dagewesenes im Hause Shah: ein ganz normales Abendessen mit der ganzen Familie, komplett ohne Drama. Bis jetzt.

»Das Shaak ist wirklich lecker«, sagte Priya, und ihre Mum strahlte. »Es schmeckt genau wie Bas.« Das Lächeln rutschte ihrer Mum aus dem Gesicht, und Priya begriff, dass sie einen Fehler gemacht hatte. Zwar hatten ihre Eltern nie explizit gesagt, dass sie nicht über Ba reden dürfe, doch ganz offenbar war das eine weitere unausgesprochene Familienregel.

Ihre Mum hüstelte unbehaglich. »Freut mich, dass es dir schmeckt. Also, ähm, wie war euer Tag, alle miteinander?«

»Ereignisreich«, antwortete Pinkie und löffelte sich noch mehr Joghurt in ihre Schale. »Miles hat eine tote Nacktschnecke gegessen, Ms Cromer hat geweint, als ich sie darauf hingewiesen habe, dass ihr Schaubild falsch ist, und mein Vulkan ist so heftig explodiert, dass Miles ganz viel Natron in die Haare bekommen hat.«

»Das klingt in der Tat ereignisreich«, erwiderte ihre Mum schwach.

»Armer Miles«, merkte ihr Dad an. »Dann war es für ihn wohl kein guter Tag.«

»Als ich ihm gesagt habe, dass ich ihn mag, war er gleich wieder fröhlicher«, meinte Pinkie und schob sich einen Löffel Reis in den Mund.

»Was?!«, rief Priya. »Du hast ihm gesagt, dass du ihn *magst?* Also, so *richtig* magst?«

»Was ist daran so schlimm?«, fragte Pinkie.

»Sie ist zehn«, murmelte ihr Dad vor sich hin. »Zehn!«

Priyas Mum räusperte sich verlegen. »Pinkie, meinst du nicht, dass du vielleicht noch zu jung bist, um einem Jungen zu sagen, dass du ihn magst?«

»Nein. Und wir haben uns ja nicht geküsst oder so.«

Priya klappte der Mund auf. »Was geht denn hier ab?«

»Ich habe keinen blassen Schimmer«, brummte ihr Dad. »Ich wünschte aber, ich würde mir das alles nur einbilden.«

»In Ordnung, tja, und wie lief es bei dir, Priya?«, erkundigte sich ihre Mum. »Hast du auch irgendjemandem gestanden, dass du ihn magst?«

Priya verschluckte sich an ihrem Fladenbrot. »Nein!« Ein Glück, dass die Frage ihrer Mum so spezifisch gewesen war. Hoffentlich war das Thema damit abgehakt.

Doch Pinkie grinste sie an. »Sie *träumt* aber davon, das zu tun! Es gibt da einen gewissen Da–«

»Pinkie!«, kreischte Priya. »Hör auf!«

Ihr Dad seufzte laut. »Ich dachte, mir bleiben noch mindestens sechs Jahre, bis ich mir um so was Gedanken machen muss.«

Priya atmete tief durch. »Themawechsel. Mein Tag war ... ziemlich gut, danke. Das Turnen hat Spaß gemacht – ich soll bei der Pyramidennummer mit dem kompletten Team ganz oben stehen, dafür trainieren wir gerade. Das ist echt cool. Und ich ...« Sie suchte nach einer anderen Formulierung für »habe mich gegen meine Mobberin behauptet«. »... habe eine knifflige Situation gelöst. Und mich zusammen mit Sami und Mei gesonnt.«

»Nachdem du dich vorher eingecremt hattest, hoffe ich«, kommentierte ihre Mum. »Aber das mit der Pyramide klingt wunderbar. Glückwunsch, Schatz.«

»Großartige Neuigkeiten, Pri!«, begeisterte sich auch ihr Dad. »Ich kann es kaum erwarten, dir bei den Britischen Meisterschaften zuzuschauen. An welchem Tag finden sie noch mal statt?«

»Liebling, du bekommst jetzt alle Mails zu Priyas Training, das weißt du doch«, sagte ihre Mum und tätschelte zärtlich seine Hand. »Darin wird alles stehen. Leite sie auch gleich an mich weiter, wenn du nachher nachschauen gehst.«

»Es eilt nicht«, warf Priya rasch ein. Die Erinnerung daran, dass ihr Wettkampf auf denselben Tag fiel wie Samis Bat-Mizwa, lag ihr mit einem Mal wie ein Stein im Magen. Früher oder später würden ihre Eltern es ebenfalls bemerken – obwohl es in erster Linie an Priya lag, ihre Eltern über wichtige Turntermine auf dem Laufenden zu halten, seit ihr Dad sich um die Organisation ihres Trainings kümmerte, denn er checkte nie seine Mails. Und sie war im Augenblick noch nicht bereit, sich mit diesem Dilemma auseinanderzusetzen.

»Du solltest bald wieder einmal Sami und Mei hierher einladen«, schlug ihre Mum plötzlich vor. »Du bist so oft bei den beiden zu Besuch, aber wir bekommen sie hier fast nie zu Gesicht. Was denkst du?«

Priya verschluckte sich zum zweiten Mal. »Tut mir leid. Ähm ... Was ich denke? Also, ich ... denke, theoretisch könnte ich sie einladen, ja. Aber das ist gar nicht nötig. Ich kann genauso gut zu ihnen gehen.«

»Es gehört sich nicht, immer andere Leute zu besuchen, ohne eine Gegeneinladung auszusprechen«, tadelte ihre Mum. »Wieso willst du sie denn nicht hier haben?«

»Das hat nichts mit meinen Kochkünsten zu tun, oder?«, fragte ihr Dad besorgt. »Wir können Essen bestellen.«

Priya erstarrte hilflos und zermarterte sich den Kopf nach einer wahren, zugleich aber nicht verletzenden Antwort. Doch ehe ihr etwas Passendes einfiel, antwortete Pinkie für sie: »Sie will nicht, dass Sami und Mei kommen, weil ihr zwei wieder die ganze Zeit streitet und das peinlich wird.«

Priya klappte der Mund auf. Ihre Eltern wandten sich einander zu, sichtlich getroffen. Pinkie aß unbekümmert weiter.

»Ähm ... Stimmt das, Priya?«, fragte ihre Mum.

Priya kniff die Augen fest zu. »Ähm. Mm-hmm.«

Die folgende Stille dauerte so lange, dass Priya schließlich vorsichtig die Augen wieder öffnete, um sich zu vergewissern, dass alle noch am Leben waren. Ihr Dad blickte sie geradeheraus an, und ein merkwürdiges Lächeln lag auf seinen Lippen. »Darum brauchst du dir keine Sorgen mehr zu machen. Versprochen.«

»Ich weiß, ihr *wollt* nicht vor den beiden streiten«, meinte Priya zögerlich. »Aber was, wenn ihr doch ...«

Ihre Mum schüttelte nachdrücklich den Kopf. »Nein – es wird nicht passieren. Schau uns doch an, hier und jetzt: Essen wir nicht gerade alle ganz friedlich zusammen zu Abend?«

»Na ja, schon ...«

»Ganz genau.« Ihre Mum strahlte. »Dein Dad und ich haben alles geklärt, und es wird keine Zankereien mehr geben. Diesen Freitagabend empfangen wir Sami und Mei hier bei uns.«

»Perfekt – da bleiben mir noch vier Tage zum Aufräumen.« Priyas Dad grinste. Er streckte sich über den Tisch und griff nach der Hand ihrer Mum. Priya staunte in Schockstarre, dass ihre Mum nicht zurückschreckte – sondern vielmehr seine Hand auch noch *drückte*.

»Huch, wow, okay«, machte sie. »Ich schätze, wenn ihr wirklich alles geklärt habt, dann wäre das ... schön. Danke.«

Später am Abend stieß Priya behutsam Pinkies Tür auf. Ihre kleine Schwester saß auf ihrem Bett, ganz vertieft in ein Videospiel. Als Priya ins Zimmer kam, warf sie den Controller in die Luft und jubelte laut. »Wooohooo! Gewonnen!«

»Ähm, gratuliere?«, murmelte Priya.

»Danke. Da kann Miles mal sehen, wer der wahre Champ ist!«

Priya hockte sich auf die Kante des knallbunten Betts. Sie

blendete aus, dass ihre Schwester im Umgang mit Jungs offenbar mehr Selbstvertrauen besaß als sie selbst, und kam direkt zur Sache. »Pinkie – was hältst du von Mum und Dad? Sie haben glücklich gewirkt heute Abend, oder?«

»*Gewirkt.*«

»Wie meinst du das?«

»Sie spielen Theater für uns.«

Priya runzelte die Stirn. »Was? Nein, tun sie nicht! Es verändert sich endlich etwas. Hast du nicht gesehen, wie Dad Mums Hand genommen hat? Und sie hat es *zugelassen.* Sie haben nicht gestritten – nicht einmal, als Dad das Roti verbrannt hat.«

»Exakt. Eine richtig gute Theatervorstellung für uns.«

Priya starrte ihre Schwester bestürzt an. »Aber – wieso glaubst du, dass alles nur gespielt ist?«

»Weil du Mum gesagt hast, dass ihre Zankerei dich belastet. Mich hat sie auch danach gefragt. Und jetzt versuchen die beiden, so zu tun, als wäre alles prima.«

Priya dachte noch einmal an die Unterhaltung mit ihrer Mum beim gemeinsamen Milchshake zurück. Aber die Veränderung konnte doch nicht nur diesem einen Gespräch geschuldet sein – die Zuneigung ihrer Eltern musste echt sein. Sie hatte es *gesehen.* »Was hast du Mum geantwortet?«

»Dass es nervt, aber ich es ganz gut überhören kann. Es setzt mir nicht so sehr zu wie dir. Ich weiß, dass du deswegen nicht schlafen kannst und so.«

»Woher weißt du das?!«

Pinkie warf ihr einen Blick zu, als wäre Priya ein wenig

dumm. »Wir leben im selben Haus? Die Wände sind nicht besonders dick. Ich höre, wie du dir frühmorgens selbst Songs von Taylor Swift vorsingst.«

Priya blinzelte. Ihr war nicht klar gewesen, dass ihre kleine Schwester so aufmerksam und sensibel war. Sie bemerkte alles – und hatte lediglich ihre ganz eigene Strategie entwickelt, sich damit zu arrangieren. »Oh«, sagte Priya. »Das ... tut mir leid. Aber selbst wenn meine Unterhaltung mit Mum sie dazu gebracht hat, sich mit Dad zu einem klärenden Gespräch zusammenzusetzen, muss deshalb eben beim Essen ja nicht alles geheuchelt gewesen sein.« Sie nickte, immer überzeugter. Pinkie war erst zehn – was wusste sie schon? »Ihre Zuneigung ist echt. Und sie werden tun, was sie versprochen haben, und sich zusammenraufen. Und soll ich dir was sagen? Es wird gelingen.«

Pinkie zuckte mit den Schultern und wandte sich wieder ihrem Videospiel zu. »Mag sein. Wer weiß?«

»Ich!«, bekräftigte Priya. »Vertrau mir.«

»Schön«, meinte Pinkie. »Ich habe außerdem gehört, wie du Mum gefragt hast, ob wir etwas zu Bas erstem Todestag machen können. Ich weiß, sie hat dich abblitzen lassen, aber ich finde die Idee echt cool.«

»Danke«, sagte Priya, schon wieder überrascht von ihrer Schwester. »Ich würde nur gern irgendetwas unternehmen, um die Erinnerung an sie wachzuhalten, und über sie reden. Aber –«

»Von unseren Eltern kannst du da nichts erwarten«, brachte Pinkie ihren Satz zu Ende. »Jep. Blöd. Aber ich bin hier, falls du über sie reden willst. Egal wann. Ich vermisse sie die ganze Zeit.«

»Ich auch«, gestand Priya leise. »Danke, Pinkie. Und ...« Sie sammelte all ihre Flickflackpower, ehe sie die Frage stellte, die ihr auf der Zunge lag – und zwar bereits seit dem Abendessen. Noch ein tiefer Atemzug: »Ähm, was hast du zu Miles gesagt, als du ihm gestanden hast, dass du ihn magst?«

»Dass ich ihn mag.«

»Wortwörtlich?«

»Jep, genau diese drei Wörter: Ich. Mag. Dich.«

»Und ... das kam gut an?«

Pinkie hielt den Blick bei ihrer Antwort starr auf den Bildschirm gerichtet. »Jep. Er hat gesagt, er mag mich auch, und mir dann seinen Space Pen ausgeliehen – der ist so was von cool.«

Priya lächelte.

»Du solltest Dan auch sagen, dass du ihn magst«, fuhr Pinkie fort. »Er ist schon ein paar Monate single und bereit für eine neue Beziehung. Aber du bist nicht die Einzige, die Interesse an ihm hat. Also mach besser schnell deinen Zug.«

Priya traten fast die Augen aus dem Kopf. »Was? Woher weißt du das alles?!«

Pinkie drehte sich nun doch zu ihrer älteren Schwester um und bedachte sie mit einem mitleidigen Blick. »Das herauszufinden hat mich ungefähr zwei Minuten gekostet. Steht alles auf seinen Social-Media-Profilen. Wieso weißt *du* es nicht?«

Kapitel 14

Sami schluckte ein knackiges Avocadoröllchen und seufzte zufrieden. »Damit liegt die Latte für unsere freitäglichen Übernachtungspartys jetzt deutlich höher. Sushi ist die Krönung aller Kultiviertheit, und ich bin ab sofort offiziell süchtig.«

»Ich denke, um sich als sushisüchtig bezeichnen zu können, muss man auch die Röllchen mit rohem Fisch essen«, warf Mei ein. »Du hast nur die vegetarischen probiert.«

»Na und? Das ist besser für die Umwelt. Ich rette unseren Planeten, während du den ganzen Lachs auffutterst«, erklärte Sami.

»Tja, im Gegensatz zu dem, was dabei herauskommt, wenn mein Dad versucht, Abendessen zu kochen, ist das hier jedenfalls essbar«, meinte Priya und hielt mit ihren Essstäbchen ein Reisröllchen in die Höhe.

»Es ist echt schön, deine Eltern mal wieder zu sehen«, sagte Mei und streckte sich nach einer Garnele im Teigmantel. »Wir waren ewig nicht mehr hier.«

»Absolut«, stimmte Sami ihr zu. »Ich hatte ganz vergessen, wie blitzblank euer Haus immer ist. Und wie gut es duftet. Eine Schande allerdings, dass es nie Nachtisch gibt.«

Priya grinste. »Keine Sorge – ich habe meinen Dad überredet, ein bisschen Schokolade für uns ins Haus zu schmuggeln.« Sie deutete eine übertriebene Verbeugung an, als ihre Freundinnen jubelten, stockte dann jedoch. »Und ... ich möchte noch etwas sagen. Im Geiste der Ehrlichkeit.«

»Ist dieses Tofuröllchen in Wirklichkeit mit Fisch?«, kreischte Sami. »Ich hatte gleich den Eindruck, dass es komisch schmeckt. Tut mir leid, aber rohe Meeresfrüchte sind einfach widerlich!«

»Auf der Verpackung steht Tofu«, las Mei ab, und Sami seufzte erleichtert.

Priya kaute auf ihrer Unterlippe. »Ich werde jetzt einfach mutig sein und euch beiden die Wahrheit anvertrauen – die da lautet, dass ... ähm ... ihr nicht zufällig so lange nicht bei uns wart. Im Sinne von: Ich habe es vermieden, euch einzuladen.« Sie atmete tief durch. »Weil ... ich Angst hatte, dass meine Eltern vor euch streiten. Und weil ich mich geschämt habe.«

Mei nickte ruhig. »Ich hatte so eine Ahnung, dass es daran lag. Vor allem seit du uns von den ständigen Zankereien erzählt hast.«

»Jep«, pflichtete Sami ihr bei. »Es war klar, dass irgendwas nicht stimmt.«

»Aber – wieso habt ihr nie nachgehakt?«, stutzte Priya.

»Ich bin einfach davon ausgegangen, dass du es uns schon sagen würdest, wenn du bereit dafür wärst«, antwortete Mei.

Priya saß einen Moment lang stumm und überwältigt da. So lange hatte sie Dinge vor ihren Freundinnen geheim gehalten, damit die beiden nicht schlecht von ihr dachten. Dabei hatten die zwei die ganze Zeit über gewissermaßen Bescheid gewusst – und sie verurteilten Priya kein bisschen dafür. Sie *fühlten mit ihr.*

Sami aß ein Röllchen mit Gurke. »Und außerdem: Es wäre auch kein Drama, wenn sie sich jetzt heftig in die Haare kriegen würden, solange wir hier sind. Ich bin praktisch immun gegen Elterntheater, seit meine Mum und mein Dad ihren Scheidungskrieg geführt haben. Und große Gefühle in Aktion zu erleben ist immer eine grandiose schauspielerische Inspiration für mich.«

»Gut zu wissen.« Priya lächelte. »Aber ... vielleicht hat sich das Problem tatsächlich *erledigt.* Sie haben seit Tagen nicht mehr gestritten. Und sie sind *nett* zueinander. Ich habe gesehen, wie mein Dad die Hand meiner Mum gehalten hat – und sie hat es *zugelassen.*«

»Oha«, machte Sami. »Das haben meine Eltern nie gemacht, als es mit ihrer Ehe zu Ende ging. Eventuell renkt sich bei den beiden ja alles wieder ein?«

»Genau das war auch mein Gedanke!«, bekräftigte Priya. »Ich denke, es geht endlich bergauf!«

»Masel tov«, frohlockte Sami.

»Ich drücke auch die Daumen«, sagte Mei. »Das ist so toll zu hören, Priya. Aber, nur dass du es weißt: Falls sich das Blatt wieder wendet und du jemanden zum Reden brauchst – wir sind da.«

Priya nickte und mühte sich, das leise Unbehagen in ihrer Magengrube zu ignorieren – sie würde keinen Redebedarf haben, alles würde gut werden. »Danke. Aber ich denke, es läuft hervorragend. Auch wenn Pinkie anderer Meinung ist.«

»Sie ist anderer Meinung?«, wunderte sich Mei.

»Sie vermutet, dass die beiden uns Theater vorspielen«, erwiderte Priya. »Aber was weiß sie schon? Sie ist zehn!«

»Tja, *ich* glaube jedenfalls fest, die Chancen stehen gut, dass das Haus der Familie Shah bis zu meiner Bat-Mizwa eine streitfreie Zone sein könnte«, betonte Sami.

Mei verdrehte wieder einmal die Augen. »Kannst du mal aufhören, alles an deiner BM zu messen? Eine Bat-Mizwa ist kein Großereignis wie Weihnachten oder so.«

»Meine Bat-Mizwa wird viel *besser* als Weihnachten«, stellte Sami klar. »Und ich liebe es, dass du gerade BM gesagt hast! Ich bin stolz auf dich!«

Priya lachte und nahm sich noch ein Sushiröllchen. Sie genoss es, inmitten ihrer besten Freundinnen in ihrem Zimmer auf dem Boden zu sitzen und auf einem von ihrer Mum ausgelegten Teppich aus Küchenrollenblättern Sushi vom Schnellrestaurant zu essen. Es war so lange her, dass sie die beiden bei sich daheim gehabt hatte, doch nun begriff sie selbst nicht mehr, was ihr an dieser Vorstellung je Angst gemacht hatte. Endlich änderten sich die Dinge – zum Besseren.

»Lasst uns anstoßen«, schlug Priya spontan vor. Sie reckte ihr Lachsröllchen in die Luft. »Auf uns. Freundinnen für immer.«

»Auf die drei Musketiere«, rief Sami und stieß ihr Avocadoröllchen in die Höhe. »Eine für alle und alle für eine!«

»Klar doch«, meinte Mei. Sie spießte eine frittierte Süßkartoffel auf eins ihrer Essstäbchen und wedelte damit. »Auf uns.«

Alle drei ließen ihre Stäbchen gegeneinanderkrachen und lachten, ehe sie sich das Essen in den Mund schoben. Mei griff nach ihrem grünen Tee, trank einen Schluck und starrte dann ungewöhnlich lange in die Tasse. Sie sagte kein Wort, und Sami und Priya tauschten verwirrte Blicke.

»Kommt es mir nur so vor, oder gibt Mei gerade krasse Serienmörder-Vibes ab?«, fragte Sami.

»Auf mich wirkt sie, als würde sie am liebsten ihren Tee umbringen«, meinte Priya. »Stimmt was nicht damit?«

Mei räusperte sich und schaute endlich auf. »Sami. Priya. Es gibt etwas, das ich euch beiden sagen muss.«

»Oh nein!«, japste Sami. »Habe ich gerade aus Versehen ein Stück Lachs gegessen?«

Mei seufzte. »Nein. Wenig überraschend hat keins unserer Geständnisse mit deiner Nahrungsaufnahme zu tun. Außerdem ist roher Fisch köstlich – du solltest echt mal kosten.«

»Ein Geständnis?«, fragte Priya bang, während Sami erschauderte. »Geht es um etwas Ernstes?«

Mei holte tief Luft und schob sich ihren dichten Pony hinter die Ohren. »Schaut, ich will gar keine große Sache daraus machen. Ich erzähle es euch nur, weil Priya in letzter Zeit so ehrlich ist – und, na ja, da ist mir klar geworden, dass ich genauso sein möchte.«

»Haben wir etwas falsch gemacht?« Priyas Miene war angespannt vor Sorge. »Bist du sauer, weil ich gesagt habe, dass mir dein neues Federmäppchen nicht gefällt? Es tut mir so leid, dass ich da die Wahrheit nicht besser verpackt habe.«

Sami schnappte nach Luft. »Oh mein Gott – kannst du

etwa nicht zu meiner BM kommen? Ich fasse es nicht! Das ist der schrecklichste Tag meines gesamten Lebens. Ich sterbe, wenn ich meine Musketiere nicht alle beide an meiner Seite habe!«

Priya spürte, wie die Schuld in ihr rumorte.

»Könnt ihr bitte mal aufhören zu raten?«, verlangte Mei. »Es ist nichts von alldem. Ich wollte nur sagen, dass mir – na ja – klar geworden ist: Ich mag Mädchen. Nur Mädchen. Keine Jungs. Ich bin, tja, ich bin lesbisch.«

»Uuuuuuuhhh!«, johlte Sami. »Das ist FANTASTISCH! Ich bin so stolz auf dich!« Sie schlang die Arme um eine sich windende Mei. »Du bist eine Inspiration. Ich werde dich in allem unterstützen, und ich kann es kaum erwarten, mit dir in Homo-Clubs zu gehen.«

Priya lachte, als Mei Sami von sich stieß. Sie wandte sich mit leuchtenden Augen an ihre beste Freundin. »Mei. Das ist so, so cool, dass dir das klar geworden ist. Ich freue mich riesig für dich. Und ich habe dich unendlich lieb.«

»Ich dich auch«, sagte Sami. »Aber ich hoffe für dich, dass wir die Ersten sind, denen du das erzählst. Wenn du es schon –«

»Ihr seid die Ersten«, fiel Mei ihr ins Wort. »Und es ist kein großes Ding. Ich wollte bloß, dass ihr im Bilde seid.«

Priya lehnte sich zu ihr hinüber und drückte sie fest an sich. »Ich bin so froh, dass du es uns gesagt hast. Danke für deine Ehrlichkeit, Mei. Du weißt, wir sind für dich da, wann immer du uns brauchst.«

Sami schloss alle beide in eine noch festere Umarmung, sodass sie zu dritt aufeinanderhingen. »Absolut! Aber ...«

Sie löste sich wieder aus dem Knäuel und bedachte Mei mit einem strengen Blick. »Ich habe Fragen. Und ich muss Antworten darauf haben. Ich meine, sofern du bereit bist, zu antworten. Ich respektiere deine Grenzen.«

Mei atmete theatralisch aus. »Okay. Dann mal los. Aber ich warne dich vorab: Es kann gut sein, dass ich nicht alles beantworte.« Sie spähte kurz zu Priya. »Ich bin gerade ein bisschen erleichtert, dass nicht ich diejenige mit einem Armreif der Wahrheit am Handgelenk bin.«

Priya schenkte ihr ein mitfühlendes Lächeln, während Sami sich kerzengerade aufsetzte und ihre Fragen abfeuerte. »Also, zuerst einmal: Seit wann weißt du es? Zweitens: Hast du es deinen Eltern schon erzählt? Und, am wichtigsten: Auf wen stehst du im Moment?«

Mei zählte ihre Antworten beim Sprechen an den Fingern ab. »Ich weiß es im Grunde schon immer, aber so richtig bewusst geworden ist es mir erst dieses Jahr. Meine Eltern habe ich noch nicht eingeweiht, weil ich damit lieber warten möchte, bis ich mit jemandem zusammen bin. Und ich stehe auf Sarah P. – genügt das?«

Sami kreischte auf. »Sarah P.! Ihr zwei wärt SO ein süßes Pärchen! Ich bin ganz hin und weg!«

»Das stimmt, das wärt ihr wirklich.« Priya grinste. »Wobei ich mir nicht so sicher bin, was ich von ihrem neuen Parfüm halten soll ... Dazu habe ich ihr neulich gewissermaßen die armreiferzwungene Wahrheit gesagt.«

»Ach ja, das mit Moschusduft«, meinte Mei nickend. »Ich glaube, damit will sie eine andere Seite an sich betonen.«

Sami und Priya prusteten los – nie zuvor hatten sie Mei so erlebt, und es war einfach nur rührend. In diesem Moment schwang die Tür auf und bewahrte eine inzwischen scharlachrot angelaufene Mei davor, vor Verlegenheit im Boden zu versinken.

Priyas Dad stand im Türrahmen und musterte die Mädchen mit besorgtem Blick. »Ist alles in Ordnung? Ich habe so schrilles Kreischen gehört, dass ich dachte, jemand hatte vielleicht einen Wasabi-Unfall. Das Zeug ist tödlich – ich habe einmal so viel davon geschluckt, dass mir tagelang die Tränen gelaufen sind.«

»Alles ist bestens.« Priya lächelte. Doch im nächsten Moment legte sich ihre Stirn in Falten. »Aber ist bei dir alles in Ordnung? Bei dir und ... Mum?«

Ihr Dad nickte beschwichtigend. »Bestens. Kein Grund zur Sorge, *beta*. Vor allem weil ... ich eine Lieferung dabeihabe!« Unter dem Jubel der Mädchen zog er eine Tüte hervor, die zum Bersten vollgestopft war mit Schokolade. »Wer hat Lust auf Nachtisch?!«

Eine Stunde später lagen Sami, Mei und Priya platt wie Flundern auf Priyas Bett. »Wieso sind meine Augen so viel größer als mein Magen?«, stöhnte Sami. »Ich esse immer zu viel.«

»Zumindest musst du morgen nicht drei Stunden turnen«, wimmerte Priya. »Ich sterbe.«

»Ihr müsst beide lernen, Platz fürs Dessert zu lassen«, meinte Mei achselzuckend. »Mir geht es hervorragend.«

Priya rollte sich auf die Seite, sodass sie Mei zugewandt

war. »Nur um es noch mal gesagt zu haben: Ich bin so stolz auf dich dafür, dass du uns vorhin von deiner sexuellen Orientierung erzählt hast. Du bist eine Million Mal mutiger als ich.«

»Du stehst auch auf Mädchen?!«, schrie Sami. »Oh mein Gott, bin ich hier die einzige langweilige Hetero?«

»Ich *glaube* nicht«, entgegnete Priya langsam. »Darüber habe ich mir noch gar nicht so richtig Gedanken gemacht. Ich weiß bloß: Ich mag D–«

»Dan Zhang«, riefen ihre Freundinnen wie aus einem Mund. »Schon kapiert.«

Priya errötete. »Richtig. Jedenfalls, was ich *eigentlich* ausdrücken wollte, ist, dass ich einen magischen Armreif gebraucht habe, um zu lernen, die Wahrheit zu sagen. Du dagegen hast es gerade ganz allein geschafft, Mei.«

»Na ja«, wiegelte Mei nachdenklich ab. »Du bist doch auch ziemlich stark und tapfer, so wie du mit allem umgehst, was das Leben dir gerade vor die Füße wirft. Das erfordert schon Mumm. Und mir scheint, du kriegst es ziemlich gut hin. Ich meine, so mies es auch ist für dich, bis in alle Ewigkeit diesen Reif der Wahrheit am Arm zu haben: Inspirierend ist es schon irgendwie.«

»Absolut«, pflichtete Sami ihr bei. »Ich für meinen Teil habe den Eindruck, dass die ganze Sache uns noch mehr zusammenschweißt! Und – okay, ja, der Reif hat dich in ein paar *übelst* peinliche Situationen gebracht, Priya, und oft auch noch mit dem Kerl, den du heiß findest.«

»Danke für die Erinnerung«, meinte Priya trocken.

»*Aber* du verdankst ihm auch die freien Freitagabende, die du jetzt mit uns verbringen kannst«, fuhr Sami unbeirrt fort. »Und er tut der Ehe deiner Eltern gut. Ganz zu *schweigen* davon, was er gegenüber Katie Wong bewirkt hat. Ich wette, sie wagt es nie mehr, dir blöd zu kommen.«

»Und mich hat er dazu inspiriert, mich in der Schule für den LGBTQ+-Club einzuschreiben«, warf Mei ein. »Am Mittwoch geht es los ...«

Priya drückte ihren Arm. »Das ist ja toll!«

Sami klatschte in die Hände. »Genial! Ich freu mich SO für dich!«

Mei lächelte. »Danke. Ich bin ganz aufgeregt. Es fühlt sich gut an, endlich zu meiner sexuellen Identität zu stehen. Und wer weiß, vielleicht kommt Sarah P. ja eines Tages auch in den LGBTQ+-Club, und wir erleben die schicksalhafte Begegnung meiner Träume.«

»Ich bin mir nicht sicher, ob man eine schicksalhafte Begegnung mit jemandem erleben kann, der schon zwei Jahre dieselbe Jahrgangsstufe besucht«, merkte Sami an.

Mei tat ihren Einwand mit einem sorglosen Schulterzucken ab. »Pillepalle.« Dann wandte sie sich an Sami. »Hey, du bist die Einzige, die noch kein Geheimnis offenbart hat. In wen bist du verknallt?«

Sami schoss kerzengerade in die Höhe. »Oh mein Gott. In niemanden. Was stimmt nicht mit mir? Zuletzt verknallt war ich in diesen Jungen aus dem Jahrgang über uns, der Peeta gespielt hat bei unserer Theateraufführung, in der ich Katniss war.«

»Das heißt nicht, dass etwas mit dir nicht stimmt«, sagte

Priya mit Nachdruck. »Du brauchst keinen Schwarm – ganz ehrlich: Ohne ist das Leben vermutlich leichter.«

»Auch wieder wahr«, räumte Sami ein. »Ich bin frei und kann meinen eigenen Träumen folgen und mich selbst an erste Stelle stellen.«

»Als ob du das jemals aufgeben würdest, nur weil du dich in jemanden verliebst!«, neckte Mei.

»Vielleicht hast du gar keine Geheimnisse vor uns«, meinte Priya. »Du bist ja ohnehin schon sehr offenherzig.«

Sami biss sich auf die Unterlippe. »Ähm, das stimmt genau genommen so nicht ganz. Es gibt *eine* Sache, die ich euch nie erzählt habe.«

Priya und Mei richteten sich gespannt auf. »Raus damit!«

»Also, ihr wisst ja, dass ich eine kultivierte junge Frau bin, richtig?«, begann Sami. »Und dass meine Reife einen bedeutenden Teil meiner Persönlichkeit ausmacht?«

Mei unterdrückte ein Kichern. »Ähm, ja?«

»Tja, offen gestanden bin ich nicht wirklich so erwachsen, wie ich vielleicht wirke.« Sami atmete mit zusammengekniffenen Augen tief ein und stieß die Luft wieder aus, ehe sie die Augen weit aufriss. »Ich schlafe immer noch mit Püppi im Arm. Jede Nacht. Außer bei Übernachtungspartys – sie ist eher eine Stubenhockerin und mag nicht auswärts schlafen.«

»Und Püppi ist ...?«, erkundigte sich Priya.

»Meine Puppe natürlich! Ich habe sie, seit ich fünf war, und ich liebe sie, und so leid es mir tut: Ich werde sie bis zu meinem Tod mit ins Bett nehmen.« Sami hielt inne. »Zumindest solange niemand davon erfährt.«

Mei grinste. »Tja, bei mir ist dein Geheimnis sicher. Ich wünsche dir und Püppi für eure gemeinsame Zukunft nur das Beste. Klingt ganz so, als ob ihr ein echtes Traumpaar wärt. Vielleicht kannst du sie auch zum LGBTQ+-Club mitnehmen.«

»Genau«, schloss Priya sich an. »Ich würde sie so gern kennenlernen.« Sie kreischte auf, als Sami ein Kissen nach ihr und Mei warf. »Okay, okay. Ich verspreche, ich schweige wie ein Grab! Außerdem ist das doch nichts Schlimmes. Ich habe immer noch Teddy – schau, da drüben sitzt er.«

Mei zog eine Augenbraue hoch und drehte sich zu dem Stoffbären um, dem ein Knopfauge fehlte. »Teddy der Teddybär? Und Püppi die Puppe? Besonders kreativ seid ihr zwei ja nicht, oder?«

»Wir waren noch klein, als sie ihre Namen bekommen haben«, verteidigte sich Sami. »Damals war unsere Kreativität noch nicht voll entwickelt. Und überhaupt – wie heißen denn deine Puppen und Kuscheltiere?«

»Ich hatte drei Plüschaffen«, sagte Mei. »Namens –«

»Äffchen, Bonobo und Gorilla?«, riet Sami.

»Aristoteles, Sokrates und Platon«, verbesserte Mei. »Damals habe ich mich gerade sehr für die Philosophie der Antike interessiert.«

Kapitel 15

Olaf klatschte in die Hände. »Genug aufgewärmt! Tut euch zu zweit zusammen, bitte. Mit denselben Partnern wie beim letzten Mal. Ich möchte, dass ihr alle eure Parts für die Teamdisziplin durchturnt.«

Priya wandte sich mit nervösem Lächeln zu Dan um. »Ich schätze, das bedeutet, wir üben zusammen? Wahrscheinlich sollten wir an meinem Sprung ganz zum Schluss arbeiten.«

Dan erwiderte ihr Lächeln. »Auf jeden Fall – ich habe ein paar Trainingsstunden extra eingelegt, um sicherzugehen, dass ich dich problemlos bis an die Spitze katapultieren kann.«

»Cool.« Priya errötete.

»Also, ähm, wie war dein freier Freitagabend?«

»Wirklich schön, danke«, antwortete sie und staunte insgeheim ein wenig, dass das diesmal tatsächlich der Wahrheit entsprach. »Meine Freundinnen haben bei mir übernachtet. Wir haben Sushi gegessen – und viel zu viel Schokolade.«

»Was, während wir uns hier abgerackert haben?!« Dan schüttelte kläglich den Kopf. »Ich sollte mir wirklich ein Beispiel an dir nehmen und den Coach auch um mehr Freizeit bitten ...«

Priya grinste. »Ich kann dir ein paar Tipps geben, wenn du

magst. In letzter Zeit habe ich ziemlich viel Übung darin bekommen, ehrlich zu sein.«

»Das ist echt stark«, meinte Dan. »Ich finde, man muss mutig sein, um die Wahrheit zu sagen – ich wünschte, ich könnte das besser.« Mit einem Mal stieg ihm Röte ins Gesicht. »Tut mir leid, das klang jetzt sehr hochtrabend. Und überhaupt: Wir sollten wohl besser mal loslegen, ehe der Coach noch ausflippt.«

»Da hast du recht«, stimmte Priya zu und folgte ihm zu einer freien Stelle auf den Matten. »Aber, ähm ...« Sie wich Dans Blick aus, als er sich wieder zu ihr umdrehte. »Ich fand das, was du gesagt hast, gar nicht hochtrabend. Genau genommen bin ich ganz deiner Meinung: Es ist schwer, ehrlich zu sein. Ich bin auch nicht immer mutig genug, um die Wahrheit zu sagen, aber ich wünschte, ich wäre es.«

Dan zögerte und trat unbehaglich von einem Bein aufs andere. »Ich weiß, du willst nicht darüber reden, aber bist du deshalb in letzter Zeit so komisch zu mir? Weil es dir schwerfällt, ehrlich zu sein in Bezug auf etwas, das mit mir zu tun hat?«

Priya spürte, wie ihr das Blut in die Wangen schoss. Nun war es passiert. Er hatte sie direkt danach gefragt. Nachdem sie so lange alles getan hatte, um genau diese Situation zu vermeiden, steckte sie mittendrin. Und ihr Herz hämmerte so heftig, dass sie befürchtete, jeden Moment in Ohnmacht zu fallen. »Ähm. Ja?«

»Und ... das wäre?« Dan wurde noch röter. Er wirkte nervös. Allerdings nicht annähernd so nervös wie Priya.

Sie versuchte sich auf Samis und Meis Rat zu besinnen. Sie musste atmen. Sich der Wahrheit nicht widersetzen. Nach einem guten Weg suchen, sie auszusprechen. Vielleicht gab es eine raffinierte Formulierung, die die Wahrheit enthielt, ohne sie wirklich *deutlich* zu machen? Doch dann fiel ihr Pinkie ein. Ihre unverblümte Ehrlichkeit. Ihr Mut. Könnte Priya selbst ebenfalls mehr wie ihre kleine Schwester sein und sich einfach bewusst für die Wahrheit *entscheiden*, statt sich nach Kräften darum herumzumogeln?

Priya hielt die Augen fest auf die blauen Turnmatten geheftet, um bloß nicht Dan ansehen zu müssen – doch ehe sie sichs versah, stolperten ihr die drei Wörter aus dem Mund, von denen sie nie im Leben geglaubt hätte, dass sie sie jemals laut aussprechen würde. »Ich ... mag ... dich.«

Und dann kniff sie die Augen zu. Unfassbar. Ihr Herz wummerte, und Adrenalin jagte durch ihren gesamten Körper. Sie hatte soeben eingestanden, dass sie Dan Zhang mochte. LAUT UND DEUTLICH. Was hatte sie nur getan?! Was mochte Dan jetzt denken? Was würde er –?

»Du magst mich?«, wiederholte er. »Im Sinne von ... *mögenmögen*?«

Und jetzt sollte sie es noch einmal bekräftigen?! Priya hielt die Augen fest geschlossen und bestätigte: »Ja.«

»Aber – wenn du mich magst, wieso wolltest du dann nicht zusammen mit mir trainieren?«, fragte Dan. »Und du bist ständig vor mir weggerannt. Ich dachte, du kannst mich nicht *ausstehen*.«

Priya öffnete zögerlich die Augen. Dans (wunderschönes) Gesicht wirkte vor Verwirrung ganz zerknautscht. Sie schluckte. »Ähm. Ich schätze, weil ich Angst davor hatte, dir zu sagen, dass ich dich mag.«

Da lachte Dan plötzlich laut auf, sodass seine tadellos geraden, weißen Zähne nur so blitzten. Priya starrte ihn und seinen perfekten Mund (den er eindeutig einer Zahnspange zu verdanken hatte) entsetzt an. Millionenfach hatte sie sich diese Situation im Kopf ausgemalt, jedes Mal mit leicht unterschiedlichem Verlauf. Aber kein einziges Mal war ihr dabei in den Sinn gekommen, dass Dan sie *auslachen* könnte. Was für eine Demütigung! Sie wirbelte herum, um wegzurennen, während heiße Tränen ihr in die Augen stiegen.

Doch etwas hielt sie auf.

Jemand. Dan.

Er hatte ihren Arm gefasst.

»Tut mir leid, dass ich lachen musste, Priya.« Nun wirkte er ernst. »Es ist bloß ...« Er hüstelte verlegen. Und schluckte gleichermaßen. Hörbar. »Ich mag dich auch, schon ewig. Und ich hatte zu viel Angst, um es *dir* zu sagen. Im Grunde habe ich deswegen gerade angefangen davon, wie viel Mut es braucht, die Wahrheit auszusprechen. Ich bin wohl weniger mutig als du.«

Priya hob langsam den Blick. Dans dunkles Haar fiel ihm in die Augen. Er lächelte zaghaft. Dabei wirkte er so süß wie immer – doch er hatte ihr gerade offenbart, *dass er sie ebenfalls mochte*. Priya hatte das Gefühl, ihr Magen schlüge Saltos, als wollte er damit bei den Britischen Meisterschaften die Goldmedaille holen. Die Tränen in ihren Augen versiegten, und sie spürte, wie ein breites Grinsen sich über ihr Gesicht ausbreitete. Sie öffnete den Mund, um ihrer Freude Luft zu machen – es gab so vieles, was sie Dan sagen wollte. Doch nur eine einzige Silbe kam ihr über die Lippen. »Oh.«

»Jaaa.« Dan erwiderte ihr Grinsen. »Oh.«

»Ähm ...« Priya zermarterte sich das Hirn nach etwas anderem, doch es war hoffnungslos. Ihr Kopf war wie leer gefegt. Sie schaffte es nicht einmal, sich richtig zu konzentrieren – hinter ihrer Stirn liefen nur immer wieder Dans Worte in Dauerschleife: *Ich mag dich auch, schon ewig.* Schon ewig! Priya grinste noch breiter, in vollem Bewusstsein, wie verrückt sie aussehen musste, doch sie war zu glücklich, um sich daran zu stören. Sie wünschte sich nichts mehr, als möglichst schnell Sami und Mei per Videocall jedes noch zu winzige Detail ihrer Unterhaltung mit Dan zu berichten – und dann eine halbe Stunde lang laut zu kreischen. Sie durchlebte soeben ganz offiziell den besten Augenblick ihres Lebens. Mit Abstand.

»Also, wie wäre es, wenn wir am Montag zusammen einen Milchshake trinken gehen?«, fragte Dan schließlich. »Ohne die anderen?«

»Ja bitte«, platzte Priya heraus. Sie räusperte sich. »Ich meine, klar. Klingt cool.«

»Großartig.« Dan strahlte. »Ich meine, cool.«

»Shah! Zhang! Wieso habe ich von euch noch keinen einzigen Salto gesehen?!«, brüllte Olaf ihnen quer durch die Sporthalle zu. »Legt los!«

»Sorry, Coach, wir haben uns unterhalten«, sagte Priya.

Olaf blickte entnervt zur Decke. »Guter Gott im Himmel. Teenager. Und was genau ist so wichtig, dass ihr es besprechen müsst, wenn ihr euch eigentlich bewegen solltet?!«

Priya lachte und fing Dans Blick auf. »Ähm. Unsere Gefühle?«

»Gefühle?! Priya Shah – wenn du deinen Platz an der Spitze der Pyramide behalten willst, dann stell deine Gefühle hintenan und BEWEG DICH! Uns steht ein Wettkampf bevor!«

Priya und Dan tauschten ein Grinsen, ehe sie einstimmig antworteten: »Jawohl, Coach!«

»Ähm, Sami, ist alles in Ordnung?« Priya beugte sich dichter über ihr Handydisplay und starrte auf ihre schluchzende Freundin. »Mei – wieso weint sie?«

Mei zuckte mit den Schultern. »Frag mich nicht. Ich dachte, sie würde sich für dich freuen.«

Sami riss den Kopf so ruckartig hoch, dass ihr rotes Haar in die Luft flog und kurz wie ein riesiger Heiligenschein über ihr schwebte. »Ich *freue* mich für dich«, heulte sie. »Deshalb weine ich, ist doch klar! Ich fasse es einfach nicht, dass das wirklich passiert. Ich bin so dermaßen stolz auf dich, Priya. Du bist gerade richtig aus dir herausgegangen, und mir kommt es vor, als wärst du praktisch aufgeblüht, und du warst so mutig. Ich meine, du hast *einem Jungen gesagt, dass du ihn magst*. Ist dir bewusst, wie mega das ist?!«

»Ich bin mir ziemlich sicher, das ist ihr bewusst«, merkte Mei an. »In Anbetracht der Tatsache, dass sie diejenige ist, die es geschafft hat.«

»Ich kann einfach nicht glauben, dass du ein echtes Date hast«, wiederholte Sami. »Du bist die Erste von uns drei Musketieren. Und ich denke, damit hat keine von uns gerechnet.«

»Danke«, kommentierte Priya trocken. »Aber, um ehrlich zu sein: Ich habe auch nicht damit gerechnet. Ich hätte nie für möglich gehalten, dass ich so etwas hinkriegen könnte. Und noch weniger, dass Dan genauso empfindet.«

»Das ist einfach der Hammer«, stimmte Mei ihr zu. »Im Ernst, Priya. Du warst so was von stark. Ich bin stolz auf dich.«

»Danke, Leute, aber ... das war ja nicht wirklich ich. Sondern der Armreif. Ich habe es nur gesagt, weil Dan mich direkt danach gefragt hat.«

»Ja, aber das hat er getan, weil du vorher Dinge gesagt hast, die ihn dazu gebracht haben, dich zu fragen«, wandte Sami ein. »Tut mir leid, aber du kannst nicht *alles* dem Armreif zugutehalten. Du hast mehr Worte mit Dan gewechselt als je zuvor in deinem Leben – und dabei hast du kaum je auch nur versucht, dich dem Reif zu widersetzen!«

»Da hat sie recht«, pflichtete Mei ihr bei. »Und du kannst es auch nicht leugnen, denn eben hast du uns ja alles noch mal Silbe für Silbe wiederholt. Wir waren praktisch dabei.«

»Mag sein«, räumte Priya ein. Sie zögerte, ehe sie fragte: »Meint ihr, Ba wusste, dass der Armreif mir bei solchen Sachen helfen würde?«

»Falls ja, dann ist deine Ba eine Legende«, erklärte Sami. »Sie hat dir praktisch ein Date organisiert.«

»Mir scheint es, als ob sie geahnt hätte, dass der Reif dir dabei helfen würde, offener zu werden«, sinnierte Mei. »Gegenüber *allen Menschen* in deinem Leben. Ich finde es total schön, dass wir viel mehr über dich erfahren, seit du ihn hast.«

»Und ich finde es irgendwie schön, euch so viel zu erzählen«, gestand Priya langsam. »Ich glaube, das war es, was Ba meinte, als sie gesagt hat, der Reif würde dafür sorgen, dass ich mich weniger einsam fühle. Ihr wisst schon, nach diesem Kommentar, dass Einsamkeit entsteht, wenn man nicht ehrlich mit anderen sein kann.«

»Das ist so wahr«, sagte Mei sanft. »Ich fühle mich viel weniger einsam, jetzt, da ihr beiden wisst, dass ich Mädchen mag.«

Priya schenkte ihrer besten Freundin ein warmes Lächeln. »Ich bin so froh, dass du uns das anvertraut hast.«

»Und ich fühle mich nie einsam, wenn ich mit euch zweien zusammen bin, weil ich weiß, ich kann euch *alles* erzählen«, verkündete Sami. »Musketiere für immer!«

Mei rollte mit den Augen, und Priya lachte, als Sami ihren Bizeps anspannte – offenbar die neue Erkennungspose der Musketiere.

Dann biss Priya sich auf die Lippe. »Kann ich euch etwas Verrücktes verraten? Als Dan mich rundheraus gefragt hat, was los sei, da habe ich zuerst nach einer Möglichkeit gesucht, die Wahrheit wieder irgendwie zurechtzubiegen. Aber der Grund, aus dem ich es nicht getan habe, war – *Pinkie*. Sie hat vor ein paar Tagen einem Jungen gesagt, dass sie ihn mag, und er hat ihr einen Stift geliehen. Als sie davon erzählt hat, klang es so leicht, dass ich irgendwie dachte ... wieso sollte ich es nicht einfach auch probieren?«

»Du holst dir Dating-Ratschläge von deiner zehnjährigen Schwester?«, vergewisserte sich Mei.

»Das klingt schon irgendwie weise, was Pinkie da von sich gegeben hat«, räumte Sami ein. »Vielleicht solltest du sie auch um ein paar Tipps bitten, Mei. Dazu, wie du am besten Sarah P. klarmachst.«

Mei wurde rot. »Sami! Ich brauche Sarah P. gar nicht um ein Date zu bitten. Ich bin schon glücklich, wenn ich sie aus der Ferne anhimmeln kann. Das ist sicherer. Außerdem weiß ich ja nicht mal, ob sie überhaupt auf Mädchen steht.«

»Fühlst du dich nicht durch Priya inspiriert?«, beharrte Sami. »Sie trifft sich nächste Woche mit Dan auf einen Milchshake – würdest du nicht auch gern zusammen mit Sarah P. einen Milchshake trinken?«

»Sie verträgt keine Laktose«, entgegnete Mei. »Daher: nein.«

Sami seufzte. »Du verstehst alles zu wörtlich.«

»So schön das alles ist«, hakte Priya ein, »ich muss jetzt Schluss machen und in mein Tagebuch schreiben, bevor ich Dans genaue Wortwahl vergesse. Das muss für die Ewigkeit dokumentiert werden.«

»Ganz meine Meinung«, stimmte Sami ihr zu. »Was für eine Schande, dass du vorher nichts geahnt hast, sonst hättest du es heimlich mit dem Handy aufnehmen können. Oder, noch besser: filmen.«

»Na jaaa, ich fürchte, das wäre ohne seine Zustimmung rechtlich eine heikle Nummer«, wandte Mei ein. »Tagebuch klingt aber nach einer super Idee. Genieß es, Priya. Du hast es dir verdient.«

Priya schenkte ihren besten Freundinnen ein überglückliches Lächeln und winkte beiden zum Abschied. Der Armreif funkelte dabei im Display. Sie konnte sich nicht erinnern, wann sie zuletzt so glücklich gewesen war. Und sie war in diesem Moment ihrer Grandma unendlich dankbar dafür, dass sie ihr das Schmuckstück gegeben hatte. Zum ersten Mal in ihrem Leben schien sich alles haargenau so zu entwickeln, wie sie es sich wünschte – und das fühlte sich besser an als in ihren kühnsten Träumen.

Kapitel 16

Priya starrte aus dem Fenster und lächelte in sich hinein. Tatsächlich hatte sie seit ihrer Unterhaltung mit Dan gar nicht mehr zu lächeln aufgehört – nicht einmal, als ihre Mum sie zum Putzen der Badezimmer eingeteilt hatte (während Pinkie die leichte Aufgabe bekommen hatte und nur den Flur staubsaugen musste) und sie ein riesiges, schmieriges Haarknäuel im Abfluss gefunden hatte. Es hatte ihr auch nichts ausgemacht, dass Pinkie versehentlich den Staubsaugerbeutel direkt über Priyas Sneakers ausgeleert hatte. Oder dass ihr Dad das Dal verdorben hatte, indem er viel zu viel Chili hineingegeben hatte – allen am Tisch waren die Tränen gekommen. Doch nichts davon vermochte ihre Laune zu trüben, denn Priya hatte ein Date mit Dan Zhang.

Und – um dem Ganzen die Krone aufzusetzen – er hatte ihr *gleich am frühen Morgen* geschrieben.

Hab einen schönen Tag ☺ Ich freue mich auf unseren Milchshake später!

Die beste Nachricht, die sie je in ihrem Leben bekommen hatte. Sie hatte sie bereits Wort für Wort – und samt Emoji – in ihr Tagebuch abgeschrieben und schwelgte nun zum fünfzehnten

Mal selig in Erinnerungen daran. Sogar die Zeichensetzung gefiel ihr. Es war typisch Dan, ein Ausrufezeichen zu setzen – er war so enthusiastisch und lebensfroh. Und der Smiley sah genauso aus wie er, wenn er lächelte. Sie konnte es kaum erwarten, ihn am Nachmittag zu treffen. Ihn zu betrachten: sein breites Lächeln, seine funkelnden Augen, seine –

»Priya Shah!«

Priya schreckte auf ihrem Platz in die Höhe und wandte sich nach vorn zur Tafel. Dort stand Ms Lufthausen, beide Hände auf ihre dicken Strickhosen (Priya hatte nie zuvor gestrickte Hosen gesehen und hoffte auch inständig, dass es bei diesem einen Mal bleiben würde) gestemmt, und blitzte Priya wütend an. »Erzähl mir nicht, dass du *schon wieder* vor dich hinträumst.«

Priya schluckte. »Entschuldigung, Ms Lufthausen.«

»Was genau ist denn so viel interessanter als meine Algebrastunde? Hmm? Woran denkst du? Quadratische Gleichungen sind es ja *eindeutig* nicht.«

Oh nein. Priya versuchte, einen kühlen Kopf zu bewahren. In Ruhe zu überlegen. Sie durfte nicht panisch werden, denn dann würde es einfach aus ihr herausplatzen – »Dan Zhang.« Zu spät.

Priyas Augen weiteten sich vor Entsetzen – und bitterer Reue. Was hatte sie gerade GETAN?! Sie hörte, wie Sami links von ihr vor Schreck nach Luft schnappte, während Mei rechts leise mitfühlend stöhnte. Priya spähte hinunter auf ihr Handgelenk und wäre am liebsten vor Scham im Boden versunken. Sie wusste inzwischen zu schätzen, wie viel ihr Bas Armreif bereits geholfen hatte – aber musste er ihr wirklich in einem fort Ärger mit Ms Lufthausen bescheren?

»Dan Zhang?« Ms Lufthausen spuckte den Namen praktisch aus. »Wer ist das?«

Priyas Wangen liefen dunkelrot an. »Der Junge, mit dem ich heute Nachmittag ein Date habe.«

Ms Lufthausen fing zu stottern und zu prusten an. »Ein Date! Du meine – also – was – ich *fasse* es nicht –«

»Priya Shah hat ein Date?!« Katie zog eine ihrer perfekt in Form gezupften Augenbrauen hoch und drehte sich zu Angela. »Wer ist überhaupt Dan Zhang?«

»Ich glaube, er geht auf die Heartland Boys School«, antwortete Angela und kramte nach ihrem Handy, um den Verdacht zu überprüfen. »Eine Jahrgangsstufe über uns.«

Das brachte Ms Lufthausen beinahe zum Explodieren. »Mädchen! Das hier ist eine Mathestunde, kein Kaffeeklatsch auf dem Parkplatz!«

»Als ob wir je auf dem Parkplatz abhängen würden«, raunte Katie Angela kaum hörbar zu. »In welchem Jahrhundert lebt sie, bitte?«

»Handys wegpacken, SOFORT«, verlangte Ms Lufthausen. »Das ist völlig inakzeptabel, Priya. Ich staune, dass du die Frechheit besitzt, in meiner Mathestunde über dein ... dein *Liebesleben* zu reden. Dafür wirst du nachsitzen. Heute. Im Anschluss an den Unterricht.«

Priyas Augen weiteten sich bestürzt, und Sami jaulte laut auf. »Oh, nicht heute! Ms L., bitte – Sie können ihr doch nicht das Date vermasseln!«

»Mein Name ist Ms Lufthausen – und du hältst den Mund, Samantha, es sei denn, du möchtest dich Priya gern anschließen«, donnerte die Lehrerin. Sie ließ den Blick durch den Raum schweifen, um sich zu vergewissern, dass alle anderen vorbildlich aufmerksam auf ihren Plätzen saßen, und stieß dann einen spitzen Schrei aus, als ihre Augen Katie erfassten. »WAS tust du da?«

Katie, die unter der Tischplatte auf Angelas Handy geschaut hatte, fiel vor Schreck das Telefon aus der Hand. »Nichts.«

Ms Lufthausen hob es auf. Priya erkannte ein herangezoomtes Foto von Dan Zhang auf dem Display, das von der Website des Turnteams stammte. Sein Name prangte in Großbuchstaben darunter. Ms Lufthausens Lippen wurden schmal wie ein Strich, und sie blitzte Katie außer sich vor Wut an. »Wie kannst du es wagen, dich mir zu widersetzen?! Du wirst gemeinsam mit Priya nachsitzen. Heute Nachmittag.«

»Ich auch?«, fragte Angela eifrig. »Es ist mein Handy.«

»Du nicht«, fauchte Ms Lufthausen. »Das wird keine Party. Aber dein Handy nehme ich an mich.« Sie ließ das Telefon in ihre Tasche gleiten, ohne auf Angelas verletzten Aufschrei einzugehen. »Und sollte IRGENDJEMAND so töricht sein, den Namen ›Dan Zhang‹ jemals wieder in diesem Klassenzimmer auszusprechen, wird diejenige für den Rest des Schuljahres täglich nachsitzen. Verstehen wir uns?«

Die gesamte Klasse nickte vollkommen lautlos. Alle Blicke waren auf Hefte und Arbeitsblätter gesenkt, um Ms Lufthausens Zorn nicht weiter zu schüren. Doch Priya hörte praktisch, wie Samis und Meis Entsetzen rechts und links von ihr die Stille in Schwingungen versetzte. Sie würde nicht nur ihr Date mit Dan verpassen, sondern auch noch *zusammen mit Katie* ihre Strafe ableisten müssen. Das konnte nicht gut gehen, niemals.

Als sich nach Unterrichtsende alle anderen auf den Heimweg machten, schlurfte Priya zum allerersten Mal in ihrem Leben zum Nachsitzen. Ihr Leben hatte sich wirklich von Grund auf gewandelt, seit der Armreif seinen Weg zu ihr gefunden hatte. Sie wünschte bloß, die Veränderungen würden sich auf Dates und Übernachtungspartys beschränken und nicht auch Nachsitzen beinhalten. Olaf würde fuchsteufelswild werden, sobald ihm klar wurde, dass sie nicht zum Training erschien. Und sie hatte keine Ahnung, wie ihre Eltern reagieren würden, wenn die Schule bei ihnen anrief, um sie über den Fehltritt ihrer Tochter und seine Folgen zu informieren. Doch nichts von alldem war so beängstigend wie die Stunde, die vor ihr lag.

Die beiden Menschen, die sie mehr fürchtete als alle anderen – Ms Lufthausen und Katie Wong –, warteten schon in ihrem Matheklassenzimmer auf sie. Priya atmete tief durch und wandte sich ein letztes Mal um in der Hoffnung auf einen aufmunternden Blick von Sami und Mei, die noch am Ende des Flurs standen. Allerdings ließen ihre Mienen erahnen, dass sie sich sogar noch mehr Sorgen machten als Priya selbst. Erst als ihnen bewusst wurde, dass Priya zu ihnen schaute, setzten beide ein gezwungenes Lächeln auf und reckten die Daumen in die Höhe.

»Du schaffst das!«, flüsterte Sami laut. »Zeig es ihnen!«

»Das wird schon werden«, hauchte Mei, ehe sie sich zu Sami lehnte und noch leiser hinzufügte: »Wie gut, dass gerade nicht *ich* den Armreif der Wahrheit trage.«

Priya, die alles gehört hatte, seufzte vernehmlich. Sie war ganz Meis Meinung – es würde ganz bestimmt nicht »schon werden« –, aber leider hatte sie keine Wahl. Hätte sie eine gehabt, wäre sie in diesem Augenblick unterwegs zu ihrem Milchshake mit Dan gewesen. Stattdessen drückte sie die Tür auf.

»Da bist du ja. Ich dachte schon, du schwänzt das Nachsitzen. Was ziemlich krass für dich wäre. Und außerdem total untypisch.« Katie saß auf einem Stuhl, hatte ihre Stiefel auf die Tischplatte vor sich gelegt und kaute Kaugummi. Von Ms Lufthausen war weit und breit nichts zu sehen.

Priya blickte sich verwirrt um. »Wo ist Ms Lufthausen?«

Katie rollte mit den Augen und bedeutete Priya, sich einen Platz zu suchen. »Du bist ein absoluter Newbie, was Nachsitzen anbelangt, oder?« Sie warf sich ihr Haar über die Schulter, sodass Priya vor Neid zusammenzuckte – wenn sie doch nur auch so langes, dichtes, glänzendes Haar hätte wie Katie! Leider war ihr eigenes durchschnittlich lang, durchschnittlich dick und unterdurchschnittlich glänzend. Katie wühlte in ihrem Rucksack nach einem kleinen goldenen Taschenspiegel und redete unterdessen weiter: »Ms Lufthausen hasst es, länger in der Schule zu bleiben, weil sie nach Hause zu ihren Katzen oder Kindern oder wem auch immer muss, also lässt sie uns allein hier. Der Hausmeister kommt zwischendurch zweimal rein, um sicherzustellen, dass wir die komplette Stunde absitzen. Aber abgesehen davon können wir tun und lassen, was wir wollen.«

Priya klappte der Mund auf. »Im Ernst?! Wir sind die komplette Zeit beim Nachsitzen unbeaufsichtigt?«

Katie nickte in ihren Spiegel und beobachtete Priya im Glas. Sie legte noch eine Schicht roséfarbenen Lipgloss auf, presste ihre Lippen aufeinander und klappte den Spiegel zu. »Jep. Eine Stunde Ruhe vor der Welt und nichts weiter zu tun als ein paar Matheaufgaben.«

»Wow«, machte Priya baff. »Ich hatte ja keinen blassen Schimmer, dass Nachsitzen so ein Klacks ist.« Dann ging ihr auf, dass Katie gerade – na ja, nicht direkt *nett* war, aber ... auch nicht fies. Sie drückte den Rücken durch, mit einem Mal argwöhnisch. »Also, ähm, dann schätze ich, du willst, dass ich die Matheaufgaben für dich löse?«

Katie zuckte mit den Schultern. »Musst du nicht. Die Lösungen stehen im Internet. Sie zieht sich die Aufgaben immer von derselben Lehrerwebsite. Und ich habe ein Bezahlabo dafür abgeschlossen.«

Priya war beeindruckt. »Das ist echt ... clever von dir.«

»Da brauchst du gar nicht so perplex zu gucken – ich habe durchaus ein Gehirn«, pampte Katie zurück. Priya atmete erleichtert aus – Katie war nach wie vor Katie und die Weltordnung wieder hergestellt. Sie hatte bereits den Verdacht gehegt, dass das Nachsitzen in einer Art Paralleluniversum stattfand, in dem Katie ein normaler Mensch war und keine Mobberin. »Also, erzähl mir mehr über diesen Jungen. Dan Zhang.«

Priyas Schultern verspannten sich schlagartig aufs Neue – das war wieder keine typische Frage für jemanden, der andere schikanierte. Außer Katie war darauf aus, die Informationen, die sie von Priya bekam, letztlich gegen sie zu verwenden. War das ihr Plan? »Ähm, wieso?«, fragte sie nervös und hoffte dabei inständig, der Armreif würde Katies Befehl nicht als Frage interpretieren. Sie wollte um keinen Preis zu viel über ihren Schwarm verraten.

»Wieso nicht? Wir haben hier drin ja nichts Besseres zu tun.«

Priya zögerte. Damit hatte Katie nicht unrecht – doch es bedeutete noch lange nicht, dass sie bereit war, ihr von Dan zu erzählen.

Katie verdrehte die Augen. »Du brauchst nicht so misstrauisch dreinzuschauen – ich dachte bloß, das könnte ein Gesprächsthema sein. Es ist ja nicht so, als ob wir allzu viele Gemeinsamkeiten hätten, deshalb war mein Gedanke, dass Jungs und Dating immerhin ein Ansatzpunkt wären. Ich hatte schon zweimal einen Freund, von daher ...«

»Ich weiß«, entgegnete Priya, ohne nachzudenken. »Das macht dich ja unter anderem so cool.« Das klang derart peinlich, dass ihre Augen weit aufsprangen, doch Katie lachte nur.

»Schon schräg, aber irgendwie wahr, schätze ich. Schließlich hat niemand in unserem Jahrgang allzu viel Erfahrung mit Jungs – abgesehen von Angela.« Sie setzte sich ungeduldig auf. »Wie auch immer – komm schon. Erzähl mal genau: Wie habt ihr euch kennengelernt? Wie hast du ihn dazu gebracht, mit dir zu gehen? Und habt ihr euch schon geküsst?«

»Ähm ...« Priya rutschte das Herz in die Hose, als sie begriff, dass sie keinen Ausweg mehr hatte – der Armreif würde jeden Moment die Regie übernehmen. »Kennengelernt haben wir uns beim Turnen. Ich habe ihm gesagt, dass ich ihn mag, und er hat es erwidert. Und geküsst haben wir uns *definitiv* noch nicht. Ich habe noch überhaupt niemanden geküsst.« Sie wand sich innerlich – wieso hatte der Armreif das hinzufügen müssen?!

Katie schnaubte. »Hmm. Na, dass du noch nie jemanden geküsst hast, überrascht mich kaum. Aber ziemlich cool von dir, ihm das so rundheraus zu sagen. Keine Spielchen – einfach gesundes Selbstvertrauen.«

»Ähm ... danke?«, murmelte Priya. Offenbar entpuppte sich diese Stunde Nachsitzen *doch* als Abstecher in ein Paralleluniversum.

»Und du wolltest dich also heute Nachmittag mit ihm treffen?«

Priya nickte. »Wir hatten vor, nach dem Training ein bisschen Zeit miteinander zu verbringen. Aber da ich nun ja auch das Training verpasse, wird daraus natürlich nichts.«

Katie runzelte die Stirn. »Warum kannst du ihn nicht einfach danach abpassen?«

Priya starrte sie an, als hätte sie den Verstand verloren. »Und was – meiner Mum und meinem Dad erzählen, dass nicht im Training war, weil ich nachsitzen musste, im Anschluss aber Zeit hatte, mich mit einem Jungen auf einen Milchshake zu treffen? Meine Eltern würden mich umbringen!«

Katie wandte den Blick ab. Ein merkwürdiger Ausdruck lag

auf ihrem Gesicht. Doch dann schüttelte sie den Kopf. »Und wie hat er reagiert, als du abgesagt hast?«

Die Wahrheit platzte nur so aus Priya heraus. Sie hatte an nichts anderes mehr denken können, seit sie Dan am Morgen direkt nach der Mathestunde eine Nachricht geschickt hatte, und obwohl sie seine Antwort doppelt und dreifach mit Sami und Mei analysiert hatte, bereitete sie ihr nach wie vor Bauchschmerzen. »Ich habe ihm erklärt, dass es nicht klappt, weil ich nachsitzen muss, und er hat zurückgeschrieben, es ist schon in Ordnung, wir finden einen neuen Termin. Aber ohne ein *einziges* Emoji oder Ausrufezeichen, und ich habe das Gefühl, er ist sauer auf mich. Was, wenn er mich jetzt nicht mehr mag?«

Katie schüttelte erneut den Kopf. »Er ist enttäuscht, dass euer Treffen ins Wasser fällt – aber nicht von dir. Mach dir keine Sorgen, wahrscheinlich mag er dich eher mehr als vorher.«

Priya schaute zweifelnd. »Ach ja?«

»Auf jeden Fall – das macht dich rätselhaft. Und Jungs *lieben* Rätsel.« In Katies Stimme lag so große Überzeugung, dass Priya unwillkürlich nickte.

»Okay. Rätselhaft kriege ich hin.«

»Da bin ich mir nicht so sicher, aber ... Nachsitzen ist kein schlechter Anfang. Ich muss sagen, ich war ziemlich überrascht, dass du derart direkt zu Ms L. warst. Ich dachte immer, du bist ein totaler Lehrerliebling.«

»Oh, das bin ich«, antwortete Priya sofort. Sie kniff die Augen zu und wünschte, sie hätte mehr Kontrolle über den Armreif der Wahrheit.

Doch wieder lachte Katie nur. »Und witziger, als ich geglaubt habe, bist du auch«, meinte sie, und es klang beinahe wie ... ein *Kompliment.* »Bist du schon immer so grundehrlich?«

Priya blinzelte. Sie hatte keinen blassen Schimmer, was gerade vor sich ging. »Ähm, bisher war ich wirklich, *wirklich* nicht so ehrlich«, gestand sie. »Das ist gewissermaßen ... ganz neu.«

»Tja, mir gefällt's.« Katie langte in ihren Rucksack. »Irgendwo habe ich noch ein paar Snacks ... Ah, hier!« Sie zog eine Tüte Chips hervor. »Salz und Essig?«

»Ich dachte, wir dürfen im Klassenraum nicht essen?«

»Wir sind beim Nachsitzen«, erwiderte Katie. »Nichts von dem, was wir hier tun, ist erlaubt. Da. Fang. Ich habe auch noch eine Cola light, wenn du magst.«

»Ähm, okay«, sagte Priya und fing die Chipstüte auf, die Katie in ihre Richtung geschleudert hatte. »Danke?«

»Klingt ›Danke‹ bei dir immer wie eine Frage?«, wollte Katie wissen. »Das nervt nämlich irgendwie.«

»Nein, ich habe bloß Angst vor dir.« Priya schlug sich eine Hand auf den Mund. Oh nein. Jetzt würde Katie sie für eine totale Loserin halten! Sie würde ... Sekunde, lachte Katie etwa *schon wieder?* Und bildete Priya es sich ein, oder konnte es sein, dass Katie sie nun *anlächelte?!*

»Oh herrlich!«, verkündete Katie. »Ehrlichkeit ist so was von in.«

»Ach ... ja?«, fragte Priya, die sich noch immer verzweifelt einen Reim zu machen versuchte auf WAS AUCH IMMER gerade geschah.

»Absolut«, bekräftigte Katie. »Zum Totlachen. Im positiven Sinn. So wie du.«

»Danke?« Priya zuckte zusammen, als ihr klar wurde, was sie gesagt hatte.

Doch Katie gackerte laut los. »Das war ja praktisch unvermeidlich. Also – YouTube oder TikTok? Wir haben noch mindestens vierzig Minuten, bis wir die Lösungen abschreiben müssen. Das heißt, wir können uns locker vierzig Clips anschauen. Du kannst dich ruhig dichter neben mich setzen, weißt du – ich beiße nicht.«

Priya lächelte schwach und rutschte mit ihrem Stuhl näher an Katies. Dabei wünschte sie sich insgeheim, Sami oder Mei wären da, um ihr zu bestätigen, dass das alles *nicht* nur in ihrer Fantasie passierte – sondern dass sie tatsächlich hier saß und zusammen mit Katie Wong in ihrem Matheklassenraum TikTok-Clips ansah. Während sie sich eine Tüte Chips teilten.

»Ich kenne einen echt witzigen mit einer tanzenden Ziege«, schlug sie zögerlich vor. »Falls du Lust hast?«

Kapitel 17

»Pri!« Am nächsten Morgen rannte Sami in der Mädchenumkleide auf Priya zu. »Da bist du ja! Gott sei Dank. Mei – ich
habe sie gefunden. Und kann vermelden, dass sie noch lebt.«

Priya lächelte zu Sami hoch und auch zu Mei, die nun direkt hinter Sami auftauchte. »Hey! Wie geht's?«

»Hat sie allen Ernstes gerade gefragt, wie es *uns* geht?«, rief
Sami fassungslos. »Nachdem *sie* zusammen mit Katie Wong
nachsitzen musste und uns hinterher nur ein Daumen-hoch-
Emoji geschickt hat?«

Mei schüttelte den Kopf. »Wir haben Sprachnachrichten
erwartet. Mit allen Einzelheiten.«

Priya lachte entschuldigend. »Tut mir leid. Ich hatte endlos
viel zu tun, als ich nach Hause gekommen bin. *Und* ich musste meinen Eltern die Sache mit dem Nachsitzen erklären.
Immerhin habe ich es geschafft, den Wahrheitsfluch dabei
auszutricksen, indem ich erzählt habe, dass es die Strafe für
Schwätzen im Unterricht war. Zum Glück wissen sie nicht,
dass das Gesprächsthema *Dan Zhang* war.«

Mei schnitt eine Grimasse. »Wie haben sie es aufgenommen?«

»Meine Mum hat mir kurz den Marsch geblasen von wegen,
wie teuer das Turntraining ist und dass ich es ernst nehmen

189

muss. Aber dann hatte sie, glaube ich, gleich ein schlechtes Gewissen, weil sie hinterhergeschoben hat, ich solle mir wegen des Gelds keine Gedanken machen und sie würden schon klarkommen, selbst wenn ich meine Einzelwertung nicht gewinne und kein Preisgeld nach Hause bringe. So ganz kaufe ich ihr das nicht ab, aber es war trotzdem schön zu hören.«

»Da ist ihr sicher eure letzte Unterhaltung beim Oreo-Milchshake wieder eingefallen«, meinte Sami und nickte weise. »Und die Schuldgefühle haben sich gemeldet.«

»Vermutlich«, stimmte Priya ihr zu. »Sie hat uns Quinoa-Bowls zum Abendessen gemacht, obwohl eigentlich mein Dad mit dem Kochen an der Reihe gewesen wäre. Er war übrigens kein bisschen böse auf mich! Natürlich hat er so getan, solange meine Mum dabei war, aber danach hat er mir verraten: Er war froh, mich auch einmal loslassen zu sehen – wie ein ›normales‹ Kind, was auch immer das heißen soll.«

»Das ist großartig, Priya«, sagte Mei. »Ich freue mich total, dass deine Eltern versuchen, sich in deine Lage zu versetzen. Obwohl ich gestehen muss, dass Quinoa-Bowl für mich nach einem Albtraum klingt. Das Zeug ist so grießig und –«

»Okay, wieso reden wir über Quinoa, während wir noch *kein Wort* über die Katie-Situation verloren haben?!«, fiel Sami ihr ins Wort. »Details, bitte!«

Priya schlüpfte in ihren Schulblazer, und sie machten sich auf den Weg zu ihrem Englischklassenraum. Priya biss sich auf die Lippe. »Na ja, die Sache ist die ...«

»Hat sie dich angegriffen?«, fragte Sami. »Dann BRINGE ICH SIE UM!«

»Und ich bin dabei«, brummte Mei düster.

»Nein, gar nichts in der Art«, widersprach Priya. »Die Wahrheit ist: Sie war … tja, ziemlich … *nett* zu mir.«

Sami und Mei blieben wie angewurzelt stehen.

»Wie bitte?«, vergewisserte sich Sami. »KW war NETT zu dir? Meinst du damit, sie hat dich ignoriert wie früher, bevor ihr klar geworden ist, dass du clever genug bist, um ihre Hausaufgaben für sie zu erledigen? Ich bin mir nämlich nicht sicher, ob ich das als nett bezeichnen würde. Im Ernst: Ist Katie überhaupt auch nur zu *irgendjemandem* nett – außer zu Angela?«

»Sie war nett zu mir«, beharrte Priya. »Ich verstehe es auch nicht, aber so war es.«

»Priya, leidest du am Stockholm-Syndrom?«, fragte Mei besorgt. »Du weißt schon, dieser Störung, bei der man positive Gefühle für seinen Kidnapper entwickelt? Denn eine Stunde allein mit Katie kommt vermutlich einer Woche mit einem normalen Kidnapper gleich.«

Priya verdrehte die Augen. »Nein! Ich behaupte ja´ nicht, dass sie meine neue beste Freundin ist oder so.«

»Ähm, das will ich auch hoffen!«, ereiferte sich Sami. »Deine besten Freundinnen sind wir, und das wird auch immer so bleiben.«

»Natürlich«, versicherte ihr Priya. »Aber trotzdem: Katie war seltsam freundlich. Sie hat mich nach Dan gefragt, mir Tipps gegeben, und dann haben wir Chips gegessen und Clips auf TikTok geschaut. Echt ziemlich chillig.«

»Ihr habt CLIPS AUF TIKTOK geschaut?«, rief Sami. »Oh

mein Gott – was für welche guckt Katie? Kannst du mir die Links schicken?«

Mei legte die Stirn in Falten. »Priya, bist du sicher, dass sie dabei keine Hintergedanken hatte? Zum Beispiel ... dass sie dir miese Ratschläge gegeben hat, um dir Dan auszuspannen oder so?«

»Das wäre ein klassischer Highschooldrama-Plot«, pflichtete Sami ihr bei. »Pri: Du brauchst ein Makeover.«

»Ähm, vielen Dank auch?!«, entgegnete Priya gekränkt. »Allerdings ... habe ich das auch zuerst gedacht, Mei. Also, nicht, dass sie mir Dan ausspannen will. Aber dass man ihr nicht vertrauen kann. Allerdings waren ihre Tipps ziemlich aufbauend. Sie meinte, alles wird sich fügen mit Dan – und dass er mich vielleicht jetzt sogar noch mehr mag.«

»Die ›Rätselhaftes-Mädchen-Schiene‹«, meinte Sami und nickte weise.

»Ja!«, rief Priya. »Genau das hat Katie gesagt!«

»Tja, ich für meinen Teil bin nicht überzeugt«, erklärte Mei und verschränkte die Arme. »Ich finde nach wie vor, du solltest vorsichtig ihr gegenüber sein. Vor allem, solange du noch den Armreif trägst.«

Priya presste sich eine Hand aufs Herz. »Ich schwöre feierlich, dass ich vorsichtig im Umgang mit Katie Wong sein werde. Okay? Kann ich euch jetzt bitte die letzte Nachricht zeigen, die Dan mir geschrieben hat? Er hat zwei Emojis geschickt.«

»Na klar!«, kreischte Sami. »Wieso erwähnst du das erst jetzt? Ich dachte, er ist immer noch traurig und schickt keine Emojis mehr, seit du ihn versetzt hast. Also: nachdem du gezwungen warst, euer Date abzusagen, weil du nachsitzen musstest.«

»Ich habe ihm zwei enttäuschte Gesichter hintereinander geschickt – und das kam von ihm zurück.« Priya strahlte und hielt Sami und Mei ihr Handy hin.

»*Schon okay, das holen wir ein andermal nach, Milchshake-Emoji, Sonnen-Emoji*«, las Mei laut vor.

»Er ist ganz verrückt nach dir«, verkündete Sami.

Priya grinste. »Ich weiß nicht. Ich bin einfach erleichtert, dass er nicht mehr sauer ist. Jetzt kann ich aufhören, mich deshalb wahnsinnig zu machen, und mich erst mal wieder auf den Unterricht konzentrieren.« Sie stieß die Tür zu ihrem Englischklassenraum auf. »Zum Glück haben wir jetzt Ms Carlyle. Endlich eine normale Lehrerin, die mich nicht mit Fragen bombardiert, bis ich ihr mein Liebesleben offenlege, nur um mir dann dafür Nachsitzen aufzubrummen.«

Sie folgte Sami und Mei durch die Tür und drehte sich zum Lehrerpult, um Ms Carlyle zu begrüßen. Doch dort stand nicht Ms Carlyle. Sondern Ms Lufthausen.

»Was will *die* denn hier?!«, fragte Sami.

Ms Lufthausen durchbohrte Sami mit einem finsteren Blick. »*Die* kann dich hören. Und vertritt freundlicherweise Ms Carlyle, die heute krankheitsbedingt fehlt. Sonst noch Fragen?«

Priya schüttelte rasch den Kopf und folgte ihren Freundinnen, die bereits stumm Platz nahmen und sich dann erwartungsvoll nach vorn wandten.

»Ich unterrichte kein Englisch, daher werde ich jetzt keine Unterrichtsthemen mit euch erörtern oder was auch immer ihr normalerweise tun würdet«, erklärte Ms Lufthausen. »Ihr könnt einfach weiter still eure Lektüre lesen. Bücher raus. Hopp, hopp.«

Priya durchwühlte eilig ihren Rucksack nach ihrem Buch. Doch es war nicht da. Sie kramte panisch weiter – zwecklos. »Ich finde meine *Jane Eyre* nicht!«, raunte sie Mei zu.

Prompt tauchte Ms Lufthausen vor ihr auf. »Ich sagte *still*, Priya.«

Röte schoss Priya in die Wangen. »Tut mir leid, Ms Lufthausen. Ich habe Mei nur gesagt, dass ich mein Buch nicht finde.«

»Ich denke, ich bin diejenige, der du das sagen solltest.« Ms Lufthausen rückte ihre Brille zurecht. »Tja, dann darfst du jetzt deine Mathehausaufgaben machen und kannst später lesen, während du nachsitzt. Hoffen wir, dass dein Buch bis dahin wieder auftaucht – andernfalls musst du dir eins aus der Bücherei besorgen.«

Priya machte große Augen. »Nachsitzen?! Aber ich bin gestern schon eine ganze Stunde länger geblieben.«

»Und heute wirst du das ebenfalls tun«, sagte Ms Lufthausen. »Ich hole eben das Mathearbeitsblatt für dich.«

»Soll Priya jetzt nachsitzen, bloß weil sie ihr Buch vergessen hat?«, fragte Mei. »Das wäre nämlich unfair.«

»Wir reden mit Ms Carlyle«, platzte Sami heraus. »Für so was würde sie nie jemanden nachsitzen lassen!«

Ms Lufthausen fuhr erneut zu den Mädchen herum. Ein

träges Lächeln breitete sich auf ihrem Gesicht aus. »Oh nein. Priya *hatte* sich schon eine ganze Woche Nachsitzen verdient mit ihrem Verhalten in Mathe gestern. Mathe fällt schließlich in meinen Zuständigkeitsbereich und nicht in Ms Carlyles.«

Priya schnappte nach Luft. »Eine ganze Woche?! Aber Sie haben nur von einem Nachmittag gesprochen!«

»Tatsächlich?« Ms Lufthausen zog ihren beigefarbenen Cardigan enger um den Körper. »Mein Fehler. Ich meinte eine ganze Woche. Das gilt auch für dich, Katie.«

Katies Nagelfeile glitt ihr aus der Hand und landete klackernd auf dem Boden. Sie schaute überrumpelt hoch. »Was gilt auch für mich?«

Priya schluckte gegen ihre Wut an. Das war wirklich ungerecht. Bis zu den Britischen Meisterschaften blieben weniger als zwei Wochen, und nun würde sie jeden Nachmittag das Training versäumen. In dieser Woche standen nicht einmal besonders viele Morgeneinheiten an, was hieß, dass sie völlig ins Hintertreffen geraten würde! Olaf würde ausrasten! Von ihren Eltern ganz zu schweigen! Sie wandte sich an Katie, die eindeutig nicht zugehört hatte und nun hoffnungslos verwirrt wirkte.

»Nachsitzen«, sagte Priya und unterdrückte nur mit Mühe ein Beben. »Die. Ganze. Woche.«

Am Nachmittag stampfte Priya wütend durch den leeren Matheraum. »Das ist so fies!«, rief sie. »Das kann Ms Lufthausen nicht machen!«

Katie war ganz auf das Lackieren ihrer Fingernägel konzentriert und zuckte nur mit den Schultern. »Sie hat es schon gemacht.«

»Aber es ist ungerecht!«, wiederholte Priya und hörte sich in diesem Augenblick an wie ihre kleine Schwester. »Sie mobbt uns total!« Als ihr klar wurde, dass sie gerade mit jemandem sprach, der bis vor sehr Kurzem noch *sie* gemobbt hatte, stockte sie. Doch Katie zuckte mit keiner Wimper.

»Sie hat das Sagen – sie kann tun und lassen, was sie will.«

»Wieso ärgert dich das gar nicht?«

»Zwecklos«, meinte Katie und zog konzentriert die Augenbrauen zusammen, während sie ihren grünen Nägeln knallpinkfarbene Spitzen verpasste. »Da kann man es genauso gut einfach hinnehmen, statt sich darüber aufzuregen. Ändern werden wir ja sowieso nichts daran.« Priya hob die Augenbrauen – nun erinnerte Katie sie eher an einen Zen-Mönch als an eine Mobberin. »Außerdem ist es hier schön ruhig und friedlich. Also, wenn du nicht gerade herumtrampelst und schimpfst wie ein Rohrspatz.«

Bedröppelt setzte Priya sich hin. »Tut mir leid. Es ist bloß … Für mich steht bald ein richtig großer Turnwettkampf an. Und wegen des ganzen Nachsitzens verpasse ich die komplette Woche lang mein Nachmittagstraining, also gerate ich ins Hintertreffen, und mein Coach ist *an die Decke gegangen*, als ich es ihm gebeichtet habe. Ich will mir gar nicht ausmalen, was meine Eltern dazu sagen.« Priya hielt inne. »Außerdem bedeutet es, dass ich noch ewig warten muss, bis –«

»Bis du dich mit Dan Zhang treffen kannst?«, fragte Katie und schaute von ihren Nägeln hoch.

Priya nickte traurig. »Jep.«

»Wie hat er es aufgenommen?«

Unwillkürlich musste Priya lächeln. »Ich habe ihm nach Englisch geschrieben, um ihm von den zusätzlichen Nachmittagen hier zu erzählen, und er hat mir daraufhin ein ›You can do it‹-GIF zurückgeschickt! So was von süß – darf ich es dir zeigen?«

»Nein danke«, meinte Katie und widmete sich wieder ihren Nägeln. »Aber ich hatte eindeutig recht: Er steht mehr denn je auf dich.«

»Ich hoffe es. Trotzdem: Das ist alles dermaßen unfair!«, regte Priya sich erneut auf. »Ich hatte mich wirklich darauf gefreut, ihn zu sehen. Und jetzt habe ich noch Zusatzaufgaben am Hals *und* muss zu Hause allein meine Choreografien durchturnen – für die Team- wie auch für die Einzelwertung. Ich habe nicht mal genügend Zeit, um beides anständig zu trainieren!«

»Das Leben ist nicht fair«, stellte Katie fest und pustete behutsam auf ihre Nägel. Dabei wirkte sie auf Priya wie die Protagonistin in einem Film. Einem Film mit extrem guter Ausleuchtung.

Priya seufzte und wünschte sich, sie hätte so viel Energie wie eine Filmheldin. »Was du nicht sagst. Ich verstehe einfach nicht, wieso Ms Lufthausen mich derart hasst.«

»Sie ist neidisch. Ist doch logisch.«

Priya fielen fast die Augen aus dem Kopf. »Neidisch – auf mich? Auf eine Zwölfjährige, die noch nicht mal ihre Periode hat?« Sie zuckte zusammen – das hätte sie wirklich nicht laut aussprechen müssen.

Katie verdrehte die Augen. »Ja, und zwar genau deshalb.«

»Sie findet ihre Periode so furchtbar?«

»Ich bin mir nicht sicher, ob Ms L. überhaupt noch ihre Periode kriegt. Was ich meine, ist: Du hast dein Leben noch vor dir. Und Jugend ist etwas, das Ms L. eindeutig *nicht* mehr hat. Außerdem bist du clever und quasi eine olympische Turnerin, und du hast deine zwei kleinen Musketiere, die wahrscheinlich einen Mord begehen würden für dich, wie es scheint. Sie dagegen ist bloß eine armselige Sadistin.«

Priya grinste – Sami würde es *feiern*, dass Katie sie, Priya und Mei als Musketiere bezeichnet hatte. Dann erst erfasste sie vollends, was Katie soeben gesagt hatte. »Oha – so habe ich das noch nie betrachtet. Aber es ergibt schon irgendwie Sinn, schätze ich. Brummt Ms Lufthausen deswegen auch dir jedes Mal wieder Nachsitzen auf? Weil sie neidisch darauf ist, dass du hübsch und beliebt und einschüchternd bist?«

Katie prustete los. »Nein. Ich muss nachsitzen, weil ich es ständig darauf anlege, mir Schwierigkeiten einzubrocken.«

Priya stutzte. »Aber ... wieso solltest du das tun?«

»Wieso nicht? Das ist gewissermaßen mein Lebensmotto.« Katie schraubte ihren Nagellack zu und wandte sich mit erwartungsvoll verschränkten Armen an Priya. »Also, welche anderen Wahrheiten hast du heute für mich?«

»Wie meinst du das?«, fragte Priya verwirrt.

»Ich möchte die nächste Folge von Priyas Wahrheiten! Bis jetzt hatten wir deine Beichte gegenüber Ms L. gestern im Unterricht, dass du auf Dan stehst. Und beim Nachsitzen hast du mir später eröffnet, dass du noch nie einen Jungen geküsst hast. Gerade eben dann dein Geständnis, dass du noch nicht deine Tage hast.«

Priya lief rot an. Das stimmte, ausnahmslos. Ärgerlicherweise. Bang schielte sie auf den Armreif hinunter.

»Na, was noch?«, bohrte Katie. »Trägst du BHs?«

»Sport-BHs«, murmelte Priya und wand sich innerlich. »Aber warte mal – können wir bitte aufhören mit diesem Spielchen? Wie wäre es, wenn wir einfach noch ein paar Clips auf TikTok schauen? Ich könnte dir ein paar Turn-Reels zeigen.«

»Ich verrate dir auch ein Geheimnis, wenn du magst«, entgegnete Katie, ohne auf Priyas Vorschlag einzugehen. »Damit du nicht das Gefühl hast, hier als Einzige auszupacken.«

»Wirklich?«

Katie nickte. »Wieso nicht? Ich brauche mal eine Social-Media-Pause. Und wie schon gesagt: Deine Ehrlichkeit ist zum Brüllen komisch. Du solltest echt einen eigenen TikTok-Kanal starten.«

»Ähm, definitiv nicht«, wehrte Priya alarmiert ab. »Auf keinen Fall. Nie im Leben.«

»Schon gut, reg dich ab. Ich meine ja nur. Wetten, dass deine Ehrlichkeit viral gehen würde?«

Priya rutschte unbehaglich auf ihrem Stuhl hin und her. Genau das war ihre Befürchtung.

»Okay, also, hier kommt die Enthüllung«, sagte Katie und wirkte dabei aufgekratzter, als Priya sie je erlebt hatte. »Wusstest du, dass Angela tatsächlich ganze zwei Jahre älter ist als wir? Sie ist in der Fünften gleich zweimal sitzengeblieben.«

Priya schnappte hörbar nach Luft. »Im Ernst?! Kein Wunder, dass sie so stark ist!«

»Ich weiß – die Sportlehrerin ist total begeistert«, schmunzelte Katie. »Aber das soll niemand wissen, deshalb darfst du mit keinem darüber reden.«

Priya nickte enttäuscht. Nun würde sie niemals Samis und Meis Mienen sehen, nachdem sie den wahren Grund dafür herausgefunden hatten, dass Angela Sutton auf dem Lacrossefeld eine so todbringende Waffe war.

»Gut«, verkündete Katie. »Jetzt bist du wieder dran. Was ist mit deinen Musketieren? Haben die irgendwelche Geheimnisse?«

»Ja!« Priya erschrak, als ihr bewusst wurde, was sie gerade in die Welt posaunt hatte. Sie musste vorsichtig sein – diese Unterhaltung steuerte eindeutig auf ein Armreif-Desaster zu. Es war eine Sache, die eigenen Geheimnisse preiszugeben – die Geheimnisse ihrer Freundinnen aber musste sie um jeden Preis wahren. Sie wählte ihre nächsten Worte mit Bedacht. »Ähm. Das heißt: Jeder von uns hat doch Geheimnisse. Also, jaaa, sie haben ein paar, genau wie der Rest der Welt.«

Katies Augen leuchteten. »Erzähl mir mehr über die zwei. Sami will Schauspielerin werden, stimmt's?«

»Mehr als alles andere«, antwortete Priya erleichtert, da Katies Fragen sich nun wieder harmloser anfühlten. »Sie sagt, das ist es, was sie ausmacht. Das – und dass sie eine gebildete Frau ist.«

Katie lachte. »Ich liebe es, wie du dich ausdrückst – du bist so witzig, Priya. Ernsthaft, du solltest dir meine TikTok-

Idee noch mal durch den Kopf gehen lassen. Du wärst der Knaller.«

Priya spürte, wie ihr bei dem Kompliment ganz warm wurde. *Niemals* hätte sie sich träumen lassen, dass Katie ihr einmal etwas so Nettes sagen würde, und es war ... irgendwie wunderbar. Sie lächelte zurück. »Jaaa, Sami feiert bald ihre Bat-Mizwa, und sie sagt, das ist der nächste Schritt in Richtung Frausein.«

Wieder kicherte Katie. »Du meine Güte, Frausein mit dreizehn – das ist total absurd, aber herrlich.«

Ermutigt fuhr Priya fort. »Ich weiß. Dabei nimmt sie immer noch ihre Puppe mit ins Bett.«

»Ich glaub's nicht!«, gackerte Katie. »Wie heißt die Puppe?«

»Püppi«, verriet Priya. Sie verspürte einen schuldbewussten Stich in der Magengegend – das hätte sie vielleicht besser für sich behalten ... Ach was, sie konnte es einfach herunterspielen. So eine große Sache war es nun auch wieder nicht. »Aber, ähm, ich habe immer noch meinen Teddy, der Teddy heißt. Da kann ich kaum etwas sagen.«

Katie lachte inzwischen beinahe Tränen. »Püppi die Puppe und Teddy der Teddy. Ihr zwei schießt echt den Vogel ab.«

Priya lachte mit. »Ich weiß – megaoriginell.«

»Und was ist mit Mei?«, fragte Katie. »Wen hat sie? Robbi die Robbe?«

Priya lächelte höflich – Witze waren nicht Katies Stärke. »Nein, sie hat ihre Stofftiere nach Philosophen benannt.«

»Natürlich. Vom alternativen Mädchen auch eine alternative Namenswahl. Trägt Mei eigentlich immer nur Schwarz?«

»Sie hält nichts von anderen Farben«, erklärte Priya. »Für sie ist Schwarz die wahrhaftigste Farbe von allen.«

Einmal mehr lachte Katie. Und Priya strahlte – unglaublich, dass sie Katie so sehr zum Lachen brachte! »Und Mei hatte jetzt ihr Coming-out, nicht wahr? Sie geht zum LGBTQ+-Club, stimmt's?«

Priya nickte stolz. »Jep! Sie ist die Beste.«

»Steht Mei auf irgendwen?«

»Sarah P.« Priya schlug sich eine Hand auf den Mund und lief scharlachrot an. Sie konnte nicht fassen, dass sie das soeben laut ausgesprochen hatte. Das ging zu weit. Viel zu weit. Mei würde sie UMBRINGEN, sollte sie je davon erfahren. Panisch wandte sich Priya an Katie. »Sekunde. Bitte sag niemandem, dass du das von mir weißt. Das hätte ich wirklich nicht sagen dürfen. Niemand darf das herausbekommen.«

Katie zog die Augenbrauen hoch. »Glaubst du wirklich, irgendjemand, den ich kenne, schert sich darum, in wen Mei verknallt ist?«

»Ich weiß es nicht. Aber bitte sag es nicht weiter.«

»Okay, dein Geheimnis ist bei mir sicher«, sagte Katie. »Oder vielmehr Meis Geheimnis.«

Priyas Schultern sackten vor Erleichterung nach unten. »Vielen, vielen Dank. Ich würde sterben, wenn sie dahinterkäme, dass ich dir das verraten habe.«

»Ganz ehrlich, ich glaube, ich weiß nicht mal Meis Nachnamen«, meinte Katie. »Für mich ist das echt nicht sonderlich interessant. Ich dachte bloß, es könnte mal eine nette Abwechslung zu den TikTok-Clips sein – und weißt du, du bist witzig, wenn du über andere Leute redest.«

Priya lächelte. »Danke. Und sie heißt Mei Chen.« Sie zögerte. »Aber, ähm, vielleicht erzählst du am besten auch niemandem von Samis Puppe. Nicht, dass das ein großes Ding wäre.«

Katie zuckte mit den Schultern. »Klar. Und jetzt ...« Sie griff nach ihren Nagellackfläschchen. »Welche Farbe willst du? Ich habe Lila, Grün und Pink.«

Kapitel 18

Erschöpft von der Solo-Trainingseinheit, die sie soeben in der Mittagspause absolviert hatte, hastete Priya zu Ms Carlyles Klassenzimmer. Sie hasste es, dass sie die Zeit nicht mit Sami und Mei hatte verbringen können, doch sie durfte ihre Chance auf Gold nicht aufs Spiel setzen, bloß weil Ms Lufthausen sie die komplette Woche lang vom Training fernhielt. Das einzige Problem war, dass Priya die gesamte Freistunde gebraucht hatte, um ihre Einzelübung zu perfektionieren. Ehe sie auch nur dazu gekommen war, mit der Teamchoreografie anzufangen, hatte bereits die Schulglocke geläutet – und Priya war von der Sporthalle zum Gebäude gerannt, in dem die Sprachklassenräume untergebracht waren.

Sie schaffte es in letzter Sekunde durch die Tür und ließ sich auf ihren gewohnten Platz zwischen Sami und Mei fallen, nur Sekunden bevor Ms Carlyle auftauchte.

»Tut mir leid, dass ich heute wieder keine Zeit für euch hatte«, flüsterte Priya. »Das zusätzliche Turntraining bringt mich noch um.«

»Ich weiß, wir haben dich die ganze Woche kaum gesehen«, raunte Mei ebenso leise zurück, damit Ms Carlyle nichts von ihrer Unterhaltung mitbekam. »Wie haben deine Eltern es aufgenommen, dass du bis Freitag nachsitzen musst?«

Die Erinnerung daran entlockte Priya ein Seufzen. Sie wünschte, sie hätte lügen können, doch stattdessen war sie gezwungen gewesen, ihren Eltern die Schmach ihrer einwöchigen Strafe zu gestehen. Beide waren völlig entsetzt gewesen. Sogar ihr Dad hatte seinen Unmut deutlich gemacht. Und dabei war es so ungerecht, denn ihre Eltern gingen davon aus, dass Priya etwas Schreckliches angestellt hatte, das eine solche Strafe rechtfertigte – wo doch in Wahrheit Ms Lufthausen einfach komplett überreagiert hatte. Doch als Priya versucht hatte, ihren Eltern Katies Theorie zu erläutern, der zufolge Ms L. neidisch auf Priyas Jugend war, hatte ihre Mum sie angeherrscht, sie solle nicht so abfällig über Frauen in der Menopause reden. Offenbar hatten diese Frauen schon mit genug Problemen zu kämpfen.

»Nicht so toll«, murmelte Priya. »Diesmal sind sie nicht mal wütend geworden, sie waren einfach nur enttäuscht.«

Sami und Mei verzogen beide mitfühlend das Gesicht. »Das ist das Schlimmste«, meinte Sami. Dann bemerkte sie Priyas Nägel. »Oh mein Gott, die sind ja der Hammer«, wisperte sie anerkennend. »Dunkelgrün sieht sehr cool aus an dir – richtig trendy.«

»Danke«, flüsterte Priya zurück. »Katie hat sie mir gestern beim Nachsitzen lackiert.«

Mei fiel die Kinnlade herunter, und sie vergaß völlig, leise zu sein. »*Katie* hat dir die Nägel lackiert? Wie jetzt – und von Angela hast du dann vielleicht auch noch eine Kopfmassage bekommen?«

»Mädchen, bitte Ruhe!«, sagte Ms Carpenter und bedachte

Mei mit einem stirnrunzelnden Blick. »Ich möchte, dass ihr still Kapitel fünf zu Ende lest. Anschließend diskutieren wir darüber. Na los jetzt.«

»Sorry«, hauchte Priya kaum hörbar in Samis und Meis Richtung, ehe sie erleichtert ihr Buch aufschlug. Sie hatte *Jane Eyre* schließlich in Pinkies Zimmer gefunden – wo auch sonst? Ihre kleine Schwester hatte es unter das wackelige Bein ihres Tischs geklemmt gehabt. Priya inspizierte ihre Ausgabe auf irgendwelche unerwünschten Smileys oder Seiten, die womöglich bei einem von Pinkies fehlgeschlagenen naturwissenschaftlichen Experimenten in Mitleidenschaft gezogen worden waren, doch alles sah in Ordnung aus. Behutsam blätterte sie zu Kapitel fünf und gab sich alle Mühe, sich zu konzentrieren, aber ihre Gedanken schweiften immer wieder ab.

Natürlich war es für Sami und Mei verwirrend, wie gut sie sich auf einmal mit Katie verstand. Das war absolut nachvollziehbar. Priya selbst war ebenso verwirrt, obwohl sie es leibhaftig erlebte! Am Abend zuvor hatte Katie ihr *geschrieben*. Sie hatte vorgeschlagen, sie sollten am kommenden Freitag zusammen einen Bubble Tea trinken gehen, um das Ende des Nachsitzens zu feiern. Priya hatte zugesagt, ehe ihr vollends bewusst geworden war, was das bedeutete: Sie würde die Übernachtungsparty bei Sami verpassen. Doch auch nach dieser Erkenntnis hatte sie die Zusage nicht zurückgezogen. Sie konnte es einfach nicht. Alles fühlte sich an wie in einem Film. Nachdem Katie Wong sie jahrelang wie eine Loserin behandelt hatte, wollte sie jetzt *mit Priya befreundet* sein! Unmöglich, dem zu widerstehen. Vor allem, weil es Priya – wenn sie ganz ehrlich war – auch gefiel, Zeit mit Katie zu verbringen.

Natürlich waren Sami und Mei nach wie vor ihre besten Freundinnen. Das würde sich auch niemals ändern. Aber es machte Spaß, Dinge mit jemandem zu unternehmen, der ganz anders war. Katie war so erfrischend brutal direkt, und obwohl ihr Leben offensichtlich perfekt war – in Anbetracht ihrer irrsinnig reichen Eltern, des heimischen Swimmingpools und der Tatsache, dass sie bereits zweimal einen Freund gehabt hatte, wohingegen die meisten in Priyas Jahrgang noch auf ihren ersten Kuss warteten –, hatte sie eine generelle Anti-Einstellung, die Priya irgendwie ansprach. Vor allem nun, da sie zu dauerhaftem (okay, einwöchigem) Nachsitzen verdammt war. Alles erschien ihr derzeit so unfair: dass der Armreif ihr Scherereien bereitete, dass sie sich nicht mit Dan treffen konnte, dass ihre Eltern und Olaf sauer auf sie waren. Sami und Mei fühlten mit ihr, doch wirklich nachempfinden konnten sie die Tortur des Nachsitzens nicht. Katie dagegen schon. Sie verstand Priya.

Außerdem durfte Priya ja wohl noch andere Freundinnen haben. Klar durfte sie das. Irgendwie ahnte sie jedoch, dass Sami und Mei nicht allzu angetan sein würden von der neuen Freundschaft, die sie nach nur zwei Nachmittagen Nachsitzen geschlossen hatte. Und sie wären *ganz gewiss* nicht angetan davon, dass Priya besagte neue Freundin in die Geheimnisse ihrer alten Freundinnen eingeweiht hatte ... Wieder verspürte Priya einen Anflug von Schuldgefühlen. Sie schüttelte den

Kopf und verdrängte die Erinnerung daran. Am besten dachte sie gar nicht mehr darüber nach. Ohnehin war es nicht ihre Schuld gewesen – sondern ganz allein die des Armreifs. Sollten Sami und Mei jemals Wind davon bekommen, könnten sie kaum Priya dafür verantwortlich machen. Für alle Fälle wäre es aber natürlich doch besser, sie würden es nie erfahren.

Die restliche Stunde lang fokussierte Priya sich auf Jane Eyres Eindrücke von ihrem neuen – abscheulichen – Internat und versuchte, so viele von Ms Carlyles Fragen zu beantworten wie nur möglich. Sie konnte es sich *wirklich* nicht leisten, nun auch noch Ärger mit einer anderen Lehrerin zu bekommen. Sowie die Schulglocke läutete, schnappte sie sich ihren Rucksack und warf Sami und Mei einen entschuldigenden Blick zu.

»Tut mir leid, Mädels, ich muss mich beeilen. Nachsitzen.«

»Lauf nur zu deiner neuen besten Freundin«, schniefte Sami theatralisch. »Schon gut – wir verstehen das. Vergiss uns einfach bloß nicht, wenn du deine Wochenenden in High Heels auf irgendwelchen Hauspartys verbringst.«

Priya lachte leichthin. »Als ob ich jemals ohne euch zwei zu einer Party gehen würde! Und ihr wisst genau, dass ich tausendmal lieber Turnschuhe als Absätze trage.«

»Jaaa, weil Absätze ein Konstrukt des Patriarchats sind – mit dem einzigen Zweck, Frauen buchstäblich zurückzuhalten«, erklärte Mei und verschränkte die Arme. »Wir akzeptieren, dass du jetzt zum Nachsitzen musst. Aber nur, weil wir am Freitag bei Sami endlich wieder anständig mit dir abhängen können.«

Priya schluckte und mühte sich nach Kräften, ihre wahren Gefühle mit einem strahlenden Lächeln zu kaschieren. Da Mei keine Frage gestellt hatte, war sie nicht gezwungen, die Wahrheit zu sagen. Rasch wandte sie sich um und hastete los.

»Warte!« Meis klare Stimme ließ Priya einfrieren. »Du *kommst* doch zu unserer Übernachtungsparty am Freitag, oder? Nach dem Nachsitzen?«

Priya vermochte sich nicht zu rühren. Ihre Gedanken allerdings überschlugen sich, während sie nach einem Ausweg suchte – vielleicht *könnte* sie es sogar zur Übernachtungsparty schaffen, nach Nachsitzen und Bubble Tea? Doch dann wäre sie so spät dran, dass die anderen beiden längst alle Köstlichkeiten verputzt hätten, und genau das war ja das *Highlight* der ganzen Aktion. Außerdem: Was, wenn Katie im Anschluss an den Bubble Tea in der Boba Bar auch noch etwas essen wollte? »Ähm ...« Verzweifelt zermarterte Priya sich das Gehirn nach einer diplomatischen Antwort, doch mit einem Mal fielen ihr nur die alten Lügen ein, die sie in der Zeit vor dem Armreif hätte auftischen können. Sie wurde panisch, und prompt sprudelte ihr die Wahrheit aus dem Mund. »Nein. Tut mir leid. Es tut mir so leid!«

»Was?«, japste Sami. »Aber wieso?! Oh mein Gott, wegen Dan? Lässt du uns hängen für einen Jungen? Das verstößt nämlich *so was von* gegen den Mädels-Kodex!« Sie hielt inne. »Allerdings drücke ich in diesem Fall vielleicht ein Auge zu, solange du uns später jedes noch so kleine Detail erzählst, sodass wir alles praktisch eins zu eins nacherleben können.«

Priya blickte ihren beiden Freundinnen in die Augen und

zwang sich, tapfer zu sein. Andernfalls würde der Armreif für sie übernehmen, und inzwischen hatte sie genug Erfahrung damit, um zu ahnen, was dabei herauskommen würde. »Ähm. Es ist wegen Katie. Sie hat mich gefragt, ob wir zusammen feiern, dass wir unsere Woche Nachsitzen überlebt haben.«

Mei starrte sie an. »Du ziehst *Katie* uns vor? Die Mobberin, die dich monatelang ihre Hausaufgaben hat machen lassen und ›Miss Klo-Foodie‹ nennt?«

»So ist sie gar nicht mehr«, verteidigte Priya Katie. »Sie kennt meinen Namen. Und sie ist ... jetzt nett zu mir. Außerdem geht es ja nur um einen einzigen Freitag. Nächste Woche Freitag können wir uns wieder bei mir treffen!«

»Dein Ernst?« Samis Stimme klang gepresst. »Du feierst eine Übernachtungsparty mit Katie statt mit uns? Mit den Musketieren?«

Priya verspürte einen Stich in der Brust. »Keine Übernachtungsparty – wir gehen bloß zusammen Bubble Tea trinken.«

»In die coole Boba Bar, wo auch JUNGS hingehen?« Nun brüllte Sami fast. »Ohne uns?! Ich dachte, wir gehen dort eines Tages alle drei zusammen hin. Sobald wir genug Mut zusammengekratzt haben.«

Mei schüttelte den Kopf. »Katie malt dir einmal die Nägel an – und schon hast du sie lieber als uns? Ernsthaft?«

»Wir haben auch was drauf!«, entrüstete sich Sami. »Ja, okay, sie hat dir echt originelle French Nails gezaubert. Aber ich kann dramatische Monologe abliefern wie niemand sonst, und Mei kann, na ja, du weißt schon, schlaue Sachen von sich geben.«

»Das hat damit gar nichts zu tun«, protestierte Priya. »Wirklich nicht. Wir haben uns bloß beim Nachsitzen angefreundet, und zwar vor allem, weil der Armreif mich viel zu offenherzig gemacht hat. Das ist alles. Ihr seid nach wie vor meine besten Freundinnen. Und werdet das auch immer bleiben!«

»Du bist jetzt schon ganz offen mit ihr?«, fragte Sami traurig. »Gegenüber uns hast du dich gerade erst geöffnet, und dabei sind wir schon seit zwei Jahren beste Freundinnen. Mit Katie hast du gerade mal zwei Stunden Nachsitzen verbracht.«

»Ist ja auch egal«, sagte Mei. »Viel Spaß in der Boba Bar.«

Am Abend fiel Priya völlig erschöpft auf ihr Bett. Sie hatte eine weitere Stunde lang an ihrer Einzeldisziplin gefeilt, sodass Olaf hoffentlich nicht allzu viel würde auszusetzen haben, wenn sie am nächsten Morgen endlich wieder zum Training erschien. Es war einfach Pech gewesen, dass in der ersten Wochenhälfte kein frühes Training stattgefunden hatte und Priya deshalb ihr Team seit dem vergangenen Wochenende nicht einmal mehr zu Gesicht bekommen hatte. Allein der Gedanke daran bereitete ihr Bauchschmerzen. Sie alle hatten die Teamübung nun ohne sie durchspielen müssen, obwohl sie doch ganz oben auf der Pyramide stehen sollte – vielleicht hatte Rachael ihren Part vertretungsweise übernommen?

Priya war klar, dass sie dringend etwas tun und ihren Teil der Choreografie allein üben musste. Doch auch ihr Tag hatte nur vierundzwanzig Stunden, und natürlich musste sie da in der Zeit, die ihr zum Trainieren blieb, den Fokus auf den Wettbewerb legen, der wirklich zählte. Der Auftritt mit dem Team war schön und gut, aber das Preisgeld war an die Einzelwertung geknüpft – genau wie ihre Chance, es in den Nachwuchskader des Olympiateams zu schaffen. Somit brauchte sie überhaupt kein schlechtes Gewissen zu haben. Jeder weiß, dass im Leistungssport nun einmal ein harter Wettbewerb herrscht. Priyas Teammitglieder hielten es höchstwahrscheinlich genauso und stellten auch ihre Einzeldisziplinen über alles andere.

Priya zupfte ihr Kissen zurecht und ließ sich in die weichen Federn sinken. Sie konnte sich nicht erinnern, wann sie zuletzt derart müde gewesen war. Das Nachsitzen mit Katie hatte Spaß gemacht – diesmal hatten sie Klatsch und Tratsch über alle in ihrer Jahrgangsstufe ausgetauscht, bis sie vor Lachen Muskelkater bekommen hatten. (Na ja, Katie hatte Klatsch und Tratsch erzählt. Alles, was Priya zu diesem Thema beizusteuern hatte, hatte sie ja bereits versehentlich am Tag zuvor preisgegeben.) Und Katie hatte ihr erzählt, dass sie Ms Carlyle mit Mr Mendez – dem Geografielehrer – hatte flirten sehen! Trotzdem wollte Priya das Bild von Samis und Meis verletzten Mienen einfach nicht aus dem Kopf gehen. Nie zuvor hatte sie mit den beiden gestritten – falls es überhaupt ein Streit gewesen war. Jedenfalls hatte Priya noch niemals etwas gesagt, das eine der zwei hätte verletzen können. Sie hatte stets ... nun ja, gelogen, aus Rücksicht. Doch das war jetzt natürlich keine Option mehr.

Priya betrachtete den Reif an ihrem Handgelenk mit gemischten Gefühlen. Wie konnte es sein, dass diese glänzende Metallspange ihr Leben so ungeheuerlich veränderte? Und wusste Ba, was gerade vor sich ging? Eine Welle der Trauer überschwemmte Priya bei dem Gedanken an ihre Grandma. Sie vermisste sie unbeschreiblich. Wenn sie nur da gewesen wäre, um Priya einen Rat zu geben. Priya war überzeugt, Ba wäre stolz auf sie gewesen dafür, dass sie Dan gestanden hatte, wie gern sie ihn mochte. Und dass sie sich Sami und Mei geöffnet hatte.

Ein Grinsen huschte über ihr Gesicht, als sie sich Ba vorstellte, die aus dem Himmel auf sie heruntersah wie versprochen, laut jubelte und winkte, während die Musketiere einander ihre Geheimnisse anvertrauten und enger zusammenwuchsen denn je. Doch dann verblasste Priyas Lächeln wieder, denn nun sah sie eine Ba vor sich, die verfolgte, wie Priya all diese Geheimnisse mit Katie teilte. Obwohl das ja überhaupt erst passiert war, nachdem der Armreif ihr eine Woche Nachsitzen eingebrockt hatte, was ihr wiederum Ärger mit ihren Eltern *und* Olaf beschert hatte.

Alles war so verwirrend. War Ba bewusst gewesen, dass der Reif Priya nicht nur helfen, sondern ihr auch jede Menge Probleme bereiten würde? Entging Priya etwas? Sie besah sich verzweifelt das Schmuckstück und wünschte, es würde ihr alle Antworten enthüllen. Doch es geschah – wenig überraschend – nichts dergleichen. Priya ruckte kräftig daran in der Hoffnung, der Verschluss würde sich plötzlich doch lösen, aber es war aussichtslos. Sie seufzte frustriert. Es ergab keinen Sinn, dass der Armreif immer noch festsaß. Sie hatte ihre Lektion über die Vorteile von Ehrlichkeit gelernt. Wieso also weigerte er sich, sie freizugeben, und setzte damit all das aufs Spiel, wozu er ihr überhaupt erst verholfen hatte? Wenn es so weiterging, würde Priya am Ende alles Gute, was ihr in den letzten Tagen widerfahren war, wieder verlieren. Doch der Reif krallte sich unnachgiebig um ihr Handgelenk und glitzerte unschuldig im Licht der Deckenlampe vor sich hin.

Priya ließ ihn wieder am Arm hinabgleiten und zog ihren halb fertigen Aufsatz zu *Jane Eyre* hervor. Sie hatte kurz überlegt, Katie vorzuschlagen, das Nachsitzen für ihre Hausaufgaben zu nutzen, sich letztlich aber dagegen entschieden – Katie würde sie bloß wieder zu brav und langweilig finden. Außerdem war es viel lustiger, sich mit Tratsch und Cola light abzulenken. Nun hatte Priya allerdings noch etliche Stunden Arbeit vor sich, ehe sie schlafen konnte. Und am nächsten Morgen musste sie zum Turntraining früh aufstehen. Doch dafür würde sie endlich Dan wiedersehen! Unwillkürlich lächelte Priya. Sie hatten ihr Milchshake-Date auf den kommenden Samstag verlegt, und Priya konnte es *kaum erwarten*. Sie hoffte, dass Sami und Mei sich bis dahin beruhigt hätten – denn sie brauchte die beiden, damit sie ihr bei der Auswahl ihres Date-Outfits zur Seite standen. Sami würde ganz gewiss einen Videoclip kreieren wollen mit sämtlichen Kleidern, die infrage kamen. Vermutlich tüftelte sie bereits an einer dazu passenden Playlist.

In diesem Moment knallte im Flur eine Tür und wischte Priya das Lächeln aus dem Gesicht. Stirnrunzelnd stand sie vom Bett auf und streckte den Kopf aus ihrem Zimmer. »Pinkie? Warst du das?«

Niemand antwortete, doch aus dem Schlafzimmer ihrer Eltern drangen laute Stimmen. Priya wurde bang ums Herz. *Auf keinen Fall* stritten die beiden wieder, oder? Unmöglich. Aber als Priya auf Zehenspitzen näher an die Schlafzimmertür schlich, war die Stimme ihrer Mum unverkennbar.

»Du bist geblitzt worden – ernsthaft? Hättest du nicht besser aufpassen können? Du weißt genau, dass wir es nicht so dicke haben!«

»Ich hatte es eilig, weil ich Priya zum Turntraining bringen musste und Pinkie in die Schule – und dann schnell zurück hierher, um das Haus zu putzen«, tobte Priyas Dad. »Ich bin für alles zuständig – wie soll ich das schaffen?«

»DU bist für alles zuständig?!« Die Stimme ihrer Mum überschlug sich vor Wut. »Ich bin diejenige, die alles noch mal in die Hand nehmen muss, weil du es vermasselst – und zusätzlich verdiene ich hier das Geld!«

»Tja, dann sollte ich wohl besser ausziehen und dir alles überlassen, damit du meinetwegen keine zusätzliche Arbeit hast, was?«, konterte ihr Dad. »Das ist es ja eindeutig, was du willst.«

»Ja, und ebenso eindeutig ist genau das unmöglich«, gab ihre Mum zurück. »Wir können uns nicht scheiden lassen. Wir waren uns beide einig: Wir wollen nicht, dass die Leute mitbekommen, was bei uns los ist, und es wäre den Mädchen gegenüber nicht fair. Also müssen wir einen Weg finden, uns zu arrangieren – ihretwillen.«

Priya wandte sich ab und tappte traurig zurück in ihr Zimmer. Sie hatte genug gehört. Alles war beim Alten: Ihre Eltern stritten wieder in einem fort, würden sich aber nicht scheiden lassen. Sondern einfach für alle Ewigkeit in diesem schrecklichen Kreislauf gefangen bleiben. Sie spürte, wie eine dicke Träne ihr über die Wange lief. Sie hatte wirklich geglaubt, dass sich etwas veränderte. Dass ihre Eltern ihre Beziehung kitteten und sie alle bald eine normale Familie sein würden. Eine Familie, in der nicht jeden Abend gezankt wurde. Eine Familie, in der alle einander liebten. Eine Familie, die gemeinsam zu Abend aß und über Missgeschicke lachen konnte.

Doch obwohl ihre Eltern sich zugegebenermaßen allabendlich Mühe gaben, halbwegs gesittet mit den Mädchen durch das Abendbrot zu kommen, gingen sie offenbar direkt im Anschluss nach oben, um heimlich ihre Streitereien auszutragen. Pinkie hatte die ganze Zeit über recht gehabt: Jegliche Harmonie war nur gespielt gewesen. Enttäuschung machte sich schwer in Priyas Magen breit. Sie drückte ihre Zimmertür ins Schloss, und ihr Blick fiel auf den unfertigen Aufsatz auf ihrem Bett. Sie konnte ihn unmöglich jetzt zu Ende bringen. Dazu war sie zu niedergeschlagen. Sie brauchte ... ihre Freundinnen.

Sie zog ihr Handy hervor und startete einen Videoanruf mit Sami und Mei. Sofort fühlte sie sich besser. Das war die Lösung – genau deshalb musste Ba ihr den Armreif überhaupt erst gegeben haben: damit die Freundschaft zwischen ihr, Sami und Mei enger denn je würde und Priya verstand, dass sie nicht allein war. Wenn sie das Schmuckstück schon nicht loswurde, konnte sie es ebenso gut dafür nutzen, sich den beiden noch weiter zu öffnen. Voller Hoffnung lächelte sie auf ihr Display hinunter, während das Handy klingelte, doch ihr Lächeln verblasste, als niemand annahm. Geknickt drückte sie den roten Button, der den Anruf beendete. Da vibrierte ihr Telefon. Eine Nachricht von Sami:

Sorry, keine Zeit. Hoffe, Nachsitzen mit deiner neuen BF war super.

Und von Mei:

Kann auch nicht. Bis morgen.

Eine Woge aus Emotionen brach über Priya herein. Sie hatte gehofft, ihre Freundinnen würden sie aufmuntern. Doch nun hatten die beiden nicht einmal Emojis in ihren Nachrichten verwendet. Was, wenn sie sich nicht wieder mit ihr versöhnten? Es war so ungerecht – Priya brauchte sie! Wie konnten Sami und Mei sie einfach im Stich lassen, bloß weil sie eine neue Freundin gefunden hatte?! Ganz klar, die beiden waren eifersüchtig, weil Katie – das beliebteste und einflussreichste Mädchen des ganzen Jahrgangs – Priya mochte und nicht Sami oder Mei. Trotzdem mussten sie sich deshalb ja nicht wie kleine Kinder aufführen. Priya brauchte sie. Zum allerersten Mal, seit alle drei sich kannten, hatte sie sich dazu durchgerungen, Sami und Mei um Hilfe zu bitten, und prompt wurde sie ignoriert. Das war armselig und unreif. Tja, na schön. Dann würde sie stattdessen eben mit ihrer *neuen* Freundin reden! Ohne zu zögern, wählte sie Katies Nummer.

»Hey, was gibt's?«, meldete sich Katie. Ihr makelloses Gesicht füllte Priyas komplettes Display aus.

Priya blickte in Katies dunkle Augen, die sie mit schwarzem Eyeliner betont hatte. Sie wusste nicht, womit sie anfangen sollte. Stumm starrte sie Katie an und seufzte schließlich. »Alles.«

»Wem sagst du das?! Ich kann es kaum erwarten, dass ich endlich alt genug bin, zu tun, worauf ich Lust habe.«

»Ich auch«, rief Priya. »Ich bin alles so leid! Die Schule, meine Eltern, meine Freundinnen ... einfach alles.«

»Willkommen im Club.« Katie hob sich das Handy dichter ans Gesicht, sodass Priya die Poren auf ihrer Nasenspitze erkannte. »Hey, ich habe gerade ein neues Spiel heruntergeladen. Ich schicke dir den Link, dann können wir es zusammen spielen. Es macht total süchtig – du wirst begeistert sein. Ich spiele schon stundenlang und bin fast in Level zwei.«

Priya schielte zu ihren Hausaufgaben. *Stundenlang* zu spielen war vermutlich nicht die beste Idee. Sie hatte am nächsten Morgen eine Freistunde, in der sie den Aufsatz zu Ende schreiben konnte, doch sie musste dringend zumindest noch einen Teil vor dem Zubettgehen erledigen. Oder immerhin eine Weile die Teamchoreografie für den Wettkampf trainieren ... Da vernahm sie wieder die lauten Stimmen ihrer Mum und ihres Dads. Ihr Blick kehrte zum Display zurück und landete auf Katies erwartungsvollem Gesicht. »Dann los«, hörte sie sich selbst sagen. »Ich habe jede Menge Zeit.«

Kapitel 19

Priya drückte die Türen der Sporthalle auf und versuchte, nicht darauf zu achten, wie heftig ihr Herz schlug, als sie hineinging. Sie hätte nicht einmal sagen können, weshalb sie derart nervös war – vielleicht, weil sie zum ersten Mal Dan wiedersah, seit sie sich gegenseitig gestanden hatten, dass sie einander mochten? Oder weil sie Olaf gegenübertreten musste, nachdem sie so oft beim Training gefehlt hatte? Priya schluckte, denn in diesem Moment wandten sich Dan und Olaf gleichzeitig zu ihr um. Eventuell war beides der Grund.

Dan winkte und lächelte dabei ebenso unsicher wie Priya selbst, doch Priya kam kaum dazu, zurückzuwinken, da Olaf bereits im Stechschritt auf sie zumarschierte. Und er wirkte alles andere als erfreut.

»Schau an, wer endlich zurück ist – jetzt, da uns fast keine Zeit mehr bleibt bis zum großen Wettkampf!«

»Es tut mir so leid, Olaf«, sagte Priya. »Ich habe es dir ja gesagt – ich musste nachsitzen.«

»Das interessiert mich nicht! Leg einfach los und ... zeig mir, dass du deinen Platz im Team trotzdem noch verdienst.« Er klatschte in die Hände. »Wir fangen von vorn an, alle miteinander. Die Synchronübung mit allen. Stellt euch auf.«

Priya wurde flau im Magen. »Können wir nicht mit unseren Einzeldisziplinen beginnen?«, fragte sie hoffnungsvoll.

Olafs Augenbrauen schossen in die Höhe. »Nein, können wir nicht! Wir sind mit der Teamchoreografie im Hintertreffen – also ein bisschen flott, auf geht's!«

Priya nahm eilig ihre Position ein und holte tief Luft, während bereits die Musik aus den Lautsprechern dröhnte. Es würde schon klappen. Sie konnte das – beim Turnen hatte sie bisher alles hinbekommen. Tatsächlich wünschte sie manchmal, alle anderen Bereiche ihres Lebens wären ebenso einfach zu managen ... Sie winkte Rachael aus ihrer Ecke der Bodenturnmatte zaghaft zu und wartete auf ihren Einsatz. Als sie die richtige Musikstelle hörte, ließ sie ihren Körper tun, was er am besten konnte, und folgte mit Leib und Seele dem Rhythmus: Sie rollte und wirbelte über die Matte, zusammen mit allen anderen aus dem Team. Wie in Zeitlupe spürte Priya, wie ihr Muskelgedächtnis sie exakt dorthin beförderte, wo sie zu sein hatte. Bis sie wackelte. Kurz schoss Panik durch ihren Körper – beinahe hätte sie den Sprung verpatzt! Sie zwang sich, weiterzumachen, aber ... wieso saß Rachael bereits im Spagat? Kam nicht zuerst der Handstand? Priya schaute sich um und sah, dass alle anderen aus ihrer Reihe ebenfalls im Spagat saßen. Oh nein. Sie hatte sich beim Timing vertan. Hastig glitt sie zu Boden, doch in der Zwischenzeit hatte der Rest der Gruppe weitergeturnt. Priyas Atem ging schneller, während Angst ihr die Kehle zuschnürte: Sie hatte den nächsten Teil der Choreografie vergessen. Das war nicht gut. Sie würde so großen Ärger –

»STOPP!«, donnerte Olafs Stimme durch die Halle. »Was ist hier los?«

Niemand sagte etwas, aber Priya schlug beschämt die Augen nieder. Alles war allein ihre Schuld – und sie wusste es. Wieso hatte sie ihren Part der Übung nicht zur Musik trainiert? Dann hätte sie mit der Gruppe harmoniert, statt alles kaputtzumachen.

»Priya«, sagte Olaf, und ihr wurde noch mulmiger. »Was war das?«

»Die Choreografie, die wir beim Wettkampf turnen sollen«, antwortete sie leise und fixierte dabei ihren Armreif.

»Das war das genaue Gegenteil dessen, was wir die ganze Zeit trainiert haben«, ereiferte sich Olaf. »Dein Timing war eine einzige Katastrophe – und über die Ausführung will ich gar nicht reden. Du hast nach einem *Hocksprung* die Landung verwackelt! Das habe ich das letzte Mal bei dir erlebt, als du sechs warst!«

Priya lief scharlachrot an. Ihr war bewusst, dass das gesamte Team sie anstarrte. Doch sie weigerte sich, den Blick zu heben – es war zu demütigend.

»Mir ist klar, dass du etliche Trainingseinheiten verpasst hast«, fuhr Olaf fort. »Aber das ist einfach nicht gut genug. Ich habe dir mehr Freiraum gegeben, um dir zu helfen. Das war wohl ein Fehler. Was ist denn los in letzter Zeit?«

»Es tut mir leid«, murmelte Priya und suchte nach den besten Worten für eine ehrliche Antwort. »Es ist bloß ... Ich hatte keine Zeit, die Teamübung zu trainieren. Und ich habe letzte Nacht nicht gut geschlafen. Vielleicht lag es daran?«

»Wieso hast du nicht gut geschlafen?«

Priya kämpfte so verbissen darum, nicht mit der Wahrheit über ihre streitenden Eltern herauszuplatzen, dass sie zu spät registrierte, was ihr stattdessen aus dem Mund kam: »Ich habe bis spät in die Nacht Videospiele gespielt.«

Olaf starrte sie an. »Wie bitte?«

»Es tut mir so leid«, flüsterte Priya mit weit aufgerissenen Augen. »Es tut mir wirklich leid.«

In diesem Moment lehnte Rachael sich gegen den Sprungtisch und ein schrecklich knarzendes Geräusch hallte durch die Halle. Olaf runzelte die Stirn und bemerkte nun erst, dass alle zuhörten. »Ihr anderen – noch mal! Von vorn!« Er wandte sich an Priya und bedeutete ihr, ihm in eine Ecke zu folgen. »Hausaufgaben als Grund hätte ich verstanden«, sagte er hitzig. »Sogar Heulen aus Liebeskummer oder was auch immer ihr Teenager sonst in eurer Freizeit treibt. Aber Videospiele? Schert es dich überhaupt *im Geringsten*, was wir hier machen?«

»Natürlich!«, rief Priya. »Ich habe mein ganzes Leben lang darauf hintrainiert! Das ist meine Chance, es in den Olympia-Nachwuchskader zu schaffen!«

»Nicht, wenn du so bei den Britischen Meisterschaften auftrittst! Du hast fast alle Trainingseinheiten diese Woche versäumt, Priya.«

»Das war nicht meine Schuld! Ich musste nachsitzen.«

»Was die Strafe für etwas war, das du angestellt hast, richtig?«

Priya nickte zögernd. Objektiv betrachtet war sie tatsächlich unverschämt zu Ms Lufthausen gewesen – auch wenn sie insgeheim dem Armreif die Schuld dafür gab. Aber ein Teil von ihr machte inzwischen auch Ba verantwortlich für das ganze Drama.

»Und daheim hast du auch nicht die Zeit gefunden, deine Übungen durchzuturnen?«, fuhr Olaf fort. »Du weißt, wie wichtig das an diesem Punkt deiner Karriere ist, Priya.«

»Ich habe zu Hause geübt!«, verteidigte sich Priya. »Meine Einzelchoreografie kann ich in- und auswendig. Bloß ...« Ihre Stimme verlor sich, und Olafs Augen weiteten sich, als er begriff.

»Du hast nur deine Einzeldisziplin trainiert und nicht die Teamübung«, sagte er langsam. »Richtig?«

Priya spürte, wie ihre Wangen heiß wurden. »Ja«, gestand sie. »Aber deshalb ist mir das Team ja trotzdem egal!« Was?! Sie schlug sich eine Hand auf den Mund. Oh nein. Das durfte nicht wahr sein. Sie hatte sagen wollen, dass das Team ihr *nicht* egal war. Doch der Armreif hatte ihr ein Wort gestohlen. Dabei stimmte die Aussage so nicht einmal – oder? Ihre Einzeldisziplin war ihr wichtiger, natürlich, aber deshalb war ihr die Teamchoreografie doch nicht egal. Oder zumindest war sie ihr bis vor Kurzem nicht egal gewesen ... Und jetzt? Priya wurde flau im Magen, als ihr aufging, dass sie es nicht mit Sicherheit sagen konnte.

Olaf schüttelte enttäuscht den Kopf. »Die Teamchoreografie ist dir gleichgültig, weil du überzeugt bist, dass du ohnehin schon in deiner Einzeldisziplin Gold holst, nicht wahr? Und das genügt, um in den Olympia-Nachwuchskader zu kommen und dein Preisgeld einzustreichen. In der Teamwertung dagegen siehst du keinen Nutzen, richtig?«

Priyas Hand lag noch immer krampfhaft auf ihrem Mund, doch sie nickte wie ferngesteuert.

»Ich hatte wirklich den Eindruck, du öffnest dich ein wenig und findest endlich Freude daran, Teil des Teams zu sein«, sagte Olaf enttäuscht. »Deshalb habe ich dich für die Spitze der Pyramide ausgewählt.«

»Ich dachte, ich sollte ganz nach oben, weil ich am besten springe?«

»Dass du meine beste Turnerin bist, weißt du«, erwiderte Olaf. »Aber es geht nicht nur um Können. Auch sich im Team einzubringen, ist wichtig. Und deshalb muss ich es jetzt ehrlich wissen: Hat das Team für dich Priorität, Priya? Oder willst du lieber allein glänzen?«

»Allein«, flüsterte Priya und ließ den Kopf hängen. Ihr war vollauf bewusst, dass das nicht die Antwort war, die ihr Coach hören wollte – doch es war nun einmal die Wahrheit. Olaf hatte es auf den Punkt gebracht: Die Einzeldisziplinen brachten ihr einen Nutzen, die Teamwertung nicht. »Es tut mir leid. Ich wünsche mir trotzdem, dass auch das Team Gold holt!«

»Mag sein«, entgegnete Olaf mit betrübter Miene. »Aber deine Einstellung wird uns kaum dabei helfen, das zu erreichen. Mir tut es auch leid, Priya, aber ... dann muss ich dich aus der Teamchoreografie nehmen.«

»Was?!«, rief Priya. »Das kannst du nicht machen! Ich bin deine beste Turnerin, schon vergessen? Ich stehe ganz oben auf der Pyramide! Und du brauchst fünf Jungen und fünf

Mädchen!«, fuhr sie verzweifelt fort. »Ohne mich können die anderen die Übung gar nicht turnen!«

»Hayley kann dich ersetzen. Sie hat früher schon mit uns geturnt, und ich weiß, dass sie gern mehr mit dem Team machen würde.«

Priya verfiel ins Stottern. »Aber ... ich ... was ...«

»Zu deiner Einzeldisziplin kannst du trotzdem antreten«, meinte Olaf sanft. »Aber da unser Training bis zu den Britischen Meisterschaften sich auf die Teamchoreografie konzentrieren wird, bitte ich dich, nicht mehr hier zu erscheinen.«

»Was?!«, wiederholte Priya und starrte ihn fassungslos an.

»Tut mir leid, Priya. Deine Zukunft im Team können wir nach dem Wettkampf besprechen.«

Tränen brannten hinter Priyas Lidern. Mit feuchten Augen flehte sie: »Bitte, Olaf. Es tut mir leid.«

»Mir auch«, bekräftigte er und bedachte sie mit einem mitfühlenden Blick. »Aber meine Entscheidung steht.«

Wie betäubt saß Priya in der Umkleide. Sie war direkt nach ihrem Gespräch mit Olaf aus der Sporthalle gerannt – sie hätte es nicht ertragen, vor den anderen weinen zu müssen. Die anderen. Oh nein. Sie spähte auf das Display ihres Handys, das die Zeit anzeigte. Das Training war beinahe vorbei. Sie musste verschwinden, ehe jemand hereinkam und –

»Priya?«

Priya schnappte nach Luft, als die Tür aufging und Dan die Umkleide betrat, mit zugehaltenen Augen. »Ich gucke nicht.

225

Tut mir leid, dass ich einfach so in die Mädchenumkleide platze – ich wollte bloß mit dir reden.«

»Schon gut, ich ziehe mich nicht um«, sagte Priya. Sie trug bereits wieder ihre Schuluniform. Ihr Gymnastikanzug lag zusammengeballt ganz unten in ihrer Tasche, und dort durfte er getrost versauern.

Dan nahm vorsichtig die Hände vom Gesicht und sah sie an. »Ist alles in Ordnung?«

»Nein«, antwortete Priya, und erneut drohten die Tränen zu fließen. »Alles ist schrecklich.«

Dan setzte sich neben sie und legte ihr einen Arm um die Schultern. So elend sie sich auch fühlte: Ein winziger Teil von Priya flippte beinahe aus vor Freude. Dan berührte sie! Am liebsten hätte sie sofort Sami und Mei davon erzählt! Doch dann fiel ihr wieder ein, dass die beiden nicht mehr mit ihr redeten, und schlagartig fühlte sie sich noch elender.

»Es tut mir leid«, sagte Dan. »Der Coach hat uns gesagt, dass Hayley bei der Teamchoreografie für dich einspringt.«

Priya schniefte. »Jep. Ich darf nicht mehr mitmachen. Und er hat mich auch gebeten, bis zu den Britischen Meisterschaften nicht mehr zum Training zu kommen.«

»Was?« Nun klang Dans Stimme entrüstet. »Das ist total unfair! Nur weil du mutig genug warst, um ehrlich zuzugeben, dass du Videospiele gespielt hast? Dafür haben wir alle schon mal das Training geschwänzt, aber keiner von uns hat es je eingestanden. Ich verstehe, dass er sich ärgert – aber so sehr, dass er dich vom Training ausschließt?!« Abrupt stand er auf, und seine dunklen Augen blitzten. »Wir rebellieren.

Wir streiken – weigern uns, am Wettkampf teilzunehmen, solange er dich nicht turnen lässt! Wir holen dich wieder ins Team, das verspreche ich.«

Priya schenkte ihm ein wässriges Lächeln. »Danke. Das ist lieb gemeint. Aber du weißt genauso gut wie ich, dass Olaf seine Meinung nicht ändern wird.«

Dan runzelte die Stirn. »Ich kapiere einfach nicht, weshalb er dich deswegen bei der Teamdisziplin ersetzt. Das ergibt doch keinen Sinn!«

Priya seufzte. »Es hat nicht nur mit den Videospielen zu tun. Er glaubt ... dass das Team mir egal ist. Dass mir nur daran gelegen ist, meine Einzeldisziplin zu gewinnen.«

Dans Miene knautschte sich verwirrt zusammen. »Aber das ist absurd! Natürlich ist dir das Team nicht egal!« Er blickte sie an, erwartete eine Bestätigung – doch als sie stumm blieb, huschte der Hauch eines Zweifels über sein Gesicht. »Oder, Priya?«

Sie biss sich auf die Unterlippe, vollauf bewusst, dass ihr keine andere Wahl blieb, als ihm ehrlich zu antworten. »Olaf hat recht.«

»Was?!«

»Es ist nicht so, dass die Teamchoreografie mir *komplett* egal ist, aber sie ist mir eben nicht so wichtig wie meine Einzeldisziplin«, erläuterte sie. »Trotzdem möchte ich wirklich auch Teil unseres Teams sein. Ganz, ganz ehrlich.«

Dan lehnte sich zurück. »Aber – du selbst und deine Einzelwertung, das bedeutet dir mehr?«

»Ja«, schoss es aus Priya hinaus, ehe sie auch nur Gelegenheit hatte, über eine klügere Formulierung nachzudenken. Frustriert starrte sie auf den Armreif. »Ich meine, die Gruppe bedeutet mir viel, sehr viel sogar. Bloß ... wenn ich meine Einzeldisziplin gewinne, könnte das ein echtes Karrieresprungbrett für mich sein. All die Opfer, die meine Eltern gebracht haben, würden sich endlich auszahlen.«

»Jaaa, aber ... wir sind schon seit Jahren zusammen in diesem Team«, gab Dan zu bedenken. »Du hast mit sechs hier angefangen! Ich hätte gedacht, wir sind für dich auch wie eine Familie.«

»Wirklich?«, stutzte Priya. Sie war immer so auf ihre eigentliche Familie konzentriert gewesen, dass ihr nie in den Sinn gekommen war, ihr Turnteam als möglichen Ersatz zu betrachten.

»Natürlich. Und es überrascht mich ein bisschen, dass du das gar nicht so siehst. Ich weiß, du verbringst nicht oft nach dem Training noch Zeit mit uns oder so was. Trotzdem hätte ich dich als Teamplayerin eingeschätzt.«

Priya saß einfach nur da, stumm und hilflos. Zu gern hätte sie Dan verbessert und beteuert, dass sie eine Teamplayerin *war* – doch sie zweifelte, dass das ehrlich genug wäre, um den Segen des Armreifs zu bekommen. Und was sie nun wirklich auf keinen Fall wollte, war, dass der Reif sie zwang, hinauszuposaunen, sie sei *keine* Teamplayerin.

Dan schüttelte den Kopf. »Vielleicht ... lassen wir das mit dem Milchshake lieber sein. Bis zu den Britischen Meisterschaften habe ich mit dem Training jede Menge um die Ohren. Der Coach meint, wir sollen ein paar Zusatzstunden ein-

228

legen, damit Hayley auf unseren Stand kommt. Was bedeutet, dass mir *noch weniger* Freizeit bleibt.«

Priyas Miene wurde lang. Ihr war klar, dass alles allein ihre Schuld war. »Es tut mir so leid. Wir können uns ja eventuell stattdessen für nach den Britischen Meisterschaften verabreden? Um gemeinsam zu feiern?«

Dan trat unbehaglich von einem Fuß auf den anderen. »Hmm, eventuell, jaaa. Ich bin bloß ... Ich bin mir nicht mehr ganz sicher, ob wir tatsächlich so viele Gemeinsamkeiten haben, wie ich dachte.«

»Wie meinst du das?!«

»Teil eines Teams zu sein ist mir wirklich wichtig«, sagte Dan. »Mir liegt sehr viel daran. Und ... dir nicht. Das hast du mir ja gerade selbst gesagt.«

»Aber ...« Verzweifelt rang Priya darum, den Schaden wiedergutzumachen. »Mir ist es auch wichtig! Ich wünsche mir nach wie vor, dass ihr alle gewinnt!«

»Das wird wohl kaum passieren, jetzt, da wir in ganz neuer Besetzung trainieren müssen«, sagte Dan. »Und das so kurz vor dem Wettkampf.« Er wandte sich zur Tür. »Ich gehe besser. Tut mir leid, Priya. Viel Glück bei deinem Training. Wir ... sehen uns bei den Britischen Meisterschaften.«

Dan eilte aus der Umkleide. Kaum war die Tür hinter ihm zugefallen, brach Priya laut in Tränen aus. Sie konnte nicht glauben, was soeben geschehen war. Dan wollte sich nicht mehr mit ihr treffen. Weil sie ein furchtbarer Mensch war – eine Egoistin. Ihr Coach dachte das und Dan offenbar auch. Priyas Herz hämmerte. Sie bekam keine Luft mehr. Sie musste raus aus dieser Umkleide, ehe noch jemand hereinplatzte. Priya schnappte sich ihre Tasche und rannte in den Flur. Geradewegs in Rachael hinein.

»Priya! Alles okay?«

»Nein!«

»Möchtest du darüber reden?«, fragte Rachael. Ihre Augen waren groß und voller Mitgefühl. »Ist es wegen der Sache mit Olaf? Ich hatte vorhin versucht, ihn abzulenken, damit er aufhört, dich anzuschreien.«

»Das war Absicht?« Priya schluckte. »Danke. Es ist bloß – alles ist so schrecklich.«

»Kopf hoch ... Ich wette, es ist halb so wild.«

»Ich darf nicht mehr zum Training kommen, und Dan will sich nicht mehr mit mir verabreden.«

Rachaels Augen wurden noch größer. »Okay, das ist ziemlich übel. Ich wusste nicht mal, dass du mit Dan zusammen bist! Komm, wir setzen uns hin, und du erzählst mir alles.«

In diesem Moment spürte Priya das Vibrieren ihres Handys. Voller Erleichterung zog sie es rasch hervor – gewiss waren es Sami und Mei, die endlich auf das SOS reagierten, das sie ihnen geschickt hatte, während sie allein in der Umkleide gehockt hatte. Dem Himmel sei Dank. Priya brauchte die beiden so dringend. Doch die Anruferin war weder Sami noch Mei. Keine der zwei hatte ihr auch nur geschrieben. Es war Katie.

»Musst du rangehen?«, fragte Rachael. »Ich kann warten, wenn du willst – dann reden wir anschließend? Und holen uns auf dem Weg zur Schule zusammen Frühstück?«

Völlig durcheinander schaute Priya hoch. »Tut mir leid. Ähm, ja. Ich denke, ich muss rangehen.« Priya warf Rachael ein entschuldigendes Lächeln zu. »Danke für deine Hilfe.« Sie griff wieder nach ihrer Tasche und wandte sich ab, drückte dabei den Annahme-Button. »Katie. Ich habe gerade den schlimmsten Tag *aller Zeiten*.«

Kapitel 20

Lachend betrat Priya an Katies Seite die Schule. Sie nahm einen Schluck von ihrem Vanilla Latte, verdrehte die Augen zur Decke und ließ in übertriebener Dankbarkeit die Lider flattern. »Mir geht es schon so viel besser. Woher wusstest du, dass das genau das war, was ich gebraucht habe?«

»Ich kann Gedanken lesen«, meinte Katie, trank ihren eigenen Latte aus und warf den Becher in den nächstbesten Mülleimer. »Und ich starte immer mit einem Latte in den Tag, also habe ich mir gedacht: Wieso holen wir dir nicht auch einen? Vor allem nach dem, was du mir vorher erzählt hattest.«

»Du bist die Beste«, verkündete Priya. Dann zögerte sie und biss sich auf die Unterlippe. »Kann ich dich etwas fragen, das ich schon eine ganze Weile fragen wollte?«

»Schieß los. Solange es nichts Schräges ist – zum Beispiel, ob ich dir bei Kussübungen mit deinem Kissen helfe oder so.«

»Nein danke. Mein Kissen kann ich allein küssen. Also, nicht dass ich ... Okay ... Egal. Ich wollte bloß wissen ... Wieso verbringst du so viel Zeit mit mir? Normalerweise bist du doch ständig mit Angela zusammen.«

»Haargenau«, erwiderte Katie. »Sie ödet mich an.« Dann blickte sie auf ihre klobigen Stiefel hinunter und schob hinterher: »Außerdem ... ist sie im Moment ziemlich beschäftigt. Sie muss zu den Proben für *Hamilton*, und sie hat es Anfang des Semesters ins Lacrosse-Team geschafft, deshalb muss sie andauernd trainieren, sogar am Wochenende. Sie hat kaum noch frei.«

»Das klingt wie bei mir mit dem Turnen«, murmelte Priya betrübt. »Na ja, zumindest bis heute Morgen.«

Katie zuckte mit den Schultern. »Deren Pech. Und Dans auch. Was glaubt er denn, wer er ist – dir Vorwürfe zu machen, weil deine Karriere für dich an erster Stelle steht? Dein Leben, deine Wahl.«

»Ja!« Priya nickte und fühlte sich bestätigt. »Du hast recht. Ich werde in meiner Einzeldisziplin Gold holen und dann in den Olympia-Nachwuchskader kommen. Ich *brauche* dieses Team überhaupt nicht mehr.«

»Definitiv«, sagte Katie. »Und vielleicht –«

In diesem Moment erspähte Priya Sami und Mei am Ende des Flurs. Sie schnappte nach Luft und wandte sich schnell zu Katie um. »Tut mir leid, ich muss los.«

Sie hastete hinüber zu ihren Freundinnen und platzte erleichtert heraus: »Endlich! Ich versuche schon seit Ewigkeiten, euch zwei zu erreichen! Ich muss euch so viel erzählen. Wo wart ihr denn? Können wir reden? Bitte.«

Sami musterte sie von oben bis unten, registrierte den Kaffeebecher und Katie, die abwartend bei den Schließfächern stand. Übertrieben langsam schüttelte sie den Kopf.

Priya drehte sich zu Mei, musste jedoch feststellen, dass Mei sich abgewandt hatte und hoch konzentriert auf das Schwarze Brett starrte. Priya mühte sich, ihren Blick aufzufangen, doch Mei hielt stur ihr Gesicht in die andere Richtung und begutachtete jetzt die Vitrine mit Sedimentgestein.

»Was ist denn los?«, fragte Priya. »Schaust du mich jetzt nicht mal mehr an? Nur weil ich heute Abend nicht zur Übernachtungsparty komme?«

»Übernachtungsparty?!«, wiederholte Sami fassungslos. »Die ist wohl dein GERINGSTES Problem! Ich meine, angeblich sind wir ja deine besten Freundinnen, aber dann versetzt du uns nicht nur für jemanden, der dich jahrelang gemobbt hat – ja, Katie«, rief sie mit erhobener Stimme den Flur hinunter, »über DICH rede ich!« Wütend wandte sich Sami wieder an Priya. »Sondern tust auch noch das Einzige, was wir nie, nie, niemals von dir erwartet hätten: Du brichst den ultimativen Kodex der Musketiere und verrätst unsere Geheimnisse!«

Priya spürte, wie sich ein Loch in ihrem Magen auftat. Das konnte doch gewiss nicht bedeuten ... Sie spähte zu Katie, die trotzig die Arme verschränkt hatte. Mei weigerte sich noch immer, Priya anzusehen. »Aber ... Was meinst du damit?«, fragte sie mit brüchiger Stimme.

»Du weißt genau, was sie meint!« Endlich wirbelte Mei herum. Ihre Augen waren rot – zweifellos vom Weinen.

»Mei, ist alles in Ordnung?«, rief Priya. »Was ist denn passiert?«

»Als würde dich das scheren«, gab Mei zurück. »Du bist schließlich ganz allein schuld an allem.« Und schon brach sie wieder in Tränen aus.

Sami legte schützend einen Arm um Mei und blitzte Priya wütend an. »Siehst du? Du *bist* ganz allein schuld an allem«, sagte sie. »Ich dachte, es sei schon schlimm genug, dass du in letzter Zeit so egozentrisch geworden bist, nur noch über dich redest und nie fragst, wie es uns so geht. Ich meine, Mei hatte ihr *Coming-out* uns gegenüber – und hast du dich etwa je dafür interessiert, wie es im LGBTQ+-Club läuft? Und wann hast du dich zuletzt nach meinen Proben für *Hamilton* erkundigt? Von den Vorbereitungen für meine BM ganz zu schweigen! Es ist kein Klacks, einen Riesenabschnitt der Thora auswendig zu lernen, Priya!«

Priya schlug beschämt die Augen nieder, als ihr bewusst wurde, dass Sami recht hatte. Seit Wochen hatte sie nicht mehr wirklich Anteil am Leben ihrer Freundinnen genommen – doch das hatte nichts damit zu tun, dass es sie nicht kümmerte! Sie hatte lediglich selbst so viel um die Ohren. Und das war ja wohl *nicht* ihre Schuld. Sondern die des Armreifs. Heiße Wut wallte in ihr auf. Wieso sollte sie sich für alles verantwortlich machen lassen, wo sie doch buchstäblich in einem Wahrheitsfluch feststeckte?! »Das ist nicht fair!«, rief sie. »Ich hatte jede Menge zu tun. Ihr zwei wisst *genau*, was los ist.«

»Jaaa, wissen wir«, entgegnete Sami hitzig. »Los ist, dass du *ihr* alles erzählt hast.« Sie ruckte heftig mit dem Kopf zu Katie, die die Szene immer noch mit spöttischer Miene aus der Ferne verfolgte. »Unsere Geheimnisse. Und darum hat Angela mich bei den Proben gefragt, wie es meiner Püppi geht, und mich mitten in meinem Rap-Solo total bloßgestellt. Und ...«

Sami warf einen mitfühlenden Blick zu Mei. »Und deshalb ist Sarah P. gestern Nachmittag beim Treffen des LGBTQ+-Clubs aufgetaucht, um Mei zu sagen, dass es ihr leidtut, aber sie steht nicht auf Mädchen. Obwohl Mei ihr *niemals ihre Gefühle gestanden hatte*. Sarah wusste es nur wegen *dir* und wegen *ihr*.« Zornig stieß Sami ihren Finger erst Priya vor die Brust und dann in Katies Richtung.

Priya klappte vor Entsetzen der Mund auf. Das durfte nicht wahr sein. Das war schlimmer als alles, was sie sich je hätte ausmalen können. Die arme Mei – wie schrecklich, dass Sarah P. so von ihrer Schwärmerei erfahren und sie konfrontiert hatte, nur um ihr einen Korb zu geben. Gewiss hätte Mei sich am liebsten in Luft aufgelöst. Aber Priya hatte das schließlich nicht mit Absicht heraufbeschworen. Der Armreif hatte sie dazu getrieben, es Katie zu verraten, und sie hatte Katie immerhin inständig gebeten, das Geheimnis für sich zu behalten! Katie war diejenige, die ihr Wort gebrochen und sie hintergangen hatte.

Priya wirbelte auf dem Absatz herum und herrschte Katie erbost an: »Ist das wahr? Hast du allen die Geheimnisse der beiden verraten? Nachdem du explizit versprochen hattest, es nicht zu tun?«

»Ich habe es bloß Angela erzählt. Das ist keine so große Sache.«

»Ist es sehr wohl!«, widersprach Priya. »Du hattest es *versprochen*.«

»Genau wie du«, gab Katie ungerührt zurück. »Das ist exakt das Gleiche. Ich habe es Angela ja nicht mit Absicht erzählt –

es ist mir rausgerutscht, als ich gelangweilt war. Sie war es, die dann losgelaufen ist und es Sarah P. weitergetratscht hat.«

»Schieb jetzt nicht alles auf Angela – du bist schuld«, brüllte Priya. »Du hast alles kaputtgemacht!«

Katie starrte Priya an und schüttelte den Kopf. »Wie du meinst. Ich habe keine Zeit für so kindisches Verhalten. Nach allem, was ich für dich getan habe – ernsthaft!« Sie schüttelte noch einmal den Kopf und stolzierte davon. Priya hörte ihre stampfenden Schritte den gesamten Flur entlang.

Verzweifelt fuhr sie wieder zu Sami und Mei herum. »Ihr müsst mir glauben. Bitte. Ich wollte das nicht – es war Katie.«

Mei schnaubte. »Willst du mich verarschen, Priya? *Du* warst es. Du bist diejenige, die Dinge weitergegeben hat, die du niemals hättest weitergeben dürfen.«

»Aber ...« Priya schaute sich rasch um, um sicherzugehen, dass sonst niemand auf dem Gang war. »Der Armreif! Ihr wisst genau, dass ich mich nicht dagegen wehren kann, wenn jemand mir eine Frage stellt!«

»Hast du es überhaupt versucht?«, hakte Mei nach.

»Hast du?!«, bohrte auch Sami wütend. »Mei – die arme, liebe, durch und durch gute Mei, die Stunden damit zugebracht hat, auszutüfteln, wie sie dir helfen kann – hat einen Weg gefunden, den Reif zu kontrollieren. Und hast du das, was sie dir beigebracht hat, angewandt – hast du versucht zu sagen: ›Das ist nicht meine Angelegenheit, es steht mir nicht zu, darüber zu reden‹? Oder hast du dich bemüht, das Thema zu wechseln? Hast du auch nur *irgendetwas* unternommen, das hätte bewirken können, dass du nicht unsere tiefsten, dunkelsten Geheimnisse gegenüber der fiesesten Mobberin der Schule ausplauderst?«

Priya starrte zu Boden. Sami und Mei hatten recht, alle beide. Sie hatte sich keinerlei Mühe gegeben, dem Armreif ein Schnippchen zu schlagen. Wenn sie ehrlich war, hatte sie sogar Details über ihre Freundinnen verraten, zu deren Enthüllung der Reif sie überhaupt nicht gedrängt hatte. Zum Beispiel hatte Katie niemals nach Samis Puppe gefragt – Priya hatte trotzdem nur zu bereitwillig von sich aus davon erzählt! Und der Armreif hatte sie zwar dazu getrieben, zu offenbaren, dass Mei Sarah P. mochte – doch Priya hatte sich derart mitreißen lassen von ihrer Begeisterung über Katies plötzliches Interesse daran, mit ihr befreundet zu sein, dass sie sich in keiner Weise angestrengt hatte, die Wahrheit zu kontrollieren. Sie hatte einfach achtlos alles ausgeplappert. »Nein«, flüsterte sie und schloss die Augen, als die Ungeheuerlichkeit dessen, was sie getan hatte, ihr endlich klar wurde. »Es tut mir leid.«

Wieder wurden Meis Augen feucht. »Ich fasse es nicht, Priya. Ich habe dir *vertraut*.«

»Bitte, du darfst mich jetzt nicht hassen«, flehte Priya. »Ihr zwei seid meine besten Freundinnen. Ich wollte euch niemals wehtun. Und, ich meine, vielleicht hat es ja auch etwas Gutes? Dass Sarah P. nun Bescheid weiß?«

»Ob sie Bescheid wissen soll oder nicht, wäre meine Entscheidung gewesen, nicht deine«, erwiderte Mei.

»Und vielleicht sind wir gar nicht mehr deine besten Freundinnen«, fauchte Sami. »Deine beste Freundin ist inzwischen ja offensichtlich Katie.«

»Ist sie nicht!« Priyas Blick flog panisch zwischen den beiden hin und her. »Bitte. Ich brauche euch. Ohne euch schaffe ich es nicht. Alles ... Alles ist schiefgegangen. Olaf hat mich aus der Teamdisziplin ausgeschlossen, und Dan will sich nicht mehr mit mir treffen.«

»Was?« Meis Augen wurden groß. Priya spürte ein Hoffnungsflackern – in Meis Blick lag noch immer Mitgefühl.

»Wieso, hast du sie auch verraten, indem du ihre Geheimnisse ausposaunt hast?«, fragte Sami, deren Augen jegliches Mitgefühl vermissen ließen. »Ich wette, was auch immer passiert ist: Du hast es verdient. Vielleicht Karma, weil du unsere Geheimnisse weitergetratscht hast.«

»Es war alles nur wegen des Armreifs«, beharrte Priya frustriert. Sie versuchte, ihn sich vom Handgelenk zu reißen, doch natürlich hielt er noch immer bombenfest. Priya verzog das Gesicht, als er schmerzhaft über ihre Haut schürfte. »Ich wünschte einfach, alles wäre wieder wie früher.«

»Dafür ist es zu spät«, sagte Mei. »Viel zu spät.«

»Genau«, bekräftigte Sami. »Und zu meiner Bat-Mizwa brauchst du auch nicht zu kommen. Du bist hiermit ausgeladen.«

»Aber jetzt habe ich Zeit!«, rief Priya. »Vormittags zumindest!« Dann wurde ihr schlagartig klar, was sie gesagt hatte, und sie ruderte hastig zurück. »Ich meine, ich ... ich würde gern kommen. Bitte.«

Samis Mund klappte langsam auf, während der Groschen bei ihr fiel. »Du hattest keine Zeit. Oh mein Gott. Von Anfang an. Turnen – deswegen, nicht wahr? Du hattest einen

Wettkampf, stimmt's? Aber jetzt, da sie dich aus dem Team geschmissen haben, hast du *vormittags* Zeit. Wo doch jeder weiß, dass der Anfang einer BM am langweiligsten ist und es eigentlich nur um die Party am Nachmittag geht!« Sie wischte sich rabiat über die Augen und gab Priya keine Chance, einzuhaken. »Ich *glaube* es einfach nicht! Du willst meine beste Freundin sein, und dabei hast du mich die ganze Zeit über *angelogen*? Sogar mit dem Armreif am Handgelenk?!«

»Es tut mir so leid«, murmelte Priya zum gefühlt einhundertsten Mal an diesem Morgen. »Ich hatte einfach keine Ahnung, was ich machen sollte. Da war der Wettkampf – es ist ja nicht so, dass ich keine *Lust* gehabt hätte, zu kommen! Ich sollte vormittags bei der Teamdisziplin mit antreten, aber Olaf hat mich dafür jetzt ersetzt. Und nachmittags steht meine Einzelwertung an. Das ist meine Chance, in den –«

»Olympia-Nachwuchskader zu kommen«, beendeten Sami und Mei gemeinsam den Satz.

»Schon klar.« Sami spuckte ihr die Worte unter Tränen entgegen. »Nur dafür interessierst du dich – und für uns kein bisschen.«

»Du hättest uns die Wahrheit sagen können«, meinte Mei leise. »Du bist nie wirklich ehrlich zu uns gewesen, oder, Priya? Mag sein, dass der Armreif dich dazu gebracht hat, uns das eine oder andere anzuvertrauen, aber du warst nie wirklich offen zu uns, wie wir es dir gegenüber waren.«

»Das stimmt nicht«, rief Priya. »Das war ich! Das bin ich!« Sie wandte sich direkt an Sami, die vor Wut bebte. »Bitte. Verzeih mir. Es tut mir so leid.«

»Und das Schlimmste ist«, brachte Sami mit zugeschnürter Kehle hervor, »du hast es geschafft, den Reif auszutricksen, als es darum ging, dein eigenes Geheimnis zu bewahren – dass du es nicht zu meiner Bat-Mizwa schaffen würdest. Aber als es darum ging, unsere Geheimnisse vor Katie auszubreiten, hast du nicht mal versucht, einen Ausweg zu finden.«

»Aber ... Ich ... So war es nicht«, flüsterte Priya. »Bitte.«

»Komm, wir gehen«, sagte Mei. Sie hakte sich bei Sami unter, und die beiden marschierten laut schluchzend davon.

Priya stand da und sah ihnen bestürzt nach. Sie spürte, wie auch ihr Tränen in die Augen stiegen, bis sie ebenso laut weinte – zum zweiten Mal an diesem Tag. Im Gegensatz zu Sami und Mei hatte sie allerdings absolut niemanden, der sie hätte in den Arm nehmen können.

Kapitel 21

Die Schulglocke läutete und verkündete damit für die meisten Schülerinnen das Ende des Schultags – und für Priya den Beginn einer Stunde Nachsitzen. Trotz allem, was geschehen war, musste sie nun Zeit allein mit Katie im Matheklassenraum verbringen! Priya hätte nicht einmal sagen können, wie sie den bisherigen Tag überstanden hatte. Kein einziges Wort hatten Sami und Mei mehr mit ihr gesprochen. In Französisch und Englisch hatten die beiden sich andere Plätze gesucht, sodass Priya keine Möglichkeit gehabt hatte, sich zu ihnen zu setzen. Das hatte Priya verletzt, aber nicht überrascht. Wieso sollten sie auch neben ihr sitzen wollen nach dem, was sie getan hatte? Sie hatte versucht, sich einfach auf den Unterricht zu konzentrieren – nun, da ihre Turnkarriere, ihre Freundschaften und ihr Liebesleben allesamt in Trümmern lagen, war die Schule das Einzige in ihrem Leben, was noch rundzulaufen schien. Doch dann hatte Ms Carlyle die Aufsätze zu *Jane Eyre* eingesammelt, und Priya war klar geworden, dass sie ihren nie fertig geschrieben hatte … Sie war lange aufgeblieben und hatte dumme Videospiele mit der elenden Verräterin Katie Wong gespielt, und am Morgen war sie wegen des ganzen Dramas zu abgelenkt gewesen, um sich noch um den Aufsatz zu kümmern. Zur Strafe hatte Ms Carlyle ihr eine schlechte Note eingetragen. Für jede normale Schülerin wäre das keine große Sache gewesen – aber für Priya, die ausnahmslos Bestnoten schrieb, worauf ihre Eltern enorm stolz waren, war es ein weiteres Versagen, das sie zu ihrer immer länger werdenden Liste hinzufügen konnte.

Nun stand sie vor dem Matheraum und kratzte allen Mut zusammen, um hineinzugehen. Sie hatte keinen blassen Schimmer, was sie zu Katie sagen sollte. Zwar war sie unfassbar wütend – doch besaß sie wirklich genügend Rückgrat, um sich gegenüber dem einzigen Mädchen in ihrem Jahrgang zu behaupten, das schon mit zwei Jungen zusammen gewesen war und Geburtstag im Nachtclub feierte?

»Beweg dich.« Priya schaute hoch – und vor ihr stand Katie. Sie hatte grünen Eyeliner aufgetragen, mit dem sie hübscher und zugleich furchteinflößender denn je aussah. Wie hatte Priya sich bloß jemals einbilden können, sie könnten Freundinnen werden? Katie war das beängstigendste Mädchen überhaupt, und in diesem Moment blitzte sie Priya durchdringend an. »Ich komme nicht rein, wenn du nicht endlich Platz machst, und wenn ich nicht reinkomme, kann es nicht losgehen mit meiner Stunde Ruhe und Entspannung. Also ... beweg dich.«

Priya trat wortlos zur Seite. Katie stieß die Tür auf und marschierte geradewegs zu ihrem gewohnten Platz, wo sie direkt eine Dose Cola light öffnete. Sie streifte ihre Stiefel ab, überkreuzte die Beine und bedachte Priya, die ihr ins Zimmer gefolgt, allerdings in einer Ecke stehen geblieben war, mit einer hochgezogenen Augenbraue.

»Verstehe, du hast dich fürs vorwurfsvolle Anschweigen entschieden«, meinte Katie. »Das passt mir perfekt. Da kann ich meine Ohrhörer einstöpseln, und wir ignorieren einander einfach wieder, wie früher.«

»Außer, du willst einen Aufsatz von mir«, gab Priya zurück. Ihre Wut kochte wieder hoch. »Oder dich über mich lustig machen, wie früher. Dann wirst du mich wohl kaum ignorieren können, fürchte ich.«

»Oh, schau an, es spricht.«

»Ich hätte dir niemals vertrauen sollen.« Priya schüttelte verbittert den Kopf. »Die anderen hatten von Anfang an recht. Du bist eine Mobberin *und* eine Lügnerin. Du hast mich bloß benutzt, um an Informationen zu kommen, weil du Klatsch und Drama liebst. Das hast du mir sogar ins Gesicht gesagt – wieso um alles in der Welt habe ich dir nicht einfach *zugehört*? Dann wäre nichts von alldem je passiert.«

»Weil du genauso viel Spaß an dem ganzen Klatsch und Drama hattest«, entgegnete Katie. Ihre Stimme schnitt förmlich durch die spannungsgeladene Luft. »Du hast die Aufmerksamkeit genossen. Nicht wahr?«

»Schön, teilweise vielleicht schon«, gestand Priya ein und wand sich innerlich, während der Armreif ihr die Wahrheit entlockte. »Aber ich würde niemals jemanden absichtlich so verletzen, wie du es getan hast!«

Katie zog erneut eine Augenbraue hoch. »Genau das hast du getan. Du hast mir gegenüber völlig aus freien Stücken die Geheimnisse deiner kleinen Freundinnen ausgeplaudert – ich habe dich in keiner Weise dazu gezwungen.«

Priya stieß frustriert die Luft aus und wünschte, sie könnte Katie sagen, dass nur der Armreif sie dazu getrieben hatte. Stattdessen fauchte sie: »Wieso *bist* du so?! Ist dein Leben wirklich so ein Elend, dass du es allen anderen genauso zur Hölle machen musst?«

»Mag sein. Und was willst du dagegen unternehmen?«

Priya schnaubte. »Aha – du hast es also so schwer als das hübscheste, reichste Mädchen des ganzen Jahrgangs.«

»Als ob du das verstehen würdest«, gab Katie zurück und musterte Priya mit kaltem Blick von oben bis unten. »Wie auch?«

»Weil ich weder hübsch noch reich bin?«

»Weil du noch nie im Leben etwas Schwieriges durchmachen musstest«, verbesserte Katie und kreuzte die Arme vor der Brust. »Das größte Problem, das du je hattest, war Streit mit deinen Freundinnen.«

Priya klappte der Mund auf. »Soll das ein Witz sein? Mein Leben ist ein einziges Chaos! Ich habe alles gegeben für meine Turnkarriere, aber jetzt will mein Coach mich nicht mehr im Training sehen. Meine Eltern sind schon stinksauer auf mich, weil ich mir eine Woche Nachsitzen eingehandelt habe, und jetzt muss ich ihnen auch noch beichten, dass ich nicht mehr ins Training darf – sie werden mich *umbringen*. Ganz zu schweigen davon, dass ich alles in den Sand gesetzt habe mit dem Jungen, in den ich schon ewig verknallt bin. Und, am allerschlimmsten: Meine allerbesten Freundinnen auf der ganzen Welt reden kein Wort mehr mit mir.«

»Jep – und all das hat sich erst in den letzten vierundzwanzig Stunden ergeben«, hielt Katie dagegen. »Ein kleiner, vorübergehender Schönheitsfehler in deinem Bilderbuchleben. Bis zum Wochenende ist wahrscheinlich alles wieder vergessen.«

»Ganz sicher nicht«, sagte Priya bitter. »Du weißt ja nicht mal die Hälfte.«

»Klar«, meinte Katie. »Weil davon abgesehen auch alles ganz furchtbar für dich ist, nicht wahr? Zu Hause zum Beispiel?«

Priya erkannte, dass sie nun eine Chance hatte, den Wahrheitsfluch des Armreifs zu lenken – sie spürte, wie die Worte in ihrem Hals aufstiegen, und solange sie nur ruhig atmete, würde sie gewiss einen Weg finden, sie so zu ordnen, dass sie nicht zu viel preisgab. Doch in diesem Moment *scherte* sie sich überhaupt nicht darum, irgendetwas zu kontrollieren. Wozu auch? Katie hatte ihr schon ihre besten Freundinnen genommen. Priya hatte nichts mehr zu verlieren.

»Zu Hause ist es seit Jahren furchtbar«, sagte sie ausdruckslos und ließ sich auf den nächsten Stuhl fallen. »Meine Eltern streiten die ganze Zeit, weigern sich aber, die Scheidung einzureichen. Meine kleine Schwester hat ADHS und zerstört versehentlich alles Schöne, was ich besitze. Ich verstehe schon, dass es nicht wirklich ihre Schuld ist, aber manchmal ist das trotzdem einfach nur Mist. Wir haben ernste Geldsorgen, und ich fühle mich schuldig, weil mein teures Turntraining die Sache nur verschlimmert. Ich schlafe schlecht, weil ich immerzu so gestresst bin. Ich *muss* buchstäblich meine Wettkämpfe gewinnen, damit wir das Preisgeld bekommen, aber deshalb bin ich die Hälfte der Zeit zu müde, um auch nur meine Hausaufgaben zu machen, und zeitweise musste ich zusätzlich sogar noch deine erledigen. Und ... ich vermisse meine Grandma. Sie ist letztes Jahr gestorben.«

Katie wirkte baff. Eine kurze Pause entstand. Dann hob sie schon wieder eine Augenbraue. »Ich glaube, so viel habe ich dich noch nie am Stück reden gehört.«

»Tja, bitte sehr, jetzt weißt du Bescheid«, gab Priya zurück. »Mein Leben ist ganz offiziell beschissen. Versuch mal, das zu toppen.«

Katie zuckte mit den Schultern. »Gut. Mein Dad hat meine Mum und mich vor ein paar Monaten sitzengelassen, ohne sich auch nur zu verabschieden. Das war die Hölle, aber was noch schlimmer ist: Meine Mum ist bis heute nicht darüber hinweg. Sondern total depressiv. Oft duscht sie nicht mal oder steht gar nicht erst auf. Sie gibt mir einfach ihre Kreditkarten und sagt, ich solle kaufen, was immer mir gefällt. Ich kann mich nicht mal mehr erinnern, wann wir zuletzt etwas Selbstgekochtes gegessen haben. Wir bestellen – entschuldige, *ich* bestelle – jeden Abend Pizza oder irgendwas.«

Nun war es Priya, die Katie sprachlos anstarrte. Katie Wong – das Mädchen mit dem perfektesten Leben, das man sich nur vorstellen konnte – zog nur eine Show ab? »Um Himmels willen«, hauchte Priya. »Das ist ... unglaublich. Das klingt fürchterlich, Katie. Es tut mir leid. Ich hatte ja keine Ahnung ...«

»Dir muss nichts leidtun«, entgegnete Katie. »Auf dein Mitleid kann ich verzichten.«

»Ich bemitleide dich nicht!«, sagte Priya. »Ich bin nur … Ich weiß, wie es sich anfühlt, eine Lüge zu leben.« Sie fixierte den Vinylboden. »Hast du seither etwas von deinem Dad gehört?«

»Er versucht in letzter Zeit immer mal, mich anzurufen, aber dass ich noch mal mit ihm rede, nachdem er uns so im Stich gelassen hat, kann er *vergessen*«, ereiferte sich Katie und schnippte unsichtbaren Dreck unter ihren Fingernägeln hervor. »Vor allem, weil ich seiner Facebookseite zufolge bald ein neues Halbgeschwisterchen bekomme. Yay!«

Priyas Kinnlade sackte erneut nach unten. »Dein Dad bekommt noch ein Baby?«

»Voilà, da hast du es: Das ist der Beweis, dass mein Leben noch erbärmlicher ist als deins.«

»Das klingt wirklich schlimm«, gab Priya zu. Völlig unerwartet verstand sie auf einmal haargenau, wieso Katie das Nachsitzen so genoss – es klang um Welten besser als die Einsamkeit, die sie zu Hause erwartete. Wenn Priya es sich recht überlegte, ergaben eine Menge Dinge nun mehr Sinn. Etwa, dass Katie derart zynisch war. Und dass das Mobbing einige Monate zuvor begonnen hatte – wohl etwa zu der Zeit, als Katies Dad die Familie verlassen hatte. »Hängt das mit den Mathehausaufgaben irgendwie damit zusammen?«, fragte Priya behutsam.

Nach einer langen Pause nickte Katie. »Früher hat mir mein Dad mit Mathe geholfen. Wir haben die Aufgaben immer zusammen gemacht. Aber dann war er weg. Von daher … Jep. Keine Mathenachhilfe mehr.«

Priya nahm ihre Worte stumm in sich auf. Das alles entschuldigte Katies Verhalten nicht, doch die Erkenntnis, dass es einen *Grund* gab, aus dem Katie angefangen hatte, sie zur Erledigung ihrer Hausaufgaben zu nötigen, besänftigte Priya ein wenig. Sie schüttelte den Kopf und wandte sich wieder an Katie. »Gibt es ... denn irgendjemanden, der euch helfen könnte? Also, jemanden aus der Verwandtschaft oder ...?«

Katie lachte freudlos. »Wir sind chinesisch. Glaubst du ernsthaft, meine Mum hat irgendwem davon erzählt? Mir hat sie auch den Mund verboten. Vermutlich hätte ich es dir auch nicht verraten sollen, aber egal – du bist schließlich niemand.«

»In meiner Familie ist es ähnlich«, sagte Priya und ignorierte dabei bewusst Katies Stichelei. »Wir müssen alles geheim halten, weil meine Eltern panische Angst davor haben, dass jemand aus der Gemeinde – was auch immer damit überhaupt gemeint ist – schlecht von ihnen denken könnte. Ihr Lieblingsmotto lautet *Wasch deine –*«

»*... schmutzige Wäsche nicht in der Öffentlichkeit*«, vollendete Katie den Satz. »Guck nicht so überrascht, so halten es alle Asiaten. Seelische Gesundheit ist ein Tabuthema. Scheidung ist ein Tabuthema. *Alles* ist ein Tabuthema.«

»Das sagt Mei auch ...« Ein Stich fuhr Priya in die Brust, und sie schlug die Augen nieder und betrachtete die Tischplatte. Schon jetzt vermisste sie Mei so sehr.

»Tja, es stimmt.« Katie kramte einen Kugelschreiber hervor und fing an, auf den Tisch zu kritzeln. »Aber egal. In fünf Jahren bin ich hier weg. Dann kann ich diesen ganzen Mist endlich hinter mir lassen und Kunst studieren. Irgendwo weit weg.«

»Aber fünf Jahre sind ziemlich lang«, merkte Priya an. »Du kannst ja nicht bis dahin deine Zeit beim Nachsitzen totschlagen.«

»Und wieso nicht?«

»Weil du Unterstützung brauchst! Und Hilfe! Weiß Angela Bescheid?«

Katie funkelte sie böse an. »Nein – und das wird auch so bleiben. Nicht wahr?«

Eine Sekunde lang sah Priya sich vor ihrem geistigen Auge schon Rache an Katie nehmen, indem sie der ganzen Schule erzählte, was wirklich bei ihr los war. Doch dann überrollte sie eine Welle der Scham. Das konnte sie Katie nicht antun. »Ja«, erwiderte sie schließlich. »Aber wieso kannst du es ihr nicht anvertrauen? Sie ist doch angeblich deine beste Freundin.«

»Exakt. Wenn sie spitzkriegt, was mein Leben für ein Murks ist, wird sie mich genauso anschauen wie du jetzt – als wäre ich eine wandelnde Tragödie. Ich will nicht, dass jemand Bescheid weiß. Das geht nur mich etwas an.«

Priya nickte langsam. Früher hatte sie ebenso empfunden. »Das verstehe ich, aber mit seinen Freunden zu reden hilft wirklich. Allein schon, weil man sich nicht mehr so einsam fühlt.«

»Danke, aber nein danke. Mir geht es bestens.«

»Wirklich?«

»Ja«, fauchte Katie. »Ich bin schließlich nicht diejenige, die gerade ihren Freund, ihre besten Freundinnen und ihr Turnteam verloren hat. Du solltest dich darauf konzentrieren, dein eigenes Leben ins Lot zu bringen – nicht meins.«

Priyas Schultern sackten nach unten, als die Wirklichkeit sie wieder einholte. Irgendwie hatte sie es tatsächlich geschafft, alles zu ruinieren. Wie konnte sie Katie Ratschläge erteilen? Wahrheiten auszusprechen, hatte ihr Leben immerhin keinen Deut besser gemacht – sondern komplett ins Chaos gestürzt. »Du hast recht. TikTok?«

Katie seufzte. »Wieso nicht?«

Priya saß in ihrem Zimmer. Vor ihr auf dem Nachttisch lag der ausgekippte Inhalt der Werkzeugschublade. Sie griff nach der kleinen Zange ihres Dads und biss sich konzentriert auf die Unterlippe, während sie versuchte, einhändig damit zu hantieren – was niemals nötig gewesen wäre, wenn sie noch Sami und Mei an ihrer Seite gehabt hätte. Sie klemmte den Verschluss des Armreifs zwischen die Backen der Zange und drückte mit aller Kraft. Doch das Schmuckstück gab nicht einmal ein Knarzen von sich. Frustriert stöhnte Priya auf. Sie setzte die Zange ein zweites Mal an und gab sich dabei alle Mühe, nicht versehentlich – »Autsch!«, rief sie schmerzvoll aus, als die Zangenspitze in ihren Handballen stieß. Zu sehen war nur ein winziger Schnitt in der Haut, aber es fühlte sich wie ein weiteres Zeichen dafür an, dass die ganze Welt sich gegen sie verschworen hatte. Priya pfefferte die Zange davon und warf sich auf ihr Bett. Sie hatte keine Chance, der Macht des Armreifs zu entrinnen.

Wütend schluchzte sie auf, und heiße Tränen liefen ihr übers Gesicht. Alles war schrecklich, und sie hatte keine Ahnung, was sie dagegen unternehmen sollte. Doch dann schnappte sie in einer plötzlichen Eingebung nach Luft: Tränen! Was, wenn das die Antwort war? An dem Tag, an dem der Verschluss sich ursprünglich geöffnet hatte, hatte sie geweint. Vielleicht also musste sie wieder weinen, damit er erneut aufsprang? Hastig hob sie das Schmuckstück an ihre nasse Wange und rieb es in den feuchten Tränenspuren. Doch nichts geschah. Kein abruptes Klicken. Sie versuchte es noch einmal, in dem sehnsüchtigen Wunsch, dass es sich öffnen möge. Es funktionierte nicht. Der Verschluss blieb zu. Am liebsten hätte Priya geschrien. Echte Wut kannte sie eigentlich gar nicht. Und wenn doch einmal großer Ärger sie überkam, schluckte sie ihn einfach hinunter oder gestand es sich manchmal zu, stattdessen ihre Traurigkeit hinauszuweinen. Allerdings: Weinen genügte diesmal nicht. Sie war außer sich vor Zorn. Auf das Leben, auf alle in ihrem Umfeld, auf sich selbst und ... auf ihre Grandma. *Wieso nur* hatte Ba ihr den Armreif hinterlassen und behauptet, die Wahrheit würde sie weniger einsam machen? Das genaue Gegenteil war der Fall!

In Rage packte Priya ihr Kissen. Sie presste es sich aufs Gesicht, riss den Mund auf und brüllte in die weiche Füllung, sodass niemand sie hörte. Anschließend keuchte sie erleichtert. Es fühlte sich seltsam gut an, all den Schmerz und den Frust und das Unglück in ihr Bettzeug zu schreien. Also wiederholte sie die Übung. Und fing dann an, mit den Fäusten auf das andere Kissen einzuschlagen und gleichzeitig mit den Füßen auf die Matratze zu trommeln. Sie war einfach so sauer, so traurig, so einsam, so ... tja, *alles*. Wahrscheinlich wirkte sie wie jemand, der eine Art Exorzismus betrieb, aber schließlich gab es niemanden, der sie hätte sehen können. Wen also kümmerte das?

»Ähm ... Betreibst du irgendeine Art Exorzismus?«

Priya erstarrte mitten im Faustschlag. Panisch wandte sie sich zur Tür um. Dort stand Pinkie und musterte ihre große Schwester mit der gleichen Faszination, die sie für gewöhnlichen ihren Forschungsobjekten entgegenbrachte. »Pinkie! Du kannst nicht einfach hier hereinplatzen, ohne vorher anzuklopfen.«

»Zu meiner Verteidigung: Ich dachte, du stirbst«, sagte Pinkie. »Ich bin davon ausgegangen, dass man in so einem Fall nicht klopfen muss.«

»Ich sterbe nicht«, knurrte Priya und wischte sich mit dem Ärmel über die nassen Wangen. »Ich ... verleihe nur meinen Gefühlen Ausdruck.«

»Gegenüber einem Kissen.«

»Ja«, erwiderte Priya hitzig. »Das solltest du auch mal ausprobieren.«

»Mir geht's bestens, vielen Dank«, meinte Pinkie. Sie kam herüber und hockte sich auf die Bettkante. »Also, was ist los? Hat es was mit Dan Zhang zu tun?«

Priya starrte ihre kleine Schwester an und seufzte schließlich. Es war zwecklos, den Armreif zu bearbeiten – sie gab hiermit offiziell auf. Und wie sich herausstellte, hatte es auch eine gute Seite, ganz am Boden zu sein: Schlimmer konnte es nicht werden. »Ja. Unter anderem.«

»Hast du ihm gesagt, dass du ihn magst?«

»Ja. Und er hat es erwidert. Und dann habe ich alles kaputtgemacht, und jetzt will er sich nicht mehr mit mir treffen.« Priya schniefte, als ihr neue Tränen in die Augen stiegen. »Wir treffen uns aber sowieso nicht mehr, weil Olaf mir verboten hat, zum Training zu kommen.«

»Uuuuhh! Mum und Dad werden ausflippen. Sie sind jetzt schon stinksauer wegen der Woche Nachsitzen.«

»Danke, dass du mich daran erinnerst«, grummelte Priya. »Die Sache mit dem Turnen kriegen sie ohnehin bald heraus, aber ich versuche, es so lange wie möglich aufzuschieben. Ein Glück, dass Dad nie in seine Mails schaut. Ach, und du hattest übrigens recht: Sie streiten wieder. Die ganze ›Wir sind eine glückliche Familie‹-Nummer war nur Show. Sie hassen sich nach wie vor und werden sich trotzdem nicht scheiden lassen.«

»Also alles wie gehabt«, meinte Pinkie. »Sind das die einzigen Gründe, aus denen du so niedergeschlagen bist?«

»Sind es dir zu wenige?« Ein weiterer Seufzer entfuhr Priya, ehe ihre Schwester antworten konnte. »Aber: Nein, da ist noch mehr. Sami und Mei reden nicht mehr mit mir. Ich habe ihr Vertrauen missbraucht.«

»Was hast du denn angestellt?«

»Der fiesesten Mobberin der Schule ihre Geheimnisse verraten. Wahrscheinlich werden sie nie wieder mit mir sprechen.«

»Du hattest alle Hände voll zu tun«, merkte Pinkie an.

»Damit, mein Leben zu ruinieren«, ergänzte Priya. In gewisser Weise war es befreiend, dass sie zumindest ihrer kleinen Schwester gegenüber nicht verbergen musste, wie übel ihre Lage war.

»Und was willst du jetzt unternehmen?«

Priya starrte Pinkie verwirrt an. »Was ich unternehmen will? Ich werde hier sitzen und in mein Kissen schreien und beten, dass alles auf wundersame Weise wieder in Ordnung kommt.«

»Im Ernst? Du hast keinen Schlachtplan?«

Priya schüttelte den Kopf.

»Möchtest du einen?« Pinkie spielte an der Tagesdecke herum und wirkte dabei beinahe … schüchtern. Ein Ausdruck, den Priya von ihrer Schwester überhaupt nicht kannte. Sie blinzelte überrascht. »Ich kann dir nämlich helfen, wenn du magst.«

»Ähm … Danke«, sagte Priya. »Aber ich komme schon klar. Du kannst gar nichts tun. Ich werde einfach … mich vor der Welt verstecken. Das ist das Beste.«

»Okay«, meinte Pinkie schulterzuckend. »Na, falls du es dir anders überlegst: Ich bin ziemlich gut im Experimentieren, von daher würde mir wahrscheinlich eine Lösung einfallen für dein … Dilemma.«

»Ich bin mir nicht sicher, ob mir ganz wohl ist bei dem Gedanken, dass du mit meinem Leben experimentierst«, gab Priya zu. »Somit: Danke, aber nein danke.« Dann jedoch richtete sie sich kerzengerade auf, als ein Geistesblitz bei ihr einschlug. »Moment – du *kannst* mir helfen. Würdest du für mich lügen?«

»Lügen?«

»Jep. Ich bin gerade in dieser Phase, in der ich, ähm, nicht lügen kann. Lange Geschichte. Aber würdest du Mum erzählen, dass ich total krank bin, damit ich morgen nicht zur Schule und auch am Wochenende nicht zum Turntraining muss? Oh mein Gott, vielleicht könnte ich so krank sein, dass ich die ganze nächste Woche daheimbleiben darf! Oh bitte, Pinkie – eine Woche schulfrei wäre das *tollste* Geschenk, das du mir je machen könntest! Ich erwarte nie wieder irgendetwas zum Geburtstag von dir.«

»Okay. Ich schätze, eine Woche schulfrei für dich kriege ich hin.«

Zum ersten Mal seit Tagen strahlte Priya. »Ernsthaft? Danke!«

Pinkie grinste. »Ich erzähle Mum, du wärst so krank, dass am besten niemand in deine Nähe kommen sollte, weil das, was du hast, superansteckend ist. Sie hat demnächst eine ultrawichtige Präsentation, also wird sie dich meiden wie die Pest. Und Dad wird sowieso nichts von alldem mitbekommen, weil er eben Dad ist.«

Priya lehnte sich über die Matratze und drückte ihre kleine Schwester fest. Sie konnte sich nicht einmal erinnern, wann sie Pinkie zuletzt spontan umarmt hatte, aber es fühlte sich gut an. »Danke, Pinkie.«

Pinkie tätschelte ihre Schulter. »Mit Vergnügen.«

Kapitel 22

Priya kuschelte sich in die Decke und langte erneut nach Chips. Sie hatte das große Sofa im Wohnzimmer in Beschlag genommen und verspürte auch nach einer Woche angeblicher Krankheit keinerlei Wunsch danach, es je wieder aufzugeben. Ihre Eltern hatten Pinkies Lüge geschluckt, dass Priya sich ein irrsinnig ansteckendes Virus eingefangen hatte, das in der Schule die Runde machte, und auf Anordnung der Schulkrankenschwester mindestens eine Woche zu Hause bleiben sollte. Priya hatte es geschafft, sämtliche Nachfragen ihrer Eltern zu ihrem Befinden geschickt zu umschiffen. Denn es entsprach der Wahrheit, dass sie sich »schrecklich« und »furchtbar« fühlte und dass »Zuhausebleiben die beste Medizin« für sie war. Und darum verbrachte sie nun viel Zeit auf dem Sofa, schaute grottige Fernsehsendungen und aß all die Süßigkeiten und Snacks, die sie normalerweise nie essen durfte. Ihre Mum war zu eingespannt in die Vorbereitungen für ihre große Präsentation, um viel mehr zu sagen als »Ich hoffe, du machst die Aufgaben, die deine Lehrer dir gemailt haben«, und ihr Dad hatte eingestanden, dass Priya in der letzten Zeit viel mitgemacht hatte, was wohl ihr geschwächtes Immunsystem erkläre. Priya war klar, dass sie am kommenden Montag wieder zum Unterricht musste, und bis zum Turnwettkampf waren es nur noch zwei Tage, doch sie weigerte sich hartnäckig, den Tatsachen ins Auge zu sehen. Sie wollte nichts weiter, als sich vor ihren Problemen verstecken – und dafür schien ihr das Sofa der perfekte Ort zu sein.

»Priya?« Ihr Dad stand im Türrahmen. Er lächelte besorgt. »Waren die Eier in Ordnung?«

Priya schielte auf ihren halb vollen Teller hinunter. Sie atmete tief durch und antwortete ebenso ehrlich wie rücksichtsvoll – eine Strategie, die sie in den vergangenen Tagen zur Genüge hatte üben können, da ihr Dad ihr am laufenden Band »kräftigende« Mahlzeiten zubereitete. Die einzige davon, die komplett genießbar gewesen war: geviertelte Grapefruit. »Auf jeden Fall eine Verbesserung zu gestern«, sagte sie schließlich. »Danke.«

Ihr Dad betrachtete seufzend den Teller. »Mir war gar nicht bewusst, wie miserabel meine Kochkünste sind, bis du kürzlich angefangen hast, mich darauf aufmerksam zu machen. Ich wünschte, ich hätte es früher gewusst – dann hätte ich vielleicht einen Kochkurs belegt.« Er schüttelte den Kopf. »Was soll's: Wie geht es dir? Besser?«

Priya schüttelte verdrießlich den Kopf. Der Schmerz darüber, Sami und Mei verloren zu haben – von Dan und ihrem Turnteam ganz zu schweigen –, war beinahe unerträglich. Sie hatte keinen blassen Schimmer, wie sie überhaupt die vergangenen Tage überlebt hatte – und noch weniger konnte sie sich vorstellen, wie sie die nächsten Tage und den Rest ihres Lebens bewältigen sollte. Alles war sinnlos. Wozu sollte sie ein lustiges Video anschauen, wenn sie keine Sami und keine Mei hatte, denen sie es anschließend schicken konnte? Und sosehr sie sich auch stets darüber beklagt hatte, dass das Turnen ihr alle Freizeit raubte: Jetzt fühlte sie sich ohne das Training vollkommen leer. Sie vermisste das Gefühl der Ruhe und Gewissheit, das sie erfüllte, wann immer sie auf der Matte stand. Genau genommen war das Turnen die einzige Gelegenheit, bei der Priya je entspannen konnte. Doch wenn sie nun für die Einzeldisziplin üben wollte, brachen Traurigkeit und Reue in Wellen über sie herein. Immer wieder wanderten ihre Gedanken zu den anderen in ihrem Team, und sie fragte sich, wie es bei ihnen wohl lief. Sie hoffte, dass mit Hayley alles klappte. Das Team hatte Gold verdient – auch ohne Priya.

»Du siehst tatsächlich nicht besser aus«, befand ihr Dad beunruhigt. »Soll ich dir noch ein heißes Wasser mit Kurkuma bringen? Ich kann auch Ingwer hineintun.«

Priya schüttelte hastig den Kopf. »Nein danke. Das brauche ich ganz sicher nicht. Einfach ein normales Glas Wasser wäre schon prima.«

Ihr Dad runzelte die Stirn. »Steht nicht bald dein großer Wettkampf an? Ich hoffe, du bist bis dahin wieder fit. Oje, ich sollte die genauen Daten an deine Mum weiterleiten, nicht wahr?«

Priya wand sich. »Ähm ... Gewissermaßen. Die Sache ist ... kompliziert.«

»Wie meinst du das?«, fragte ihr Dad verwirrt. Er zog sein Handy hervor. »Ich schaue mal schnell, ob ich Mails von Olaf bekommen habe.«

»Nein!«, rief Priya. »Bitte nicht.«

»Wieso nicht?«

Priya ließ ihren Kopf in die Hände fallen. Nicht schon wieder. Würde sie jemals ihren Frieden haben vor diesem Armreif, der sie alle zehn Sekunden dazu trieb, ihr Leben zu ruinieren? Fiebrig zermarterte sie sich den Kopf nach einer Möglichkeit, die Wahrheit zu verdrehen – bis ihr aufging, dass alles sowieso letztlich herauskommen würde. Wie immer. Mit einem ergebenen Seufzer nuschelte sie durch ihre Hände: »Weil er mich von der Teamdisziplin ausgeschlossen hat.«

Ihr Dad schnappte nach Luft und musste sich mit einer Hand am Türrahmen abstützen. »Ich ... Das verstehe ich nicht. Priya – was ist passiert? Wieso?«

Tränen brannten hinter Priyas Lidern. »Dad, darüber möchte ich wirklich nicht reden.«

»Hey.« Ihr Dad kam herüber und ging neben ihr in die Hocke. »Du kannst mir alles anvertrauen. Es ist schon okay. Zusammen schaffen wir es. Ganz egal, was los ist.«

»Ich habe Mist gebaut!«, platzte es aus ihr heraus. »Ich habe alles verdorben. Nach allem, was du und Mum für mich geopfert habt, habe ich alles in den Sand gesetzt.«

»Priya, du hast gar nichts verdorben!«, beschwichtigte ihr Dad. »Was auch immer passiert ist, wir bringen es wieder in Ordnung!«

»Doch, habe ich«, heulte Priya. »Ich setze meine gesamte Turnkarriere aufs Spiel – nachdem Mum und du so viel Geld in mein Training gesteckt habt. Ich habe nicht mal für meine Einzeldisziplin am Samstag geübt – weil ich zu traurig war.

Und jetzt werde ich vermutlich leer ausgehen und kein Preisgeld gewinnen, obwohl ich doch weiß, dass wir es brauchen.« Sie schüttelte schuldbewusst den Kopf. »Es tut mir leid, dass ich so egoistisch war. Das ist nicht fair gegenüber dir und Mum.«

Bei Priyas Worten war ihr Dad blass geworden. Endlich legte er eine Hand auf ihre Schulter und sah ihr fest in die Augen. »Priya – du bist keine Geldanlage für uns. Du bist unsere Tochter. Wir wollen nur, dass du glücklich bist. Unsere Geldsorgen liegen nicht in deiner Verantwortung. Nie, nie, niemals musst du des Preisgelds wegen irgendwo antreten.«

»Aber ich dachte, wir brauchen mein Preisgeld. Wie sollen wir denn sonst das Training bezahlen?«

Ihr Dad lächelte traurig. »Oh Priya. Es tut mir so leid, dass wir dir den Eindruck vermittelt haben, du müssest für uns Geld verdienen. Das ist nicht der Fall. Wir sind zwar nicht wohlhabend, aber ich verspreche dir, du musst nicht unseretwegen gewinnen. Wir können uns dein Turntraining trotzdem leisten. Es ist wirklich okay.«

»Ganz ehrlich? Meinst du das im Ernst?«, fragte Priya mit feuchten Augen.

»Natürlich«, erwiderte er. »Du sollst nur turnen, wenn es dir Spaß macht. Ob im Training oder auf Wettkämpfen. Es geht darum, dass du Freude hast – und nicht, dass du Geld für uns einstreichst. Das schwöre ich dir.«

Priya saß still da und ließ die Worte ihres Dads auf sich wirken. Es war *so* lange her, dass es zuletzt für sie beim Turnen wirklich um die Freude am Sport gegangen war. Doch wenn ihr Dad recht hatte und ihre Familie das Preisgeld gar nicht so dringend benötigte, wie sie geglaubt hatte, dann ... *konnte* sie vielleicht wieder Freude am Turnen finden. Wie damals ganz zu Beginn ihrer Karriere, als Wettkämpfe eine Gelegenheit gewesen waren, sich zu verbessern und Freunde zu treffen. Sie vermochte nicht genau zu sagen, wann sich das gewandelt hatte, aber nun war es tatsächlich ganz anders.

»Und jetzt«, meinte ihr Dad mit Nachdruck, »erzähl mir, was los ist. Alles.«

Priya biss sich besorgt auf die Lippe. »Verrätst du es dann Mum?«

Unbewusst tat ihr Dad es ihr nach und kaute ebenfalls auf seiner Unterlippe. »Das sollte ich wirklich ...«

»*Bitte* nicht«, beschwor Priya ihn. »Bitte! Sie regt sich bloß auf. Und dann fühle ich mich noch elender.«

Ihr Dad seufzte. »Na schön. Gut. Ich erzähle es ihr nicht – *vorerst*. Nur, weil ich sie vor ihrer großen Präsentation nächste Woche nicht beunruhigen möchte. Aber ...« Er bedachte Priya mit einem strengen Blick. »... sobald die Präsentation vorbei ist, bereden wir alles mit ihr.«

Priya nickte widerstrebend. »Okay.«

»Okay. Also: Wieso *genau* hat Olaf dich von der Teamdisziplin ausgeschlossen?«

An diesem Abend rollte sich Priya in ihrem Zimmer unter der Bettdecke zusammen. Es ging ihr bedeutend besser. Sie hatte ihrem Dad alles anvertraut – nun ja, nicht die Sache mit dem Armreif. Oder mit Sami und Mei. Oder Dan Zhang. Aber sie hatte ihm ihr ganzes Gespräch mit Olaf geschildert, und er war nicht wütend geworden. Sondern hatte gemeint, es sei absolut nachvollziehbar, dass sie Olaf erklärt hatte, Gold in ihrer Einzeldisziplin zu holen sei ihr wichtiger als ein Sieg mit dem Team – schließlich habe sie nur ihre Eltern zufriedenstellen wollen. Somit lag der Fehler bei ihnen, nicht bei ihr. Sie hatten Priya zu sehr unter Druck gesetzt, und das würde nie wieder vorkommen.

Priya hatte ihren Dad stürmisch umarmt und dabei glatt vergessen, dass sie ja angeblich hochgradig ansteckend war. Es war, als wäre ihr ein gigantisches Gewicht von den Schultern genommen worden. Sie musste nicht weiter in einem fort gewinnen – sie durfte das Turnen einfach wieder genießen und ihr Bestes geben. Vielleicht würde sie trotzdem siegen – Priya wusste, dass sie ehrgeizig war. Aber sie *musste* es nicht. Mit einem Mal war sie nicht einmal mehr sicher, ob sie überhaupt ihre Einzeldisziplin bei den Britischen Meisterschaften turnen wollte. Sie hatte ihrem Dad schließlich gestanden, dass der Wettkampf bereits am kommenden Samstag war, und er hatte gemeint, sie müsse nicht hingehen, wenn sie nicht wollte. Die Entscheidung lag ganz allein bei ihr.

»Hast du das gesehen?« Die Tür flog auf, und dahinter stand Pinkie in ihrem Yoda-Nachthemd, mit Haaren, die wilder denn je in alle Richtungen abstanden. Sie wedelte ihr Handy durch die Luft.

»Himmel noch mal, ich habe dir schon tausendmal gesagt, dass du klopfen sollst!«, empörte sich Priya. »Du nervst so was von!«

263

Pinkie hüpfte aufs Bett und hielt Priya ihr Handy vors Gesicht. »Schau!«

Priya stützte sich widerwillig auf die Unterarme und spähte auf das Display ihrer Schwester. Dort prangte Dans Social-Media-Profil. »Pinkie, wieso bekommst du das angezeigt?«

»Weil ich ihm folge, seit du mir erzählt hast, dass du ihn magst«, erklärte Pinkie ungeduldig. »Ist doch egal – guck! Die neue Turnerin, die sie für die Teamdisziplin dazugeholt hatten, hat sich den Knöchel verstaucht! Jetzt fehlt ihnen eine Athletin für die Britischen Meisterschaften!«

Priya starrte auf das Display. Es stimmte. Hayley war verletzt, und Dan hatte einen Aufruf gepostet mit der Bitte, dass all seine Follower ihn in der Turn-Community teilen sollten. Sie brauchten schnellstmöglich eine Ersatzturnerin. Für den Wettkampf am Samstag. Um elf Uhr vormittags.

»Du kannst einspringen«, ermunterte Pinkie sie. »Du kannst dich melden und die Retterin in der Not sein und die Meisterschaft gewinnen.«

»Nein, kann ich nicht«, widersprach Priya und schob das Handy von sich weg. »Ich habe null dafür trainiert! Und Olaf wird es nicht erlauben. Das hat er mir schon gesagt.«

»Ich wette, jetzt in seiner Verzweiflung erlaubt er es dir!«

»Die anderen werden mich ohnehin nicht wollen«, hielt Priya dagegen. »Vergiss es, Pinkie. Das mache ich nicht.«

Pinkie zog die Stirn kraus. »Aber ich dachte, du bist für deine Einzeldisziplin sowieso da?«

»Eigentlich schon, aber Dad sagt, ich muss nicht hingehen, wenn ich nicht möchte. Und ich bin mir nicht sicher, ob ich möchte. Das hieße, dass ich alle wiedersehe. Wahrscheinlich ist es am besten, ich trete einfach nicht an.«

Eine Pause entstand. Dann fragte Pinkie: »Hast du Schiss?«

»N-ja!«, rief Priya. Ein lautes Stöhnen entfuhr ihr, und ihr Blick wanderte zu dem Armreif. »Hmmpfff! Schön: Ja, ich habe Schiss!«

»Dachte ich mir. Schiss, dass alle dich jetzt hassen?«

Priya nickte widerwillig. »So in etwa.«

»Aber das ist deine Chance, dich wieder gut mit ihnen zu stellen!«, rief Pinkie. »Vertrau mir. Du musst zu diesem Wettkampf gehen und deinen Freunden helfen, ihn zu gewinnen. Stell dir nur vor, wie du wieder ins Team aufgenommen wirst und Dan dir verzeiht. Das löst auf einen Schlag die Hälfte deiner Probleme, oder?«

»Schon, schätze ich ... Aber sie werden mich nicht wollen.«

»Priya?« Ihre Mum klopfte an und drückte sachte die Tür auf. »Fühlst du dich – Pinkie! Was machst du da? Deine Schwester ist ansteckend! Runter von ihrem Bett.«

»Sie fühlt sich viel besser«, verkündete Pinkie voller Überzeugung. »Nicht wahr?«

»Ein *bisschen* besser.«

Ihre Mum strahlte. »Oh, was für ein Glück! Da kannst du morgen wieder in die Schule!«

»So viel besser dann doch nicht«, ruderte Priya hastig zurück, und das stimmte. Sami und Mei hatten ihr keine einzige Nachricht geschickt, seit sie den Unterricht versäumte. Und nicht einmal auf eine der vielen Sprachnachrichten reagiert, in denen Priya sich bei ihnen zu entschuldigen versucht hatte. Sie machte sich solche Sorgen um die beiden – wie es ihnen wohl ging? Wurden sie in der Schule wegen der verratenen Geheimnisse gehänselt? Hatte Mei sich etwas beruhigt? Nie zuvor hatten sie so lange nicht miteinander gesprochen, und wann immer Priya daran dachte – im Schnitt einmal pro Stunde –, wurde ihr flau im Magen vor Reue.

»Na ja, vermutlich lohnt es sich ohnehin nicht, für nur einen Tag vor dem Wochenende noch zum Unterricht zu gehen«, meinte ihre Mum. »Aber es klingt, als könntest du dann am Samstag mit zu Samis Bat-Mizwa! Ich freue mich schon darauf.«

Priya erstarrte. »Was? Wie meinst du das?«

»Sie hat uns alle doch schon vor Ewigkeiten eingeladen – Pinkie auch«, erklärte ihre Mum. »Mein Kleid hatte ich extra in der Reinigung.«

»Aber wir können nicht hin!«, rief Priya. »Ich ...« Sie drehte sich panisch zu Pinkie um. »Ich bin noch nicht wieder fit genug.«

Ihre Mum runzelte die Stirn. »Du hast gerade gesagt, du fühlst dich besser.« In diesem Moment vibrierte ihr Handy. Sie warf einen besorgten Blick darauf. »Oh, die Arbeit. Das muss ich annehmen. Pinkie – lass deine Schwester sich ausruhen. Ich möchte nicht, dass du auch noch krank wirst.« Sie eilte davon und hielt sich bereits das Handy ans Ohr, noch während sie die Tür schloss.

Priya wandte sich erneut an Pinkie. »Sami hat ausdrücklich gesagt, dass sie mich bei ihrer BM nicht sehen will. Ich kann unmöglich dort auftauchen – dann wird sie bloß noch wütender auf mich.«

»Du könntest Mum und Dad von deinem Turnwettkampf erzählen«, schlug Pinkie vor. »Dann bestehen sie bestimmt darauf, dass wir die Bat-Mizwa ausfallen lassen und stattdessen dorthin gehen.«

»Aber Mum weiß nicht, dass Olaf mich von der Teamdisziplin ausgeschlossen hat. Ich bin noch nicht bereit, ihr das zu beichten. Und wenn sie mit zu den Britischen Meisterschaften kommt, redet sie dort *garantiert* mit Olaf.«

»Warte, lass mich mal nachdenken«, meinte Pinkie stirnrunzelnd. »Das könnte uns in die Hände spielen ... Wenn du behauptest, immer noch krank zu sein, besuchen sie mit mir die Bat-Mizwa und lassen dich hier. Und du kannst zu deinem Turnwettkampf, Gold für das Team holen und alles in Ordnung bringen – und Mum und Dad brauchen nie etwas davon zu erfahren!«

»Ich bin mir nicht sicher, ob ich den anderen helfen kann, Gold zu gewinnen – nach einer ganzen Woche ohne Training«, wandte Priya zweifelnd ein.

»Du hast vorher eine halbe Ewigkeit lang trainiert – das klappt schon«, entgegnete Pinkie unwirsch.

Priya setzte sich auf. Ihre Stimmung hob sich ein wenig. Doch im nächsten Augenblick wurde sie bereits aufs Neue blass. »Was, wenn Sami es so gemeint hat, dass nicht nur ich ausgeladen bin, sondern auch Mum und Dad? Die beiden werden außer sich sein, wenn sie herauskriegen, was ich getan habe!« Mit einem lauten Stöhnen zog Priya sich wieder die

Decke über das Gesicht. »Wieso ist das alles so ein einziges Schlamassel? Was soll ich bloß tun?«

Pinkie tätschelte Priyas zugedeckten Kopf. »Gut, dass du mich hast. Bist du bereit, mit mir zusammen einen Plan zu schmieden, der dein Leben wieder ins Lot bringt?«

Priya ließ langsam die Decke von ihrem skeptischen Gesicht gleiten. »Bleibt mir etwas anderes übrig?«

Pinkie lächelte vergnügt. »Nö.«

Kapitel 23

Früh am nächsten Morgen saß Priya auf Pinkies Bett, bewaffnet mit Notizblock und Stift. Ihre kleine Schwester stand unterdessen an ihrem Schreibtisch und deutete auf den Bildschirm ihres Computers. Priya nickte eifrig und machte sich Stichpunkte, während Pinkie den Plan in allen Einzelheiten erläuterte.

»Und so«, kam Pinkie schließlich zum Ende, »sorgen wir dafür, dass du wieder in dein Turnteam aufgenommen wirst und Dan Zhang dir noch eine Chance gibt.«

Priya hörte auf zu schreiben und schaute nervös hoch. »Glaubst du wirklich, das klappt?«

»Ja!«, erwiderte Pinkie. »Natürlich klappt es. Du musst nur jetzt gleich Rachael anrufen und sie bitten, Olaf zu sagen, dass sie jemanden gefunden hat, der für die Teamdisziplin einspringt. Dann wird er zwar nach wie vor sauer sein, wenn du auf einmal auftauchst. Aber auch verzweifelt genug, um dir seinen Segen zu geben. Ihr werdet gewinnen. Dan wird dir verzeihen. Und du bist wieder daheim, ehe wir von der Bat-Mizwa zurückkommen – somit kriegen unsere Eltern von alldem überhaupt nichts mit. Wie klingt das?«

»Es klingt gut«, musste Priya zugeben. »Danke, Pinkie.« Sie hatte keine Ahnung gehabt, dass ihre kleine Schwester derart *pragmatisch* sein konnte. Sondern vielmehr geglaubt, Pinkie stifte immerzu bloß Chaos. Doch nun erkannte sie, dass Pinkie auch ziemlich gut darin war, dieses Chaos wieder zu ordnen. Und sie hatte Mumm. Sie machte sich im Gegensatz zu Priya nicht ständig nur Sorgen wegen alles Möglichen – sondern unternahm einfach etwas. Das war irgendwie mitreißend. Priya allein hätte ohne den Beistand ihrer kleinen Schwester niemals den Mut besessen, sich einen solchen Plan auszudenken.

»Na, dann los«, drängte Pinkie. »Ruf Rachael an.«

»Muss ich wirklich?«, fragte Priya schweren Herzens.

»Tja, entweder du rufst Rachael an – oder Dan«, antwortete Pinkie. »Was ist dir lieber?«

Priyas Augen wurden groß vor Schreck. »Ich rufe Rachael an.«

»Wunderbar«, lobte Pinkie. »Ich gehe derweil runter und bereite Mum und Dad auf morgen vor, indem ich ihnen weismache, dass du doch noch total eklig krank bist. Viel Glück!«

Die Tür fiel hinter Pinkie ins Schloss, und Priya blieb mit ihrem Handy allein zurück. Sie hatte Angst davor, Rachael anzurufen. Normalerweise telefonierte sie nie mit irgendjemandem aus dem Team – sie schickten sich allenfalls Nachrichten. Doch ihr war klar, dass sie sich ein Herz fassen musste, wenn sie das Dilemma in Ordnung bringen wollte. Und dazu gehörte nun einmal, Dinge zu tun, vor denen sie Angst hatte. Sie holte tief Luft und wählte dann Rachaels Nummer.

»Priya?« Rachael meldete sich nach einigen Sekunden,

doch sie klang irritiert. Vermutlich hatte sie keinen blassen Schimmer, weshalb Priya sie plötzlich anklingelte. »Ist alles okay?«

»Nein, nicht wirklich«, antwortete Priya ehrlich. »Wie geht es dir?«

»Ähm ... Auch nicht so toll«, gestand Rachael. »Hayley hat sich den Knöchel verstaucht. Darum wissen wir nicht, ob wir morgen überhaupt antreten können.«

»Genau deshalb rufe ich an«, sagte Priya. »Ich habe es auf Dans Social-Media-Profil gelesen. Na ja, eher: Meine Schwester hat es gelesen. Aber das tut nichts zur Sache. Was ich sagen will, ist: Ich würde gern helfen und wieder zusammen mit euch allen antreten.«

»Oh Gott sei Dank – hat Olaf gesagt, dass du zurückkommen darfst?!« Riesige Erleichterung schwang in Rachaels Stimme mit. »Ich bin irre froh! Allerdings hätte ich nicht damit gerechnet, dass er das erlaubt. Als Dan es vorgeschlagen hat, hat Olaf ihn angebrüllt.«

»Dan hat es vorgeschlagen?« Hoffnung blitzte in Priyas Augen auf. Doch dann erfasste sie den restlichen Inhalt von Rachaels Worten. »Sekunde – Olaf hat ihn allen Ernstes *angebrüllt?*«

»Ähm, ja. Er hat gemeint, es gibt Dinge, die kann man nicht ungeschehen machen, und ob Dan der Coach sei oder er. Aber wie hast du es geschafft, ihn umzustimmen?«

Priya zögerte. »Habe ich nicht ... noch nicht. Aber ich hatte gehofft, du könntest mir vielleicht dabei helfen! Du bräuchtest lediglich Olaf zu sagen, dass du eine Ersatzturnerin gefunden hast und ihr zeigst, was sie zu tun hat. Wenn ich dann morgen früh auftauche, wird er notgedrungen einlenken!«

Stille am anderen Ende der Leitung.

»Rachael?«, fragte Priya hoffnungsvoll. »Ist das eine positive Stille oder eine negative?«

»Damit könnte ich mir mächtig Ärger einhandeln«, sagte Rachael schließlich. »Wenn es am Ende schiefgeht, macht der Coach mich dafür verantwortlich. Was, wenn dann *ich* auch noch vom Training ausgeschlossen werde?«

Priya schlug die Augen nieder und betrachtete Pinkies grellbunte Tagesdecke. »Du hast recht«, murmelte sie. »Es tut mir leid. Ich hätte nie versuchen sollen, dich da hineinzuziehen. Das ist nicht fair.«

»Es ist bloß ...« Rachael stockte. »So etwas würde ich für eine Freundin machen. Und, na ja, ich bin mir nicht so sicher, ob wir Freundinnen sind.«

»Wie meinst du das?«

»Du hattest in den ganzen Jahren, die wir schon zusammen im Team sind, kaum je mit mir gesprochen«, erläuterte Rachael langsam. »Dann hast du vor einiger Zeit angefangen, dich zu öffnen, und ich dachte, jetzt ändert sich etwas. Aber als ich dich neulich weinend in der Umkleide gefunden habe, da hast du mich einfach stehen gelassen. Und dich überhaupt nicht mehr gemeldet. Du bist verschwunden. Und ... ich habe die ganze Zeit mit einer Nachricht von dir gerechnet. Ich meine, du hast dem Team den Rücken gekehrt, in dem wir beide schon ewig sind. Doch es kam rein gar nichts von dir. Für mich hat sich das angefühlt, als wäre ich dir komplett egal. Als wären wir alle dir komplett egal.«

Priya wurde flau im Magen. Sie hatte keine Ahnung gehabt, dass sie auf Rachael so gewirkt hatte. Doch wie Rachael es beschrieb ... ergab das absolut Sinn. Und es passte zu dem, was Sami und Mei ihr vorgehalten hatten: dass Priya nur mit sich selbst beschäftigt sei. Priya hatte es nie so empfunden – schließlich verbrachte sie derart viel Zeit damit, nach Kräften andere glücklich zu machen. Wie konnte da jemand sie als egozentrisch bezeichnen? Nun allerdings ging ihr auf, dass womöglich gerade *das* das Problem war. Sie hatte so verbissen versucht, es allen recht zu machen, dass sie nie wirklich ganz im Moment gewesen war. Und indem sie sich niemandem geöffnet hatte, hatte sie auch niemandem die Chance gegeben, sich *ihr* zu öffnen. Wahre Freundschaft beruhte darauf, dass man sich gegenseitig einander anvertraute und unterstützte – und konnte nicht funktionieren, wenn jemand immerzu vorspiegelte, alles wäre bestens.

»Es tut mir leid, Rachael«, sagte sie schließlich noch einmal. »Du hast recht. Ich wünschte, du würdest dich irren, aber du hast recht. Ich war nur auf mich konzentriert und darauf, wie ich auf andere wirke, dass ich gar nicht an dich gedacht habe. Aber ich mag dich wirklich gern. Ich finde dich witzig und nett, und es macht Spaß, Zeit mit dir zu verbringen, und – ganz ehrlich? Ich wünschte, ich hätte in den letzten Jahren öfter mit dir geredet.«

»Wow«, machte Rachael perplex. »Ich hätte nicht erwartet, dass du dem so zustimmst.«

»Doch, absolut«, bekräftigte Priya. »Ich habe Fehler gemacht. Aber ich würde sie gern wieder ausbügeln. Deshalb liegt mir so viel daran, morgen anzutreten und das Team zu unterstützen.«

Priya konnte Rachaels Lächeln praktisch hören. »Okay«, sagte sie. »Ich helfe dir. Aber nur, weil du gesagt hast, dass ich witzig und nett bin. Wobei du ›hübsch‹ vergessen hast.«

Priya lachte. »Das stimmt, das habe ich vergessen. Danke dir so sehr – du bist die Beste, Rachael.«

»Erklär mir den Plan. Oh, ich hoffe, du hast die Übung trainiert, sonst dreht Olaf durch. Du weißt, dass Hayley rechts unten in der Pyramide stehen sollte? Olaf hat, ähm ... na ja, er hat mich gebeten, deinen Platz ganz oben einzunehmen.«

»Ich kann mir niemanden vorstellen, der das mehr verdient hätte«, sagte Priya mit Nachdruck. »Ich bin mehr als zufrieden damit, unten rechts zu stehen. Ich habe ein paar eurer Videos auf Social Media angeschaut ...« Sie schluckte bei der Erinnerung an den Stich, den sie verspürt hatte, als sie das Team ohne ihre Beteiligung hatte trainieren sehen. »Von daher weiß ich, was zu tun ist. Ich sorge dafür, dass mein Part perfekt ist – ich trainiere schon den ganzen Tag und werde erst aufhören, wenn ich losmuss zum Wettkampf.«

»Und was ist mit deiner Einzeldisziplin?«, fragte Rachael. »Darauf bereitest du dich auch vor, oder?«

»Dafür habe ich schon so viel geübt, das klappt schon«, meinte Priya leichthin. »Die Teamübung hat für mich jetzt Priorität. Deshalb musst du mir alles erklären, was ich bisher verpasst habe. Aber zuerst ...« Sie hielt kurz inne. »Könntest du mir vielleicht noch einmal schildern, was *genau* Dan über mich gesagt hat? Wort für Wort?«

Rachael lachte. »Nur, wenn du mir verrätst, was *genau* zwischen euch beiden läuft. Wort für Wort!«

Priya turnte in ihrem Zimmer gerade den sechsundzwanzigsten Durchgang ihrer Teamübung – sie hatte das Bett an die Wand gerückt, um genügend Platz zu schaffen – und musterte dabei kritisch ihr Spiegelbild. Sie wurde besser, doch einhundertprozentige Gewissheit, ob ihr Timing stimmte, würde sie erst haben, sobald sie mit den anderen zusammen trainierte. Das war ein weiterer Grund dafür, dass sie sich bei ihren Einzeldisziplinen stets sicherer gefühlt hatte: Dabei gab es nur eine Person, auf die sie sich verlassen musste, und das war sie selbst. In einer Choreografie mit der Gruppe konnte jeder einen Fehler machen, der das Team um Gold brachte – auch Priya. Bei dem Gedanken daran, dass ihr Plan mit einer Niederlage enden könnte, erschauderte sie. Doch im nächsten Moment fiel ihr wieder ein, wie sehr alle im Training stets zusammen lachten, wenn etwas schiefging (na ja, alle außer Olaf), und wie viel Spaß sie miteinander hatten. Die anderen traten nicht an, weil sie versessen darauf waren, um jeden Preis Gold zu holen – sondern weil sie ihren Sport liebten. Und Priya liebte ihn auch, sie hatte es bloß zwischenzeitlich vergessen gehabt. Ihre Teamkameraden würden sie nicht hassen, wenn sie in der Übung patzte, sondern einfach froh sein, dass sie es immerhin versucht hatte. Und genau darum ging es bei einer Teamdisziplin: sich zu vertrauen und einander zu vergeben. In beidem war Priya nie besonders stark gewesen – am wenigsten sich selbst gegenüber.

Es kam ihr regelrecht ironisch vor, doch nach allem, was in der letzten Zeit passiert war, stellte Priya mehr und mehr fest: Was ihr am meisten am Turnen fehlte, war, Teil eines Teams zu sein. Das gemeinsame Lachen, das Gefühl, an einem Strang zu ziehen, und der pure Spaß, der damit einherging. Jedes Mal, wenn sie sich die Videos ihres Teams online ansah – oder die zusätzlichen, die Rachael nun schickte, um Priya auf den aktuellsten Trainingsstand zu bringen –, wünschte sie sich, dazuzugehören. Sie konnte es nicht fassen, dass sie derart lange gebraucht hatte, um das zu begreifen. Hätte sie es doch nur früher erkannt! Dann wäre sie in diesem Augenblick bei allen anderen.

Dennoch konnte sie sich glücklich schätzen, schließlich hatte Rachael ihrem Plan zugestimmt. Sie hatten die Übung in allen Einzelheiten durchgesprochen, damit Priya so gut wie möglich mit der Gruppe würde mithalten können. Und Rachael hatte angeboten, dass ihre Eltern auf dem Weg zum Wettkampf am Samstagvormittag Priya abholten. So kämen sie früh in der Wettkampfhalle an und hätten Gelegenheit, noch einige Stunden zusammen mit dem restlichen Team zu trainieren, ehe sie antreten mussten. Es war unglaublich riskant, aber die beste Strategie, die ihnen einfiel.

Rachael hatte außerdem zugehört und mitgefühlt, als Priya ihr von dem Debakel mit Dan erzählt hatte. Wie sich herausstellte, hatte einst Simone – eine ehemalige Teamkollegin der beiden – Rachaels Herz gebrochen. Priya hatte damals überhaupt nichts davon mitbekommen! Sie war so sehr mit ihren eigenen Problemen beschäftigt gewesen und hatte sich derart darüber gegrämt, dass das Turntraining sie von ihren Freundinnen fernhielt, dass ihr nie auch nur der Gedanke gekommen war, sie könnte *beim* Turnen ebenfalls Freundinnen haben. Die Mädchen, mit denen sie trainierte. Ein Irrtum, der Priya kein zweites Mal unterlaufen würde. Von nun an würde ihr Fokus auf Freundschaften liegen. Überall und immer.

Sie öffnete den Gruppenchat der Musketiere auf ihrem Handy, doch noch immer hatte niemand auf ihre Nachrichten reagiert. Sie schickte eine neue:

Es tut mir wirklich leid. Können wir bitte reden?

Obwohl sie sah, dass Sami und Mei online waren, antwortete keine der beiden. Priya seufzte und verließ den Chat. Ihr war klar, wie sehr sie ihre Freundinnen verletzt hatte. Ihr Schweigen war vollkommen verständlich. Doch Priya weigerte sich, aufzugeben. Bis zu ihrem letzten Atemzug würde sie um Samis und Meis Vergebung betteln.

Ihr Handy vibrierte und Priya ließ es vor Aufregung beinahe fallen. Eine Nachricht. Von Sami!

Ich bin noch nicht bereit zum Reden. Aber, nur weil ich denke, du solltest es wissen: Ms Lufthausen ist suspendiert worden.

Priya starrte verwirrt auf die Nachricht. Eine zweite folgte, diesmal von Mei.

Die Untersuchungen laufen, weil sie angeblich zu streng ist. Offenbar lässt sie Katie mehr als 90 % des Schuljahres nachsitzen. Ihr Dad hat sich beschwert.

Priyas Augen weiteten sich. Katies Dad?! Aber sie hatte doch keinerlei Kontakt zu ihrem Dad – oder?

Wie auch immer, schrieb Sami. Wir reden weiterhin nicht mit dir. Wir wollten dir bloß die Info übermitteln. Schaut nicht so aus, als käme Ms Lufthausen zurück.

Jep, ergänzte Mei. Anscheinend lässt sie sich gerade scheiden und ist deswegen in letzter Zeit besonders fies. Es lag nicht an dir, sondern an ihr.

Aber was uns betrifft: Das liegt EINDEUTIG an dir, meldete sich wieder Sami. Nur, dass das klar ist. Tschüss.

Priya wartete auf eine weitere Nachricht von Mei, doch nur ein letztes Emoji – eine winkende Hand – trudelte ein. Tja, besser als nichts.

Sie tippte eine Antwort, in der sie sich für die Info bedankte, hängte noch drei Herz-Emojis an, ehe sie alles abschickte, legte dann das Handy zur Seite und ließ den Kopf gegen das weiche Kopfende ihres Betts sinken. Sie konnte kaum fassen, dass Ms Lufthausen vom Dienst beurlaubt worden war. Ihre schlimmste Lehrerin musste eine Untersuchung über sich ergehen lassen, und die Chancen standen gut, dass sie nie mehr zurückkehren würde. In jedem Fall klang es ganz so, als würde sich in der Schule etwas ändern. Nie wieder würde Priya in Mathe gedemütigt oder gezwungen werden, sich vor der ganzen Klasse zu rechtfertigen, während eine fuchsteufelswilde Ms Lufthausen sie anbrüllte oder ihr einwöchiges Nachsitzen aufbrummte, nur weil Priya ehrlich zugab, dass sie in Tagträumen über einen Jungen geschwelgt hatte.

Das waren gute Neuigkeiten. Und die Tatsache, dass Sami und Mei ihr geschrieben hatten, um sie ins Bild zu setzen, war noch besser. Beide waren noch immer wütend – das bewiesen ihre Nachrichten unmissverständlich. Aber Priya wertete es als positives Zeichen, dass das Eis zwischen ihnen genug getaut war, um die beiden zu einer Reaktion zu veranlassen. Das zeigte doch, dass sie weiterhin an Priya dachten. Dass ihnen etwas an ihr lag. Priya lächelte: Es gab noch Hoffnung. Die drei Musketiere konnten wieder zusammenkommen! Doch dann fiel ihr wieder ein, was Mei über Katies Dad geschrieben hatte, und sie runzelte die Stirn. Hatte Mei sich vertan – meinte sie Katies Mum? Oder hatte Katies Dad tatsächlich etwas mit Ms Lufthausens Suspendierung zu tun? Und falls er wirklich wieder Anteil an Katies Leben nahm – wie ging es Katie damit?

Priya schüttelte den Kopf. Das war lächerlich. Wieso sorgte sie sich noch um Katie – nach allem, was Katie ihr angetan hatte? Sogar abgesehen davon, dass sie Priya über Monate gemobbt und zum Erledigen ihrer Hausaufgaben gezwungen hatte, war Katie doch der Grund, aus dem Sami und Mei nicht mehr mit Priya redeten. Aber ... wenn Priya ganz ehrlich zu sich selbst war: Sie wusste, so einfach war es nicht. Sie war diejenige gewesen, die Sami und Mei verraten hatte, Armreif hin oder her. Katie war einfach Katie gewesen. Es war nicht fair, ihr alle Schuld anzulasten. Und sie hatte es ebenfalls nicht leicht. Widerstrebend langte Priya nach ihrem Handy. Sie war die Einzige, der Katie sich anvertraut hatte. Da konnte sie Katie nun nicht alles allein durchstehen lassen. Ehe Priya Gelegenheit hatte, es sich anders zu überlegen, startete sie einen Videocall.

Katies Gesicht erschien übergroß auf dem Display. »Was willst du?«

»Hallo, ich freu mich auch, dich zu sehen«, erwiderte Priya.

»Ich hatte schon vergessen, dass es dich gibt«, meinte Katie mit düsterer Miene, »nachdem du die ganze Woche die Schule geschwänzt hast.«

Priya nickte schuldbewusst. »Ich weiß, das war nicht die beste Lösung. Ich konnte mich nicht überwinden, allen wieder gegenüberzutreten.«

»Tja, es war allerhand los. Teils echt krasse Sachen.«

»Ich habe gehört, dass Ms L. suspendiert worden ist«, sagte Priya. »Und eine Untersuchung am Hals hat.«

Ein träges Grinsen breitete sich auf Katies Gesicht aus. »Jep. Geschieht ihr recht.«

»Und ich habe auch gehört, dass es dein Dad gewesen sein soll, der sich beschwert hatte ...«

Katies Miene verfinsterte sich wieder. »Darüber rede ich nicht mit dir.«

»Bist du sicher?«, fragte Priya. »Denn ... ich bin hier, wenn du reden möchtest. Egal worüber.«

»Ich dachte, du hasst mich, weil ich deine Freundschaften zerstört habe.«

»Ich hasse dich nicht.« Priya seufzte. »Schau, es war genauso sehr meine eigene Schuld. Also, schon ein bisschen deine, aber eben auch meine.«

Katie verdrehte die Augen. »Na dann. Tja, ich schätze, es tut mir leid. Das bisschen, was meine Schuld war.«

»Ich schätze, mir tut es auch leid«, erwiderte Priya und musste ein wenig schmunzeln. »Das bisschen, was meine Schuld war.«

»Alles klar«, sagte Katie.

»Alles klar«, stimmte Priya ihr grinsend zu. »Also ... Dein Dad? Möchtest du über ihn reden?«

»Pfff, meinetwegen, das ist keine große Sache«, grummelte Katie und warf sich ihr Haar über die Schulter. »Er ist ohne Vorwarnung eines Tages zu Hause aufgetaucht und hat gesehen, wie elend es meiner Mum geht. Und da hat er ihre Schwester angerufen, sodass meine Mum jetzt bei ihr untergekommen ist, bis sie sich wieder ein bisschen gefangen hat. Und mein Dad wohnt derweil wieder daheim bei mir. Vorübergehend. Er besucht trotzdem jeden Tag die Mama seines neuen Babys.«

»Ach herrje! Kommst du damit klar? Wie ist das? Mit ihm zusammenzuleben?«

»Okay«, gestand Katie unwillig. »Er kocht abends für mich. Und fragt mich, wie es in der Schule läuft. So hat er auch von Ms L. erfahren.«

»Das klingt ... gut?«

»Es ist *okay*«, betonte Katie. »Wir wollen es mal nicht übertreiben.«

»Das freut mich«, sagte Priya sanft. »Dann ist also alles gut?«

»Okay, nicht gut«, verbesserte Katie. »Aber … Ja. Abgesehen davon, dass Angela einen Jahrgang hochgestuft wird, damit sie bei den Lacrosse-Meisterschaften in der richtigen Altersklasse antreten kann.«

»Oh, wow«, machte Priya. »Ich fürchte, dann seht ihr euch nicht mehr so oft, wenn sie im Jahrgang über uns ist. Ist das … in Ordnung für dich?«

Katie zuckte mit den Schultern. »Ach, egal. Ich komme schon klar.« Sie hüstelte linkisch. »Und was ist mir dir? Wie schlägst du dich?«

»Ich verstecke mich noch immer in meinem Zimmer vor dem Rest der Welt«, sagte Priya trocken. »Aber jaaa, alles klar so weit, danke. Ich denke, ich werde morgen versuchen, die Dinge mit meinem Turnteam wieder ins Lot zu bringen. Und mit Dan.«

»Oha«, machte Katie, und ihre Augen wurden groß. »Und wie willst du das anstellen?«

»Indem ich bei den Britischen Meisterschaften aufschlage und meinen Coach zwinge, mich bei der Teamchoreografie mitturnen zu lassen, sodass wir dann Gold holen und alle mir verzeihen.«

»Na, *das* möchte ich sehen«, sagte Katie. »Schick mir die Adresse!«

»Ist das dein Ernst? *Du* willst dir an einem Samstagvormittag um elf Uhr einen Turnwettkampf anschauen? Bist du nicht eher, keine Ahnung, noch im Bett – nach irgendeiner Party heute Abend?«

»Schick sie mir einfach«, erwiderte Katie ungeduldig. »Du weißt genau: Ich liebe Drama.«

Priya zuckte mit den Schultern. »Klar. Jedenfalls: Ich übe jetzt besser meine Einzeldisziplin. Zum x-ten Mal.«

»Zeigst du sie mir?«

»Ähm, seit wann interessierst du dich für Turnübungen?«

»Seit du mich mit diesen Turnclips auf TikTok angefixt hast«, gab Katie zurück. »Aber meine Ansprüche sind inzwischen ziemlich hoch, also will ich jetzt Dreiersprünge und Hocksprünge sehen, *als hinge dein Leben davon ab.*«

Priya lachte ungläubig, während sie ihr Handy auf dem Schreibtisch so aufbaute, dass Katie ihr zuschauen konnte. »Du klingst gerade ganz gruselig nach meinem Coach.«

»Oooh, Coach Katie. Das gefällt mir. Also, hau rein! Los geht's, Priya, bis die Pomuskeln brennen!«

Kapitel 24

»Bist du *sicher*, dass du zurechtkommst?«, fragte Priyas Mum besorgt. Sie musterte Priya, die sich wieder in ihre Bettdecke gehüllt hatte und nun auf der Treppe saß, um ihrer Familie zum Abschied zu winken. »Es gefällt mir gar nicht, dich in diesem Zustand allein zurückzulassen. Ganz bestimmt fühlst du dich doch schrecklich, weil du den großen Tag deiner besten Freundin verpasst.«

»Ich komme schon klar – danke, Mum«, entgegnete Priya tapfer. »Na ja, ich hoffe es zumindest.«

»Sie kriegt das bestens hin«, erklärte Pinkie unwirsch. »Los jetzt, sonst kommen wir zu spät! Auf der Einladung stand, wir müssen um neun Uhr an der Synagoge sein.«

»Das ist ziemlich früh für eine Party, oder nicht?«, wunderte sich Priyas Dad und rückte seine Krawatte zurecht.

»Sami meinte, je früher, desto günstiger«, sagte Priya. »Außerdem dauern die Predigten und Reden vor der eigentlichen Party mindestens drei Stunden.« Ihr Dad schnitt eine entsetzte Grimasse. »Tut mir leid.«

»Pinkie hat recht«, befand Priyas Mum und schlang sich ein blaues Tuch um ihre bloßen Schultern. Es passte perfekt zu ihrem langen, seidigen Kleid. »Wir sollten wirklich aufbrechen.«

»Du siehst wunderschön aus, Mum«, sagte Priya.

Ihre Mum errötete erfreut. Pinkie dagegen runzelte die Stirn. »Ähm, und was ist mit mir?«

Priya betrachtete ihre kleine Schwester, die ein bauchfreies gelbes Langarmshirt zu schimmernden grellgrünen Schlaghosen trug. »Du siehst ... extrem bunt aus. Sami wird begeistert sein.«

»Meine bezaubernde Familie«, sagte ihr Dad und lächelte seine Frau und seine jüngere Tochter an. Dann wandte er sich rasch zu Priya in ihrer Decke um. »Ähm, du natürlich auch, *beta*.«

»Danke, aber sogar ich weiß, dass mir die Bettdecke nicht besonders gut steht.« Priya schmunzelte. »Was soll's – ihr müsst los! Sami wird *sterben*, wenn ihr ihren großen Moment ruiniert, indem ihr mitten in die Predigt platzt.« Der Gedanke versetzte Priya einen Stich in die Brust. Sie konnte es noch immer nicht fassen, dass sie Samis Frauwerdung verpasste. Doch ihr war klar, dass sie den großen Tag ihrer Freundin lediglich verderben würde, wenn sie dort aufkreuzte, und das war das genaue Gegenteil dessen, was sie sich für Sami wünschte. Zudem musste Priya sich auf ihren Plan für den Turnwettkampf konzentrieren. Eins nach dem anderen.

»Alles klar, dann auf, auf.« Priyas Mum scheuchte ihren Mann und Pinkie aus der Tür und winkte ihrer ältesten Tochter noch einmal zu. »Priya, *beta*, ich hoffe sehr, es geht dir bald besser.«

Die Tür fiel hinter ihnen ins Schloss.

»Oh, das tut es schon«, murmelte Priya leise und ließ die

Bettdecke zu Boden fallen. Sie trug bereits ihren glitzernden schwarzen, langärmeligen Gymnastikanzug (der hervorragend den Armreif verbarg, da Schmuck bei Turnwettkämpfen nicht erlaubt ist) und darüber eine graue Trainingshose. Nun schnappte sie sich ihr Handy und rannte nach draußen, um auf Rachael und ihre Eltern zu warten, die sie abholen wollten.

Beinahe im selben Moment bog ein großer brauner Geländewagen in ihre Auffahrt ein, und Rachael streckte ihren Kopf aus dem Fenster und winkte wie verrückt. »Da sind wir! Steig ein!«

Priya warf Rachaels Eltern ein Grinsen zu – die beiden sahen haargenau so aus wie ihre Tochter und winkten ebenso wild durch die Windschutzscheibe – und schlüpfte dann rasch auf die Rückbank.

Bislang lief alles nach Plan. Nun musste Priya, sobald sie die Halle erreicht hatten, bloß dafür sorgen, dass Olaf ihr erlaubte, zusammen mit dem Team anzutreten, dann eine perfekte Übung abliefern, alle beeindrucken, Dan dazu bringen, ihr zu vergeben, und vor allem ihren Platz im Team zurückerobern. Easy-peasy.

»Viel Glück, Mädels!«, rief Rachaels Mum, ehe sie sich zur Publikumstribüne aufmachte.

»Ganz gleich, wie es ausgeht: Wir sind stolz auf euch«, fügte ihr Dad hinzu.

»Danke.« Rachael lächelte. »Bis später!« Ihre Eltern verschwanden in der Menge, und Rachael drehte sich zu Priya um. Ihr Lächeln war wie weggewischt. »Okay, bist du bereit?«

Priyas Magen rumorte vor Nervosität. »Ähm. Nein. Aber mir bleibt wohl nichts anderes übrig.«

»Prima. Wie gut, dass du so zuversichtlich bist«, meinte Rachael, die offensichtlich auch Nervenflattern hatte. »Das wird schon. Es ist bloß Olaf. Er lärmt und poltert gern, aber im Grunde hat er uns doch alle ins Herz geschlossen.«

»Hoffen wir's«, murmelte Priya und kaute auf ihrer Unterlippe herum. »Also los.«

Sie betraten die Wettkampffläche und erspähten Olaf bei den anderen aus ihrem Team. Priya fiel sofort Dan ins Auge, der neben James stand und in seinem schwarzen Gymnastikanzug so süß wirkte wie eh und je. Olaf blickte sich panisch um, bis seine Augen erleichtert an Rachael hängen blieben – und dann an Priya ... Priya wand sich innerlich, während sie versuchte, seine Miene zu ergründen. Wut sprach nicht direkt daraus. Auch keine Enttäuschung. Eine gewisse Portion Schock. Und dann noch, tja, wahrscheinlich doch Wut.

Rachael fasste Priya bei der Hand und schleifte sie praktisch zu Olaf und dem Team. Priya hielt den Blick fest auf den Boden geheftet – zu sehr fürchtete sie sich davor, die anderen anzuschauen. Aus dem Augenwinkel erhaschte sie dennoch, wie Olaf verärgert den Kopf schüttelte.

»Ich hoffe, das ist nicht die Turnerin, die du mir als Ersatz für unsere Teamdisziplin versprochen hast«, meinte Olaf grimmig.

»Doch, das ist sie«, gestand Rachael.

»Ich dachte, du bringst Simone mit«, rief Olaf aufgebracht. »Ich habe explizit verboten, dass Priya mit dem Team antritt.«

Priya drückte Rachaels Hand – sie erinnerte sich, dass Simone Rachael einst das Herz gebrochen hatte. Rachael jedoch reckte trotzig das Kinn vor. »Tja, Olaf, die Entscheidung darüber liegt nicht bei dir.«

Priya klappte der Mund auf. Verstohlen spähte sie zu den Übrigen – deren Münder ebenfalls offen hingen. Sie sah sogar Dans makellos weiße Backenzähne. Noch *nie* hatte Rachael so mit Olaf geredet. Und auch niemand sonst. Na ja, zumindest bis Priya sich in dieses vertrackte Dilemma mit dem Armreif manövriert hatte. Eilig schielte sie auf Rachaels Handgelenk, um sicherzugehen, dass dort nicht ebenfalls ein Reif der Wahrheit saß, doch: nichts.

»Wie bitte?«, donnerte Olaf. »Ich bin der Coach. Die Entscheidung liegt *sehr wohl* bei mir! Rachael – was ist in dich gefahren? Muss ich mit dir auch ein Wort unter vier Augen wechseln?«

»Ich will damit nur sagen: Wir sind ein Team«, entgegnete Rachael mit leicht bebender Stimme. »Wir alle haben hart für diesen Wettkampf trainiert. Und ich finde, wir sollten gemeinsam – als Team – entscheiden, wer mit uns antritt.«

Olaf runzelte die Stirn. »Du meinst ... eine Abstimmung?«

Priyas Augen weiteten sich. Das gehörte nicht zum Plan! Was, wenn die anderen nicht für sie stimmten?

»Genau«, bestätigte Rachael mit neuem Selbstvertrauen. »Eine Abstimmung. Und ich stimme für Priya.«

»Ich weiß nicht, ob ich für Priya bin«, sagte James. »Hat sie nicht gesagt, dass unser Team ihr egal ist? Ich würde lieber mit einer Turnerin weniger antreten als mit einem Mädchen, dem überhaupt nichts an uns liegt.«

Gemurmel hob unter den anderen an. Priya wurde schwer ums Herz – allem Anschein nach war die Mehrheit mit James einer Meinung.

Rachael wandte sich zu ihr um. »Priya, du solltest ... das erklären. Wieso sagst du nicht allen die Wahrheit?«

Mit einem Mal waren sämtliche Blicke auf Priya gerichtet. »Ähm ...« Priya versuchte, zu entscheiden, welche Wahrheit sie aussprechen wollte. Welche Wahrheit würde die anderen dazu bringen, sie wieder zu mögen? Sie hatte keinen blassen Schimmer! Und ihre Gedanken überschlugen sich, während sie fieberhaft über die richtige Antwort grübelte. Da traf es sie wie ein Schlag: Sie musste nicht verzweifelt darum buhlen, ihr Team wieder auf ihre Seite zu ziehen. Sie musste lediglich atmen und dann die blanke Wahrheit sagen. Mehr konnte sie nicht tun. Was danach geschah, lag nicht in ihrer Hand.

Sie zwang sich, jedem und jeder Einzelnen – sogar Dan – in die Augen zu sehen, und setzte dann an: »Es tut mir wirklich leid, euch allen gegenüber. James hat recht. Das habe ich gesagt. Deshalb hat Olaf mich rausgeworfen. Ich war egoistisch und hatte nur meine Einzeldisziplin im Kopf – und das Preisgeld, das ich gewinnen wollte. Die Teamchoreografie war mir nicht wichtig genug.«

Sie schlug kurz die Augen nieder – die Enttäuschung und das Entsetzen in den Gesichtern der Umstehenden waren kaum zu ertragen. Doch dann fing sie Rachaels Blick auf, und ihre Freundin lächelte ihr ermutigend zu. Priya nickte langsam – sie konnte es schaffen.

Wieder sah sie zu ihrem Team auf. »Aber das war falsch von mir. So falsch. Ich habe mich von dem Druck beeinflussen lassen und vergessen, worauf es tatsächlich ankommt. Und das ist – tja, Spaß zu haben! Und ein Team zu sein! Ich weiß, dass ich mich euch bisher nie allzu sehr geöffnet habe, aber ich hätte unheimlich gern eine Chance, das zu ändern. Ich liebe es wirklich, Teil dieses Teams zu sein. Und in den letzten paar Tagen habe ich unermüdlich unsere Wettkampfchoreografie geübt, in Hayleys Position. Ich kann an ihrer Stelle turnen – ich weiß es. Bitte nehmt mich wieder auf und lasst mich beweisen, dass ihr und das alles mir am Herzen liegt.«

Rachael blinzelte eine Träne fort und reckte dann beide Daumen für Priya in die Höhe. *Bingo*, formte sie mit den Lippen. Priya schenkte ihr ein zaghaftes Lächeln und vermied derweil den Blickkontakt zu allen anderen. Sie fürchtete, dass ihnen noch immer die Enttäuschung ins Gesicht geschrieben stand.

»Schön«, knurrte Olaf. »Hände hoch, wer Priya *für diesen einen Wettkampf, und zwar nur diesen einen,* wieder im Team haben will. Über alles Weitere entscheide ich, denn auch wenn es euch entfallen zu sein scheint: Ich bin immer noch der Coach.«

Priya nagte an ihrer Lippe und mühte sich nach Kräften, nicht hinzuschauen, während ihr Team abstimmte. Ihr Herz klopfte so schnell, dass sie glaubte, sich jeden Moment übergeben zu müssen. Sie starrte beharrlich zu Boden. Auf ihre New-Balance-Sneakers mit den besorgten Smileys. Irgendwie fand sie allmählich Gefallen daran – die Gesichter wirkten nicht mehr abgrundtief ängstlich und verzweifelt auf sie, sondern vielleicht auch verhalten zuversichtlich.

»Du hast es geschafft!«, schrie Rachael.

Priyas Kopf ruckte nach oben – und sie sah sämtliche Hände in der Luft. Auch James' Hand. Dan lächelte sie sogar an. Priya meinte, vom Boden abzuheben.

»Oh, vielen, vielen Dank! Ich werde euch nicht enttäuschen – das verspreche ich.«

Olafs Stirn lag nach wie vor in tiefen Falten. »Also los, wir haben noch zwei Stunden, bis wir dran sind. Ich möchte, dass ihr die Übung so lange durchturnt, bis sie *perfekt* sitzt. Priya – fang mit ein paar Liegestützsprüngen an!«

Priya ging grinsend in die Hocke. Noch nie zuvor hatte sie sich bei einem Liegestützsprung so glücklich gefühlt.

Nun galt es. Das Team vor ihnen hatte soeben seine Choreografie beendet, und Priyas Team war als Nächstes an der Reihe. Als letzte Turngruppe, die in dieser Runde der Britischen Meisterschaften antrat. Priya war so nervös, dass sie beinahe ihr Blut in den Adern pulsieren hörte. Sie hasste es, als Letztes auf die Matte zu müssen. Vor allem, nachdem die übrigen Teams eine derart gute Leistung gezeigt hatten. Sie spähte hinüber zur Anzeigetafel, wo lauter Wertungen mit sechzehn und siebzehn Punkten vor dem Komma standen. Ein Team hatte sogar 18,075 Punkte erzielt – und jeder wusste, dass die perfekte Wertung von zwanzig Punkten noch kein einziges Mal erreicht worden war. Um zu gewinnen, brauchte Priyas Team mindestens 18,100 Punkte. Der Druck war entsprechend hoch. Doch sie konnten es schaffen. *Zusammen* konnten sie es schaffen. Alle gemeinsam.

»Hey, Priya?«

Priya wirbelte herum, und da stand Dan. Sie schnappte nach Luft und mühte sich dann, ihre Verlegenheit mit einem Lächeln zu überspielen. Er schien nicht zu bemerken, wie unsicher sie war. Stattdessen war er ganz damit beschäftigt, sich mit zusammengezogenen Augenbrauen seine Haare aus der Stirn zu schieben. »Ich wollte nur sagen ... Danke, dass du zurückgekommen bist. Um hier dabei zu sein.«

»Natürlich«, erwiderte Priya. »Es war ja allein meine Schuld, dass ihr in diese Lage geraten seid. Das musste ich wiedergutmachen.«

Er nickte. »Das ist echt anständig von dir. Du hättest es auch lassen können. Ach ja, und ich, ähm, sollte mich ebenfalls entschuldigen. Ich glaube, ich bin ein bisschen hart mit dir ins Gericht gegangen. Es war nicht fair, dich für deine Prioritäten zu verurteilen. Das tut mir leid.«

»Schon okay – was ich gesagt habe, war auch nicht so toll«, räumte Priya ein. »Ganz und gar nicht toll. Ich bin bloß froh, dass ich eine Chance bekommen habe, mich bei allen zu entschuldigen. Und ich hoffe, ich patze jetzt nicht.«

»Wirst du nicht«, meinte er überzeugt. »Stell dir einfach vor, wir würden unsere Saltos üben – nur wir zwei allein. Dabei haben wir noch nie gepatzt.«

Die Erinnerung trieb Priya die Röte in die Wangen. »Okay. Ich versuche es.«

Die Stimme des Kommentators dröhnte durch die Halle und kündigte das nächste Team an. Priya warf Dan ein zittriges Lächeln zu. Er grinste optimistisch zurück. »Wir schaffen das! Komm!«

Das Team rannte geschlossen auf die Matte. Rachael zwinkerte Priya zu. Lachend zwinkerte Priya zurück. Olaf nickte resolut, als er ihren Blick auffing. Sie erwiderte das Nicken. Sie würde es schaffen.

Sowie die Musik einsetzte, brachte Priya mit Mühe ihren Atem unter Kontrolle. Sie brauchte nichts weiter zu tun, als sich zu konzentrieren und zu atmen. Das war alles. Etwas, das Ba zwei Jahre zuvor zu ihr gesagt hatte, fiel ihr wieder ein – damals hatte sie auf dem Schwebebalken das Gleichgewicht verloren. Ihre Grandma hatte Priya gelobt dafür, wie tapfer sie gewesen war, weil sie nach ihrem Sturz weitergemacht hatte. Für Ba zählte Tapferkeit mehr als eine Goldmedaille. Und gewiss war Priyas Entscheidung, zurückzukehren und sich bei ihrem Team zu entschuldigen, tapfer gewesen. Sie konnte jedenfalls mit Sicherheit sagen, dass diese Entschuldigung zu den furchterregendsten Dingen gehörte, die sie je getan hatte. In Bas Augen hätte sie damit wahrscheinlich bereits Gold verdient. Priya schmunzelte – irgendwie schien mit diesem Gedanken ein Sieg tatsächlich möglich.

Und dann ging es los. Priya ließ ihren Körper all das tun, was er liebte – springen, sich überschlagen, sich abrollen, tanzen, sich strecken und auf der Matte in alle Richtungen wirbeln. Beinahe hätte sie laut aufgelacht, als sie perfekt synchron mit Dan ihren doppelten gehockten Salto landete. Warum hatte sie nie begriffen, wie viel Spaß es machte, gemeinsam mit ihren *Freunden* an ihrer Seite zu turnen? Sie hatte das Gefühl zu fliegen. Ihre Landungen waren makellos. Sie nahm alle um sich herum so klar und deutlich wahr, dass sie ihr Timing unmöglich vermasseln konnte – sie spürte jede noch so winzige Drehung und Bewegung der anderen und wusste genau, wann ihr Körper es ihnen gleichtun musste.

Dann war es an der Zeit für das große Finale: die menschliche Pyramide mit Rachael an der Spitze. Priya spähte zu Rachael, um ihr ein breites, ermutigendes Lächeln zuzuwerfen, und nahm dann ihren Platz ganz rechts in der Basis ein. Sie hätte vor Stolz platzen können, als Rachael sich ganz nach oben katapultierte und dort im Spagat landete. Die Menge jubelte. Sie hatten es geschafft.

Wie in Trance richtete Priya sich wieder auf. Ihr war bewusst, dass sie mit ihrem Team soeben die beste Leistung gezeigt hatte, die ihnen je gelungen war – das spürte sie in jeder einzelnen Faser. Doch sie hatte keine Ahnung, wie die Wertung der Kampfrichter ausfallen würde. Automatisch wanderte ihr Blick zu Olaf. Er hatte die Augenbrauen zusammengezogen und bedeutete ihnen, von der Matte zu kommen, während die Richter sich berieten, doch seine Augen funkelten.

»Olaf?«, fragte sie. »War das ... okay? Es tut mir leid, dass ich dich hintergangen habe. Aber ich wollte dem Team unbedingt beweisen, dass es mir sehr wohl etwas bedeutet.«

Er nickte mürrisch. »Ja. Ich denke, die Botschaft ist angekommen. Wir sehen uns nächste Woche wie gewohnt beim Training. Es sei denn, der Olympia-Nachwuchskader will dich haben.«

Priya grinste und fiel ihm um den Hals. »Danke, Olaf.«

Er räusperte sich und winkte die Übrigen heran. »Die Richter besprechen sich noch. Wir brauchen mindestens 18,100 Punkte, sonst sind wir aus dem Rennen. Jetzt sortieren sie die Punktekarten ... Auf neunzehn zu hoffen, wäre vermessen, aber achtzehn könnte – Oh mein Gott, eine 19,001!«

Sie hatten es wahrhaftig geschafft. Der Applaus war ohrenbetäubend, als das Publikum begriff, dass Priyas Team damit den ersten Platz belegte. Ein hysterisches Lachen schüttelte Priya, während sie sich zu ihrem Team umwandte. Sie drückte Rachael fest und spürte, wie alle anderen ebenfalls die Arme um sie beide schlangen. Priya sah kaum etwas außer Gymnastikanzügen und einem Durcheinander aus Gliedmaßen, doch das war auch nicht nötig. Sie wusste, dass alle ebenso überglücklich waren wie sie.

»Wir haben es geschafft!«, rief Priya. »Wir haben gewonnen!«

Kapitel 25

Priya schwebte noch immer vor Glück, als sie wenig später die Mädchentoilette betrat. Selig strahlte sie ihr Spiegelbild an. Es war vollbracht – sie hatte ihrem Team zum Sieg verholfen. Da ging die Tür auf, und Katie kam herein. Priyas Kinnlade klappte nach unten.

»Katie? Was machst du …? Du bist tatsächlich hier!«

Katie verdrehte die Augen. »Sag bloß.« Sie trug einen kurzen schwarzen Rock, ein glänzendes dunkelgrünes Top, das perfekt zu ihrem Nagellack passte, und schicke Lederstiefel. Sie sah unglaublich aus – und wirkte auf einem Turnwettkampf vollkommen fehl am Platz. »Gut gemacht. Hübscher Spreizsprung da in der Mitte. Und dein doppelter gehockter Salto war tadellos. Die Goldmedaille habt ihr euch verdient.«

»Danke«, erwiderte Priya. »Ich fasse es immer noch nicht, dass du hier bist. Und auch noch rechtzeitig da warst, um mir zuzuschauen.«

Katie begutachtete schulterzuckend ihr Spiegelbild und zog ihren Eyeliner nach. »Ich dachte, es könnte cool sein, das mal in echt zu sehen. Und es ist wirklich noch besser als auf Tik-Tok, wer hätte das gedacht? So oder so wollte ich mir diesen Dan Zhang mal angucken.«

Priya errötete und blickte sich rasch um, um sicherzugehen, dass Dan nicht in der Nähe war und mithören konnte. Dann fiel ihr wieder ein, dass sie sich in der Mädchentoilette befand.

»Hat er dir schon verziehen?«, wollte Katie wissen. »Steht euer Date wieder?«

Priya schüttelte den Kopf. »Das Date nicht. Aber das ist okay, wenigstens redet er jetzt mit mir! Und er hat sich sogar entschuldigt.«

Katie drehte sich mit hochgezogenen Augenbrauen zu Priya um. »Du hast deinem Team gerade die Goldmedaille beschert. Was will er denn noch?«

»Ich weiß es nicht«, gab Priya ehrlich zu. »Aber ... es ist egal. Im Moment zählen andere Sachen für mich mehr.« Dass das stimmte, wurde ihr erst vollends bewusst, als sie es aussprach. So fantastisch es sich anfühlte, dass sie sich mit ihrem Team wieder gut gestellt hatte: Es gab noch etwas, das sie beschäftigte. Etwas viel Wichtigeres.

»Ach ja?« Katie runzelte die Stirn. »Und welche Sachen?«

»Sami und Mei«, sagte Priya und spürte mit jeder Zelle ihres Körpers, wie die Wahrheit dieser Worte in ihr widerhallte. Die beiden waren die bedeutendsten Menschen in ihrem Leben. Sie hatte keine Ahnung, wie sie das je hatte vergessen können. »Ich muss zuerst alles mit den beiden klären. Ich meine: Was bringt mir eine Goldmedaille oder sogar ein Date mit Dan, wenn ich ihnen nicht davon erzählen kann?«

»Da könnte ich dir jede Menge auflisten, aber wie du meinst«, sagte Katie und verschränkte die Arme. »Dann geh doch einfach und klär alles mit ihnen – was hindert dich daran?«

»Ich würde ja gern, aber sie weigern sich immer noch, mit mir zu reden. Das haben sie mir erst vorgestern wieder gesagt.«

»Was bedeutet, dass sie sehr wohl mit dir geredet haben«, merkte Katie an. »Und überhaupt – na und? Zwing sie einfach, mit dir zu reden.«

»Ich kann nicht ...«

»Hast du nicht eben gerade erzwungen, dass du mitturnen durftest?«, bohrte Katie. »Wieso sollte das bei Sami und Mei nicht auch funktionieren?«

»Na ja, Sami steht irgendwie schon auf große Gesten, schätze ich ...«, meinte Priya unsicher. »Aber ich weiß nicht, wie sie es fände, wenn ich einfach bei ihrer Bat-Mizwa hereinschneien würde, nachdem sie mich ausdrücklich ausgeladen hat.«

»Das klingt für mich, als hättest du bereits einen Plan«, stellte Katie grinsend fest. »Du crashst ihre Bat-Mizwa.«

»Priya!« Die Tür schwang auf, und dahinter stand eine von Ohr zu Ohr strahlende Rachael. »Da bist du ja! Ich habe dich überall gesucht! Olaf will dich sprechen, und, Priya – der Olympiascout ist bei ihm!«

Priya schnappte nach Luft. »Nein!«

»Das ist deine Chance«, rief Rachael. »Wenn du ihn heute Nachmittag bei deiner Einzeldisziplin beeindruckst, kommst du in den Nachwuchskader für Olympia! Das ist so genial – du wirst allen Ernstes bei den OLYMPISCHEN JUGEND-SPIELEN dabei sein!«

»Cool«, meinte Katie, schraubte ihren Eyeliner zu und verstaute ihn wieder in ihrer Tasche. »Ich wette, da bekommst du jede Menge Gratiskram von Sponsoren. Streck mal die Fühler nach Adidas aus.«

»Ähm ...« Priya starrte zuerst Katie an, dann Rachael, die Katie argwöhnisch musterte. »Ich ... weiß nicht. Ich weiß nicht, was ich machen soll!«

»Natürlich weißt du das«, widersprach Rachael. »Du musst jetzt zum Coach gehen und ihm sagen, dass du dabei bist! Und dann ordentlich abräumen bei deinem Einzelevent! Aber ... zuerst musst du mal raus aus dem Klo.« Sie hielt die Tür auf. »Na los!«

Priya folgte ihr langsam auf den Gang, mit Katie im Schlepptau. Olaf und der Olympiascout warteten bereits auf sie.

»Priya!«, rief Olaf und winkte hektisch. »Das ist Soren. Er möchte dich in seinem Team haben! Na ja, das wird er dir bestätigen, sobald er dich bei deiner Einzelübung gesehen hat – aber wenn du auch nur annähernd so gut turnst wie vorhin bei der Teamchoreografie, dann steht dem nichts im Wege.«

»Ähm, hi«, sagte Priya und schüttelte Sorens ausgestreckte Hand. Das war fast mehr, als sie im Augenblick verarbeiten konnte – in ihrem Kopf drehte sich noch alles von Katies Vorschlag, sie solle Samis Bat-Mizwa crashen. Könnte sie das wirklich tun? Sollte sie? Und, viel wichtiger: Falls sie es tat, würde sie Sami und Mei so dazu bewegen können, ihr zu verzeihen?

»Ich freue mich, dich kennenzulernen, Priya«, sagte Soren. »Olaf lobt dich schon sehr lange in den höchsten Tönen. Er hat mir stets erzählt, dass du vor allem in deinen Einzeldisziplinen glänzt, aber nachdem ich dich gerade mit den anderen auf der Matte erlebt habe, scheinst du mir durchaus auch eine Teamplayerin zu sein! Und genau danach suchen wir!«

Priya starrte ihn stumm an, bis Rachael sie mit dem Ellenbogen schmerzhaft in die Rippen stieß. »Au! Ich meine, tut mir leid. Das ist ... Vielen, vielen Dank.«

Soren lächelte. »Als Teil des Kaders für die Olympischen Jugendspiele würdest du einmal im Monat zusammen mit unseren anderen Turnerinnen und Turnern ins Trainingscamp zu unserem Chefcoach fahren und in der Zwischenzeit mit einem privaten Coach in deiner Nähe trainieren – und natürlich reist du das ganze Jahr über immer wieder zu Wettkämpfen in aller Welt. Wie klingt das?«

Priya starrte noch immer. Wie das klang? Fantastisch. Beängstigend. Ziemlich ... stressig. Sie atmete tief durch, da ihr bewusst wurde, dass ihr Körper sich mit einem Mal versteift hatte und ihre Schultern völlig verspannt waren. Schon möglich, dass es gut klang, aber ... es *fühlte* sich nicht gut *an*. Ihr ganzes Leben lang hatte sie darauf hingearbeitet, doch es war nicht das, was sie wirklich wollte. Zumindest nicht im Moment. Im Moment wünschte sie sich einfach nur, das zu tun, was ihr Dad vorgeschlagen hatte: sich darauf zu besinnen, Spaß am Turnen zu haben, weil sie tat, was sie liebte – ohne nur nach Erfolgen zu schielen.

»Danke«, erwiderte sie ruhig. »Das ist ein großartiges Angebot. Aber um ganz ehrlich zu sein: Im Augenblick möchte ich einfach nur wieder in Olafs Team turnen.«

»Aber Priya, beides gleichzeitig geht nicht!«, zischte Olaf. Er versuchte seine Panik mit einem zwanglosen Lachen zu überspielen. »Ha, ha! Das Olympiateam braucht dich natürlich in Vollzeit. Das ist ja auch viel wichtiger als unsere kleine Gruppe!«

Priya spähte zu Katie, die neben ihr stand und sich alles anhörte. Katie bedachte sie mit einer hochgezogenen Augenbraue, als wollte sie Priya herausfordern. Priya nahm die Herausforderung stumm an. »Ich möchte nicht in den olympischen Nachwuchskader«, sagte sie, mit einem Mal voller Selbstbewusstsein. »Ich möchte ein Leben haben und freitags Übernachtungspartys mit meinen Freundinnen feiern. Ich möchte nicht ständig gestresst sein und zu müde, um meine Hausaufgaben zu machen. Ich möchte einfach nur zusammen mit meinen Freunden trainieren, Spaß haben und hin und wieder an einem Wettkampf teilnehmen. Aber nicht auf einem Niveau, das mich davon abhält, noch ein Leben neben dem Sport zu führen.«

Soren nickte enttäuscht. »Das verstehe ich. Du bist noch sehr jung – vielleicht ist es zu früh.«

Olaf war alles Blut aus dem Gesicht gewichen. »Priya ... Ich bin mir nicht sicher, ob du weißt, was du da sagst. Vielleicht sollten wir uns zuerst mit deinen Eltern unterhalten – wo sind sie denn?«

»Auf der Bat-Mizwa meiner Freundin«, antwortete Priya, der immer klarer wurde, dass sie genau dort ebenfalls hingehörte. »Und mit meinem Dad habe ich schon geredet. Er sagt, ich darf tun, was immer mich glücklich macht, und das ist, wieder bei dir im Team zu turnen, Olaf.« Seine Miene wurde weicher. Bis Priya weitersprach: »Wie auch immer: Ich muss jetzt los. Sorry.«

Seine Kinnlade klappte nach unten. »Das geht nicht! Deine Einzeldisziplin ist gleich dran.«

»Ich weiß«, entgegnete Priya mit bebender Stimme. Sie hatte so viel Zeit darauf verwandt, die Choreografie zu üben. Und das Preisgeld war gigantisch. Allerdings nicht so gigantisch wie ihre Liebe zu ihren Freundinnen. Sie musste die beiden über alles stellen. Also nickte sie entschieden. »Aber ich werde sie schwänzen. Ich muss zu einer Bat-Mizwa.«

Olaf hob den Blick zur Decke und grummelte kaum hörbar: »Teenager. Himmelherrgott noch mal.«

Soren lächelte Priya zu. »Viel Spaß auf der Bat-Mizwa. Vielleicht sehen wir uns nächstes Jahr und können uns dann noch einmal unterhalten? Eventuell mit einer anderen Antwort von dir?«

»Eventuell«, sagte Priya. »Aber ... versprechen kann ich nichts.«

Soren nickte respektvoll. »Danke für deine Ehrlichkeit. Und, Rachael, ich freue mich auch auf deine Choreografie in der Einzelwertung. Es sei denn, du wirst ebenfalls bei einer Bat-Mizwa erwartet?«

Rachael schüttelte wortlos den Kopf. Soren lächelte und ging mit Olaf davon, der Priya über die Schulter noch einen heillos verwirrten Blick zuwarf.

»Ach du meine Güte, Rach, er will sich deine Übung anschauen!«, quietschte Priya. »Das ist so aufregend!«

»Jaaa, schon«, murmelte Rachael benommen. »Ich fasse es nicht, dass du das gerade getan hast.«

Katie dagegen nickte beifällig. »Ich wusste ja, es wird dramatisch heute. Ich hatte nur nicht damit gerechnet, dass du Olympia für eine Bat-Mizwa ausschlägst.«

»Entschuldige, aber wer bist *du*?«, fragte Rachael.

»Sie ist ... eine Freundin von mir«, sagte Priya. »Katie. Und das, Katie, ist eine andere Freundin von mir: Rachael.«

»Hi – oder so«, meinte Katie.

»Gleichfalls hi oder so«, konterte Rachael.

»Also, ähm, ich bin dann mal weg«, sagte Priya. »Tut mir leid, dass ich einfach so abdampfe, Rachael. Aber du erklärst es den anderen, oder? Und wünsch ihnen viel Glück von mir für ihre Einzelwettkämpfe. Und dir ALLES Glück der Welt für deine Choreografie! Ich wette, Soren bittet dich, in den Nachwuchskader zu kommen!«

»Da bin ich mir nicht so sicher, aber es war auf jeden Fall cool, dass er das gesagt hat«, erwiderte Rachael. »Und danke, Priya. Für alles. Du bist eine gute Freundin.«

Priya schloss Rachael in die Arme. »Du auch. Schreib mir später und erzähl mir, wie es gelaufen ist.«

»Ich gehe dann wohl auch«, sagte Katie, nachdem Rachael davongerannt war. »Und lasse dich deine Wiedervereinigung mit deinen kleinen Musketierfreundinnen feiern oder was auch immer.«

Priya blickte Katie an. Was sie zu Rachael gesagt hatte, stimmte: Katie *war* ihre Freundin. Irgendwie, entgegen aller Logik und Wahrscheinlichkeit, hatte sie sich mit dem

Mädchen angefreundet, das sie über Monate gemobbt hatte. »Weißt du was?«, meinte sie langsam. »Ich könnte auf der Bat-Mizwa ein bisschen Hilfe gebrauchen. Moralischen Beistand.«

Katie zog erneut eine Augenbraue hoch. »Willst du damit sagen ...?«

Priya holte tief Luft. Keine Frage, es war an sich schon ein Risiko, einfach in Samis Bat-Mizwa zu platzen, wo Sami doch unmissverständlich deutlich gemacht hatte, wie unerwünscht Priya war. Auch noch Katie Wong mitzubringen, kam praktisch Selbstmord gleich. Doch Priya wusste auch, dass sie fortan Vertrauen in *all* ihre Freundinnen setzen musste. Und das bedeutete, auch auf Samis und Meis großes Herz zu vertrauen – und darauf, dass Katies Herz sich weiten würde. »Ich will sagen: Wenn ich schon eine Bat-Mizwa crashe, dann nicht ohne einen Sidekick«, sagte Priya schließlich. »Was hältst du davon?«

»Wieso nicht?«, antwortete Katie und mühte sich, ein Lächeln zu unterdrücken. »Ich schätze, ich bin dir etwas schuldig – schließlich war dein Streit mit Sami und Mei ein bisschen auch meine Schuld ... Außerdem wette ich, du hast nicht einmal eine Mitfahrgelegenheit, die dich hinbringt.«

Priyas Miene verriet ohne jeden Zweifel, dass das stimmte – denn daran hatte sie bisher keinen Gedanken verschwendet.

Katie grinste triumphierend. »So ein Glück, dass ich eine Taxi-App habe, die mit der Kreditkarte meines Dads verknüpft ist. Also los.«

Eine halbe Stunde später stand Priya bis in die Haarspitzen nervös zusammen mit Katie vor der Synagoge. »Pinkie sollte hier sein! Sie hat gesagt, sie kommt raus und holt uns ab.«

Katie seufzte ungeduldig. »Ich kapiere echt nicht, wieso wir hierfür deine zehnjährige Schwester brauchen. Kannst du nicht einfach in die Synagoge spazieren und dich bei deinen Freundinnen entschuldigen?«

»Auf gar keinen Fall«, wehrte Priya ab. »Erstens denken meine Eltern, ich liege krank zu Hause im Bett. Zweitens bringt Sami mich um, wenn ich ihre BM ruiniere, indem ich während der Predigt hineinplatze. Und drittens kann ich da so, wie ich gerade aussehe, schon gar nicht erscheinen. Pinkie hat versprochen, mir Mums Schultertuch mitzubringen, damit ich meine Sportklamotten wenigstens ein bisschen verbergen kann.«

Katie musterte Priya von Kopf bis Fuß. Sie trug noch immer ihren schwarzen Gymnastikanzug und darüber die Trainingshosen. »Jaaa, am dritten Punkt ist was dran«, urteilte sie und betrachtete dann ebenso bewundernd wie erleichtert ihr eigenes Outfit. »Ein Glück, dass ich modisch immer für alle Eventualitäten gewappnet bin. Das heißt: Ich sehe immer gut aus, egal, wohin es mich verschlägt.«

»*So* furchtbar schaue ich auch nicht aus, oder?«, fragte Priya besorgt. »Also, mein Gymnastikanzug glitzert immerhin. Und mit dem Schultertuch wird das schon gehen, denkst du nicht? Es ist blassblau und ganz seidig.«

»Blassblau zu Schwarz?« Katie schüttelte den Kopf, und ihr Gesicht verriet nur allzu deutlich, was sie davon hielt. Sie trat einen Schritt zurück, um Priya gründlich zu begutachten. Nachdem sie sie eine sehr unbehagliche Weile lang angestarrt hatte, wanderte ihr Blick zu ihrem eigenen Rock – der aus mehreren Lagen Chiffon in Schwarz bestand –, und sie riss mit einem Mal energisch das Kreppgarn ab. Darunter kam eine weitere Lage aus schwarzer Seide zum Vorschein.

Priya japste auf. »Was machst du da? Wieso hast du gerade deinen Rock kaputt gerissen?«

»Zieh die Trainingshosen aus«, kommandierte Katie. »Na los!«

Priya war so schockiert, dass sie widerstandslos gehorchte. Katie kam mit dem Chiffongewebe zu ihr herüber und wickelte Priya den Stoff um die Hüften. Dann zog sie eine dünne silberne Klemme aus ihren Haaren und bog sie zu einem provisorischen Halteclip für Priyas neuen Rock. Katie zupfte alles zurecht, trat einen Schritt zurück und lächelte stolz. »Na bitte. Erinnert ein bisschen an *Black Swan*, aber irgendwie süß. Und um Welten besser als die Trainingshosen.«

Priya schaute an sich hinunter – der Rock wirkte wie ein flippiges Tutu – und strahlte. »Das ist fantastisch! Danke, Katie. Wow, das kannst du echt gut. Du solltest in die Modebranche gehen.«

Katie bedachte sie mit einem langen, ausdruckslosen Blick. »Meinst du, das weiß ich nicht?«

»Oookay«, machte Priya. »Das war jetzt mein letzter Versuch, dir ein Kompliment zu machen.«

In diesem Augenblick schwang die Tür auf. Dahinter stand Pinkie – mit dem schwarzen Jackett ihres Dads über dem Arm.

Sie nickte ihrer Schwester und deren Sidekick zu. »Hübsches Tutu, Priya«, sagte sie. »Und Glückwunsch zur Goldmedaille. Offenbar war Plan A ein Erfolg.«

»Jep«, erwiderte Priya. »Danke für deine Hilfe. Ich hatte wirklich keine Ahnung, dass du so eine kleine ... Meisterstrategin bist.«

»Die meisten Leute unterschätzen mich«, gab Pinkie schulterzuckend zurück. »Jedenfalls: Die Reden sind gerade zu Ende, und alle gehen jetzt in den Saal, wo die Party steigt. Da hast du, denke ich, eine Chance, Sami und Mei allein zu erwischen. Hoffentlich ohne dass unsere Eltern etwas mitbekommen. Ach ja, und das Schultertuch hätte nicht zu deinem Outfit gepasst, also habe ich dir Dads Jackett mitgebracht. Oversized-Look.«

Katie nickte anerkennend, während Priya hineinschlüpfte.

»Ähm, danke«, meinte Priya.

»Gern«, sagte Pinkie und hielt mit einem ihrer glitzernden Turnschuhe die Tür auf. »Los, kommt. Hier entlang.«

Katie marschierte zuerst hinein und unterzog Pinkie im Vorbeigehen einer Ganzkörpermusterung. »Starker Look. Gefällt mir.«

Pinkie – die Katie kaum bis zur Schulter reichte – streifte sie mit einem ganz ähnlichen Blick. »Und mir gefällt deiner. Ich schätze, du warst diejenige, die Priyas Outfit gerettet hat?«

Augenrollend folgte Priya ihrer kleinen Schwester und ihrer einstigen Mobberin in den Saal. Klar, dass die beiden sich auf Anhieb verstanden. Doch nun war nicht der rechte

Zeitpunkt, um sich darüber Gedanken zu machen. Ihre Mission bestand darin, ihre besten Freundinnen zurückzugewinnen.

Kapitel 26

Priya drückte sich im hinteren Teil des brechend vollen Saals herum, bemüht, möglichst unsichtbar zu bleiben. Überall wimmelte es nur so von Leuten – ihre komplette Klasse war da, ebenso wie ein Großteil der jüdischen Gemeinde und auch der örtlichen indischen Gemeinde, dank des neuen Freunds von Samis Mum. Außerdem legte ganz vorn ein DJ Musik in ohrenbetäubender Lautstärke auf. Unwillkürlich stahl sich ein begeistertes Lächeln auf Priyas Lippen – sie freute sich für Sami, der es ganz offensichtlich gelungen war, die Party des Jahres zu organisieren. Dabei war es erst Mittag. Traurigkeit darüber, dass sie den Vormittag versäumt hatte, versetzte Priya einen kurzen Stich, doch dann erinnerte sie sich daran, wie Sami ihr erklärt (oder eher unter Tränen entgegengebrüllt) hatte, dass nur die Party am Nachmittag wirklich zählte. Somit war sie zumindest für den wichtigen Teil zur Stelle.

»Das ist die lahmste Party, auf der ich je gewesen bin«, bemerkte Katie und blickte sich abschätzig um.

Priya durchbohrte sie mit einem stechenden Blick. »Kannst du das bitte lassen? Es ist die Party meiner besten Freundin – und die beste, auf der *ich* jemals gewesen bin.«

»Du musst mehr vor die Tür kommen«, urteilte Katie.

»WILLST DU MICH VERDAMMT NOCH MAL VER-
ARSCHEN?!«

Priya und Katie wirbelten zeitgleich herum. Direkt hinter ihnen stand Sami, die Hände in die Hüften gestemmt und praktisch schnaubend vor Wut. Sie trug einen leuchtend türkisblauen Hosenanzug und darunter ein orangefarbenes bauchfreies Top, was umwerfend zu ihrem langen roten Haar aussah. Priya staunte mit offenem Mund.

»Sami, du schaust bezaubernd aus!«

Sami blitzte sie bitterböse an und trat einen Schritt zur Seite, sodass Mei hinter ihr zum Vorschein kam. Auch Meis Anblick war überwältigend: Sie steckte in einem langärmeligen schwarzen Vintage-Kleid mit jeder Menge Rüschen. Priya lächelte stolz – ihre besten Freundinnen waren einfach wunderschön. Tja, zumindest hoffte sie, dass die beiden noch ihre besten Freundinnen waren. Ihren Mienen nach zu urteilen, war eher das Gegenteil der Fall.

»Ich weiß. Aber ich FASSE es nicht, dass du diese furchtbare ... *Person* zu meiner Party angeschleppt hast«, spuckte Sami und schaute angewidert von Priya zu Katie. »Und was denkst du dir eigentlich dabei, hier einfach so aufzukreuzen, Priya? Ich habe dich ausgeladen!«

»Ähm, das ist eine lange Geschichte«, murmelte Priya und schielte ebenfalls zu Katie. »Aber vielleicht ... Könnten wir uns vielleicht kurz unter sechs Augen unterhalten? Bitte?«

»Ich lasse euch drei mal allein«, sagte Katie. »Ich muss sowieso Pinkie fragen, woher sie ihre Hosen hat.«

Priya schenkte ihr einen dankbaren Blick und wandte sich

dann wieder Sami und Mei zu. »Bitte, hört ihr mir nur fünf Minuten zu?« Ihre Mienen blieben steinern. Priya biss sich auf die Unterlippe. »Wenigstens ... eine Minute?«

»Vergiss es!«, donnerte Sami. »Das ist mein Tag – nicht deiner.«

»Sie hat recht«, pflichtete Mei ihr bei. »Du kannst nicht einfach unerwünscht hier auftauchen – und auch noch in Begleitung von Katie! Das ist nicht okay, Priya. Du respektierst Samis Grenzen nicht im Mindesten.«

Priya ließ den Kopf hängen. An Meis Worten war etwas dran. Dennoch musste sie sich einfach entschuldigen. »Schaut – es tut mir leid. Dass ich Katie dabeihabe, war ursprünglich nicht geplant. Sie war schlicht ... Na ja, das zu erzählen, steht mir nicht zu, das muss sie euch selbst sagen. Aber sie ist nicht so, wie ihr glaubt. Und, noch wichtiger: *Ich* bin es auch nicht.«

»Ach? Dann bist du also keine Geheimnisse ausplaudernde Lügnerin, die ihre besten Freundinnen im Stich gelassen hat?«, bohrte Sami.

»Nein!«, entgegnete Priya. Sie zögerte kurz. »Also, ich meine, ich *habe* eure Geheimnisse ausgeplaudert und euch angelogen und im Stich gelassen. Aber ich wollte es nicht!« Das lief absolut nicht so, wie sie es sich erhofft hatte. Sie kniff die Augen zu und rang nach Worten, um ihre Freundinnen davon zu überzeugen, dass sie ihr immer noch unendlich wichtig waren und sie sie nie wieder verletzen würde. In diesem Moment jedoch erklang eine weitere Stimme, die Priya dazu veranlasste, in unguter Vorahnung die Augen langsam wieder zu öffnen.

»Priya?!«

Priyas Mum starrte sie heillos verwirrt an. Neben ihr stand Priyas Dad, nicht minder verdutzt.

»Was machst du denn hier?«, wollte ihre Mum wissen. »Ich dachte, du liegst krank im Bett!«

»Vermutlich auch bloß wieder gelogen«, brummte Mei.

»Ich ... Ich kann alles erklären«, beteuerte Priya verzweifelt. »Lasst mich nur erst mit Sami und Mei sprechen. Bitte. Ich muss hier etwas in Ordnung bringen.«

»Was denn in Ordnung bringen?«, erkundigte sich ihr Dad. »Und wieso trägst du deinen Gymnastikanzug?«

Priyas Blick huschte panisch zwischen ihren Eltern und ihren Freundinnen hin und her. Sie spürte, wie heiße Tränen hinter ihren Lidern brannten. Und sie hatte keinen blassen Schimmer, wie sie die Situation retten sollte. Gefühlt *alle* waren wütend auf sie. Wie sollte sie das jemals kitten? Was konnte sie nur tun?

Verzweifelt grübelte sie, was ihre Grandma ihr raten würde. Vermutlich das, was Ba ihr bereits die ganze Zeit über zu vermitteln versuchte, indem sie ihr den Armreif der Wahrheit gegeben hatte: Sie wollte Priya beibringen, wie wichtig es war, offen und ehrlich zu anderen Menschen zu sein, sodass sie echte Verbindungen und Beziehungen eingehen konnte und weniger einsam war. Wann immer Priya diesem Rat gefolgt war, hatte sich ihr Leben (in großen Teilen zumindest) verbessert.

Doch die Wahrheit hatte Priya zugleich auch viele Scherereien bereitet. Etwa, als sie Katie viel zu viel anvertraut hatte. Wahrheiten, die sie nie hätte aussprechen dürfen, weil sie andere Menschen betrafen. Zwar war dafür teilweise der Armreif verantwortlich, sie musste jedoch zugeben: Sie hatte sich in Katies Aufmerksamkeit gesonnt und nur zu bereitwillig die Geheimnisse ihrer Freundinnen preisgegeben, um das coolste Mädchen der Schule zu beeindrucken. Und dann war da noch die andere Seite der Medaille: dass sie Sami und Mei verletzt hatte, indem sie ihnen die Wahrheit über den Tag von Samis Bat-Mizwa *nicht* gesagt hatte. Und *nicht* den Mumm besessen hatte, den beiden zu gestehen, dass sie Katie gegenüber getratscht hatte – bis sie sich nicht mehr hatte herausreden können. Und zu guter Letzt noch, dass sie über Jahre hinweg nie ihren Eltern offenbart hatte, wie gestresst sie war. Ihr Dad hatte bereits mehrfach gesagt, er wünschte, sie hätte früher den Mund aufgemacht – was das Turnen betraf, aber auch im Hinblick auf seine miserablen Kochkünste.

»Nur zu, Priya«, meinte Sami kalt. »Alles, was du mir zu sagen hast, kannst du auch vor deinen Eltern sagen. Oder vor der ganzen Partygemeinde, wenn ich es mir recht überlege. Warum gehst du nicht nach vorne ans Mikro und erzählst *allen*, weshalb du hier bist, hmm?«

Priya starrte in die vier verärgerten Gesichter vor sich. Und da traf es sie wie ein Schlag. Sie musste die Wahrheit sagen – aber nur ihre eigene Wahrheit, und zwar *freiwillig*. Sie durfte keine Wahrheiten von anderen ausplaudern und ebenso wenig ihre Wahrheit für andere verbiegen. Je mehr sie sich bemühte, ihre Ehrlichkeit zu beschönigen, um niemanden zu verletzen, desto schlimmer wurde alles am Ende. Dabei brauchte sie eigentlich nur für sich selbst und ihre Wahrheit einzustehen, wie sie nun einmal war, ohne sich zuvor über die Folgen den Kopf zu zerbrechen. Mit anderen Worten: Sie musste mutig sein. *Sehr* mutig.

»Okay«, sagte sie zu Sami. »Das mache ich. Und wenn du danach immer noch sauer auf mich bist, gehe ich. Versprochen.«

Sie hastete nach vorn zur Bühne, wo der DJ auflegte, und schnappte sich das Mikrofon. »Sorry«, raunte sie dem DJ zu, ohne auf seine Proteste einzugehen, »aber ich muss mir das jetzt eine Minute ausborgen.«

Sie klopfte gegen das Mikrofon, um sich zu vergewissern, dass es funktionierte, und trat dann in den Scheinwerferkegel mitten auf der Bühne. Ihr Herz hämmerte. Sie konnte selbst kaum glauben, was sie da tat. Sie hasste es, vor so vielen Menschen zu sprechen – das war eher etwas für Sami, aber ganz gewiss nicht für sie. Lediglich beim Turnen störte es sie nicht, wenn Scheinwerfer auf sie gerichtet waren und alle ringsum verstummten. Diesmal jedoch musste sie über ihren Schatten springen. Sie musste für sich selbst eintreten.

Noch einmal atmete sie tief durch, während die Menge in Schweigen verfiel und der DJ widerstrebend die Musik abstellte. »Hi, alle zusammen. Ich bin Priya Shah. Und ... ich bin hier, um die Wahrheit zu sagen.«

Sie hörte, wie ein paar Leute nach Luft schnappten und zu flüstern begannen – aus dem Augenwinkel erhaschte sie Katies weit aufgerissene Augen und Pinkies ermunterndes Lächeln. Rasch hob sie den Blick zur Decke, um keinerlei

Mimik der Gäste mehr sehen zu müssen. Stattdessen konzentrierte sie sich ganz auf die Discokugel.

»Früher habe ich nie die Wahrheit gesagt«, begann sie, völlig vertieft in die spiegelnde Oberfläche über ihrem Kopf. »Mein ganzes Leben lang habe ich gelogen. Und dabei war mir oft noch nicht einmal bewusst, *dass* ich lüge. Ich dachte, ich sei einfach eine gute Freundin, eine gute Tochter, eine gute Schülerin, eine gute Teamkameradin und eine gute Schwester. In Wirklichkeit aber hatte ich Geheimnisse vor allen, und das war ... einsam. Ich habe immerzu jedem vorgegaukelt, alles wäre perfekt, während es mir eigentlich überhaupt nicht gut ging. Ich hatte Probleme. Beim Turnen, mit meinen Schularbeiten und zu Hause. Ich gehe jetzt nicht weiter ins Detail, weil vieles davon nicht nur mich betrifft und es daher nicht nur meine Entscheidung ist, ob ich es mit anderen teilen möchte oder nicht. Nur *meine* Wahrheiten werde ich künftig teilen. Und die erste Wahrheit ist, dass ich früher gelogen habe. Ständig. Bis ich kürzlich dazu übergegangen bin, ausnahmslos immer die Wahrheit zu sagen. Meine Grandma, Ba, hat mich dazu ... inspiriert. Und mit einem Mal wurde alles besser. Ich habe mich meinen allerbesten Freundinnen Sami und Mei so viel näher gefühlt. Und sie haben mir plötzlich auch Sachen erzählt. Ich habe meinem Schwarm gestanden, dass ich ihn mag. Und wie sich herausstellte, mag er mich auch!« Priya vernahm gerührtes Seufzen aus dem Publikum, doch sie ignorierte es. Sie war noch nicht fertig. Und ihr schwante, dass das gerührte Seufzen sich sehr schnell legen würde, sobald sie zum nächsten Teil kam. »Mein Leben verbesserte sich immer mehr, je ehrlicher ich zu den Leuten war. Mein Coach gestand mir sogar mehr trainingsfreie Tage zu. Und ich begriff, dass ich tatsächlich bekommen kann, was ich brauche, wenn ich einfach nur den Mund aufmache und es den Leuten erkläre. Aber dann ... habe ich alles ruiniert. Die ungewohnte Aufmerksamkeit ist mir zu Kopf gestiegen. Ich bin egoistisch geworden und habe mir eingebildet, meine Probleme seien größer als die aller anderen. Und ich habe Wahrheiten verraten, die ich niemals hätte teilen dürfen, nur um noch mehr Aufmerksamkeit zu bekommen. Noch dazu habe ich die Wahrheit nicht rücksichtsvoll gesagt. So habe ich meine besten Freundinnen schlimm verletzt, und das tut mir unendlich leid. Man sagt, Blut wäre dicker als Wasser, aber das stimmt nicht. Sami und Mei sind genauso sehr mein Blut und meine Familie wie meine eigentliche Familie – die ich im Übrigen ebenfalls sehr liebe. Meine kleine Schwester hat mir dabei geholfen, diese Party zu crashen – danke dafür, Pinkie! Was ich aber eigentlich sagen wollte: Ich möchte mich vor allem bei Sami entschuldigen – und bei allen anderen, die ich verletzt habe. Von Herzen. Ich verspreche, dass ich von nun an ausschließlich *meine* Wahrheiten aussprechen werden und keine Wahrheiten anderer Leute – das steht mir nicht zu. Und ich werde die Wahrheit immer so feinfühlig wie möglich mitteilen. Was auch bedeutet, dass ich gut zu mir selbst sein muss und sein werde. Ich werde nicht mehr ständig an mir zweifeln und auch nicht versuchen, es allen Leuten recht zu machen und nur zu sagen, was sie hören wollen. Ich werde weiter aufrichtig und offen sein. Denn so habe ich das Mädchen, das mich früher gemobbt hat, zur Freundin gewonnen!«

Sie grinste Katie an, die eine peinlich berührte Grimasse schnitt, dabei allerdings insgeheim berührt wirkte. Priya sprach weiter und fixierte nun nicht mehr die Discokugel, sondern die Menge direkt vor sich.

»Sami, ich weiß nicht, ob du mir vergeben kannst – aber falls du es kannst, dann verspreche ich, dass ich dich nie mehr verraten werde. Und ich werde dir mein wahres Ich zeigen, auch wenn das bedeutet, über wirklich schwierige Themen zu reden. Okay, ähm ...« Ihre Stimme verlor sich, als ihr mit einem Mal klar wurde, dass sie bereits viel länger als eine Minute redete. »Jaaa, tschüss. Und alles Gute zur Frauwerdung, Sami – du bist die Beste. Ich habe dich lieb, jetzt und für immer. Auch wenn es einseitig sein sollte, wie gerade im Moment.«

Eilig reichte sie dem DJ sein Mikrofon zurück und rannte von der Bühne. Im Saal herrschte vollkommene Stille – bis das Publikum laut zu klatschen anfing. Priya wurde rot. Das hatte sie nicht bezwecken wollen. Alles, was sie wollte, war, dass Sami und Mei ihr verziehen. Doch sie konnte die beiden nirgends entdecken. Sie sah lediglich ein verschwommenes Meer jubelnder Gesichter. Priya stürzte hinaus in den Flur und lehnte sich gegen die Wand, während ihr Atem sich allmählich beruhigte. Sie hatte es getan. Sie hatte ihre Wahrheit gesprochen. Ihre ganze Wahrheit.

»Priya?« Plötzlich standen Sami und Mei vor ihr. Beide hatten Tränen in den Augen.

Priya richtete sich panisch kerzengerade auf. Sie hatte keine

Ahnung, ob es sich um Tränen der Wut oder Tränen der Freude handelte. Oder, noch schlimmer: Kummertränen.

»Ich möchte dir nur mitteilen, dass ich, Sami Levin, dir vergebe«, sagte Sami laut.

»Ich auch«, ergänzte Mei leise.

Priya brach in heftiges Schluchzen aus. Sie warf sich ihren besten Freundinnen um den Hals. »Wirklich? Meint ihr das ernst? Es tut mir so leid, wirklich.«

»Ich weiß«, antwortete Sami und drückte sie. »Das hast du gerade in einem dreiminütigen Monolog meiner gesamten Bat-Mizwa-Feiergemeinde erklärt. Und dabei HASST du es, vor anderen zu reden!«

»Das war total mutig«, stimmte Mei ihr zu. »Und inspirierend. Weißt du, vielleicht erzähle ich meinen Eltern jetzt, dass ich lesbisch bin. Auch wenn ich noch keine Freundin habe. Wenn du *so was* hinkriegst, dann schaffe ich das auf alle Fälle.«

Priya klappte der Mund auf. »Im Ernst? Das ist fantastisch, Mei! Ich bin so stolz auf dich.«

Sami legte beiden einen Arm um die Schultern. »Ich bin so stolz auf UNS. Deswegen sind wir die Musketiere – wir sind nämlich die tapfersten Kriegerinnen, die ich kenne!«

»Ich wollte nie eine Kriegerin sein«, grummelte Mei. »Und Musketier bin ich auch nicht ganz freiwillig geworden.«

Priya hielt ihre Freundinnen fest umschlungen. »Ich bin euch so dankbar, dass ihr mir verzeiht. Und ich stehe zu dem, was ich gesagt habe: Ich schwöre, dass ich mein Bestes geben werde, euch zwei nie wieder anzulügen.«

Die Tür platzte auf, und alle drei wirbelten zusammen herum. Im Türrahmen stand Katie und starrte finster zu Boden. Sami und Mei bedachten sie mit argwöhnischen Blicken, doch Priya winkte ihr zu.

»Was machst du hier?«, fauchte Sami. »Wir brauchen gerade mal einen Moment nur für uns.«

»Jaaa. Schon klar«, meinte Katie. »Passt auf – tut mir leid, dass ich störe. Ich wollte … dir, Priya, bloß sagen: Das, was du da auf der Bühne abgezogen hast, war echt cool. Und jetzt habe ich irgendwie das Bedürfnis, ähm, mich bei dir zu entschuldigen. Für das, was ich dir angetan habe. Ich *habe* dich gemobbt. Dafür gibt es keine Rechtfertigung. Ich hätte dich niemals so behandeln dürfen, und ich werde es nie wieder tun. Weder dich noch sonst irgendwen.«

Priya nickte langsam. »Danke für deine Worte, Katie. Es war wirklich nicht in Ordnung. Aber ich habe auch Fehler gemacht, von daher … verzeihe ich dir. Und mir ist bewusst, dass du mehr bist als eine Mobberin. Du hattest auch zu kämpfen mit … tja, mit deinen eigenen Angelegenheiten.«

Katie wandte sich an Sami und Mei. »Zum Verständnis: Mein Dad hat uns verlassen und mit einer anderen Frau ein Kind bekommen, und meine Mum versinkt seither in Depressionen. Obwohl er sich inzwischen relativ in Ordnung verhält. Aber das soll keine Ausrede sein: Ich hätte das niemals an Priya oder an euch auslassen sollen. Deshalb entschuldige ich mich auch bei euch zweien. Ich habe meine Macht missbraucht, statt sie für etwas Gutes einzusetzen, aber darüber bin ich hinweg. Ihr habt mein Wort: So etwas kommt nie wieder vor.«

»Oh mein Gott, Katie Wong entschuldigt sich bei uns«, rief Sami und presste sich eine Hand aufs Herz. »Das ist mal eine echte Erwachsenengeste unter Frauen! Und natürlich vergeben wir dir! Ich bin auch ein Kind aus kaputter Familie – falls du also jemals darüber reden willst, bin ich da.«

»Tut mir leid, dass du so eine schwierige Zeit durchmachen musst«, fügte Mei hinzu. »Was du getan hast, heiße ich absolut nicht gut. Klar. Aber ich finde es cool, dass du die Verantwortung dafür übernimmst. Darum: Ich verzeihe dir auch. Und, ähm, sag Bescheid, wenn wir dir je irgendwie helfen können.«

Katie lächelte verlegen. »Wirklich? Danke. Das ist ... extrem korrekt von euch beiden.«

Erneut ging die Tür auf, und diesmal sahen sich alle vier Priyas Eltern gegenüber, die unbehaglich neben Pinkie auf dem Gang standen. Priya drehte sich noch einmal zu ihren Freundinnen. »Hey, ähm, ich glaube, ich muss jetzt mal mit meiner Familie reden. Sehen wir uns drin?«

Sami und Mei nickten und umarmten sie noch einmal. Sami hakte sich bei Katie unter. »Los, komm. Jetzt, wo du schon mal da bist, müssen wir unbedingt ein Selfie machen. Die Leute werden ausflippen, wenn sie herausfinden, dass KW auf meiner bescheidenen kleinen Soiree war.«

»Bescheiden ist an dieser Veranstaltung rein gar nichts«, kommentierte Mei, während die drei hineingingen. Die Tür schloss sich hinter ihnen, sodass Priya allein mit ihrer Familie zurückblieb. Sie spähte nervös zu ihren Eltern und Pinkie.

»Ähm, hi«, murmelte sie.

»Wieso hast du uns das alles nicht erzählt?« fragte ihre Mum behutsam. Sie hatte Tränen in den Augen. »Wie sehr du zu kämpfen hattest? Und dass du *gemobbt* wurdest?«

»Das war unsere Schuld«, meinte ihr Dad kopfschüttelnd. »Wir haben dir das Gefühl vermittelt, perfekt sein zu müssen. Aber das stimmt nicht, Priya. Du darfst Fehler machen. Wir alle machen Fehler. Und wir lieben dich, egal was geschieht.«

Priya spürte, wie Tränen ihr über die Wangen liefen. »Ich weiß. Es tut mir leid. Ich wollte euch bloß nicht noch mehr belasten, vor allem wegen …«

»Mir«, sagte Pinkie schulterzuckend. »Schon kapiert. Ich nehme zu viel Platz ein.«

»Nein, Liebling«, rief ihre Mum und drückte ihre jüngste Tochter an sich. »Das tust du nicht. Du nimmst genau so viel Platz ein, wie du sollst und wie es richtig ist.« Sie streckte die Arme nach Priya aus und zog sie ebenfalls an ihre Brust. »Wir haben dir nur nie gezeigt, dass du dir ebenfalls so viel Platz nehmen darfst, wie du brauchst, Priya.«

Priya ließ sich in die Umarmung ihrer Mum sinken. Es fühlte sich so gut an, endlich ganz und gar ehrlich zu ihren Eltern zu sein, nachdem sie ihr Leben lang versucht hatte, perfekt zu sein. »Danke«, flüsterte sie.

»Wir danken *dir*«, erwiderte ihre Mum. »Dafür, dass du dort auf der Bühne eine solche Inspiration warst. Du hast mich an Ba erinnert.« Sie zögert, ehe sie Priya unverwandt in die Augen sah. »Und außerdem, *beta*: Ich weiß, dass du Bas Todestag gern feiern würdest. Wie wäre es, wenn wir zu

321

Hause eine kleine Gedenkzeremonie für sie abhalten? Direkt an ihrem Todestag, dem –«

»Dreizehnten! Ja!«, rief Priya. »Das fände ich wunderschön. Pinkie und ich könnten alles organisieren. Wir sind ein ziemlich gutes Team.«

Pinkie schenkte ihrer großen Schwester ein glückliches Lächeln. »Ganz meine Meinung.«

»Ich glaube, das würde Ba gefallen«, meinte ihre Mum. »Und es tut mir so leid, dass ich euch beide nie darin bestärkt habe, über Ba zu reden, seit ...« Ihre Stimme brach. »Es ist bloß ... Ich vermisse sie so sehr, dass es mir wehtut, auch nur ihren Namen auszusprechen.«

»Ich auch«, murmelte Priya. »Wie verrückt. Aber es hilft mir wirklich, von ihr zu erzählen – also könnte es dir vielleicht auch guttun?«

»Mir geht es genauso«, gestand Pinkie. »Ich denke immer noch ständig an sie.«

»Und ich ebenfalls«, meldete sich nun ihr Dad und schloss seine Familie in die Arme. »Was ich aber mit Gewissheit sagen kann, ist, dass sie enorm stolz auf euch zwei wäre. Vor allem auf dich, Priya, und auf alles, was du gerade vollbracht hast.«

Tränen glitzerten in Priyas Augen. »Glaubst du wirklich? Ich möchte sie niemals enttäuschen.«

Ihre Mum drückte sie noch einmal fest an sich. »Du könntest sie nie im Leben enttäuschen, ganz gleich, was passiert – und uns kannst du ebenso wenig enttäuschen. Du bist genug, genau so, wie du bist. Es spielt keine Rolle, was du tust oder nicht tust. Das gilt auch für dich, Pinkie. Meine beiden bezaubernden Töchter.«

»Es tut mir so leid, meine Mädchen«, sagte ihr Dad und ließ die Arme sinken. »Ich fürchte, wir waren euch in Sachen Ehrlichkeit nicht immer ein gutes Vorbild.« Er blickte ihrer Mum in die Augen. »Was unsere Beziehung anbelangt ...«

»Jep«, meinte Pinkie und löste sich aus der Umarmung, um ihren Eltern ins Gesicht zu sehen. »Ihr versucht beide, um unseretwillen so zu tun, als wärt ihr glücklich, aber das klappt nicht.«

»Könnt ihr euch nicht einfach scheiden lassen?«, platzte Priya heraus. »Wir wissen, dass ihr unglücklich seid, und wir wünschen uns bloß ein Ende der ewigen Streiterei! Ihr wärt beide allein bestimmt viel zufriedener.«

Ihre Eltern tauschten stumme, baffe Blicke.

»Ich ... Aber ... Mädchen ...«, stotterte ihre Mum. »Mir war nicht klar, dass ihr das so empfindet.«

»Tun wir«, bekräftigte Priya. »Und uns ist bewusst, dass ihr uns zuliebe zusammenbleiben möchtet – und damit die Leute nicht schlecht über euch reden –, aber uns schert das alles nicht. Wir haben euch beide lieb, und daran wird sich auch niemals etwas ändern. Wir werden nicht Partei ergreifen. Wir wünschen uns lediglich ... dass ihr alle zwei glücklich seid.«

»Kommt es nur mir so vor – oder ist das die Ansprache, die *wir* eigentlich *den beiden* halten sollten?«, fragte ihr Dad mit belegter Stimme.

»In jedem Fall haben sie recht«, gestand ihre Mum leise ein.

»Wir sind unglücklich. Und wenn sie wollen, dass wir uns scheiden lassen, dann ...«

»Wäre das vielleicht eine Möglichkeit«, brachte ihr Dad den Satz zu Ende. »Aber das würde bedeuten, es den Leuten zu sagen. Ehrlich zuzugeben, wo wir stehen.«

»Und das ist etwas Gutes«, betonte Priya. »Die Wahrheit zu sagen, hat mein Leben so sehr verbessert!«

»Und wen kümmert überhaupt, was die Leute denken?«, meldete sich Pinkie. »Haufenweise Leute geben Kommentare zu meiner ADHS ab, aber ich stelle einfach die Ohren auf Durchzug. Könnt ihr das nicht genauso halten, falls irgendwer euch dafür verurteilt, dass ihr euch scheiden lasst?«

Eine lange Stille folgte, während ihre Mum ihrer jüngeren Tochter über die Haare strich, offenkundig bemüht, nicht in Tränen auszubrechen. Dann wandte sie sich mit leuchtendem Gesicht ihrem Ehemann zu. »Sollen wir?«, fragte sie zögerlich. »Meinst du wirklich, wir könnten ... uns scheiden lassen?«

Sein Mund verzog sich zu einem breiten Lächeln. »Ja! Komm, wir tun es einfach. Wir lassen uns scheiden.«

Priya und Pinkie jubelten lautstark los. Dann fielen sie einander alle nochmals um den Hals, lachend und weinend zugleich. Priya hätte nicht sagen können, wann sie sich ihrer Familie zuletzt so nah gefühlt hatte.

Ein plötzlicher Luftzug ließ alle vier herumfahren. Sie sahen, dass die große Doppeltür am Ende des Flurs aufgeschwungen war. Dahinter standen zwei Personen in ... Gymnastikzügen. Priya verengte die Augen und erkannte – Rachael. Und Dan!

Erschrocken starrte sie die beiden an. »Was macht ihr zwei denn hier?«

»Wir haben dich gesucht«, sagte Dan.

»Feiert ihr gerade irgendwas?«, fragte Rachael interessiert.

Priya warf ihren Eltern einen Blick zu, fest in der Annahme, sie würden eine Ausrede auftischen. Sie wusste, dass es nicht an ihr war, in dieser Sache für die beiden die Wahrheit auszusprechen. Zu ihrer Überraschung gab ihre Mum sie jedoch ganz von selbst bereitwillig preis.

»Wir lassen uns scheiden«, verkündete sie fröhlich.

»Ähm ... Herzlichen Glückwunsch?«, erwiderte Dan verwirrt.

Priyas Eltern lächelten, ehe sie bemerkten, dass Pinkie wild zu Dan gestikulierte und die Augenbrauen hochzog, um ihnen mitzuteilen, dass sie Priya nun mit ihren Freunden allein lassen sollten.

»Na, dann überlassen wir Priya am besten mal ein wenig ihren Freunden«, nahm ihre Mum den Wink auf. »Komm, Nish.« Sie schleifte ihren Ehemann hinter sich her und gemeinsam folgten sie Pinkie zurück zur Party. Pinkie hielt dabei noch einmal inne, um zu Priya gewandt einen Daumen in die Höhe zu recken und Kussmünder in ihre Richtung zu machen.

Priya blitzte ihre kleine Schwester ärgerlich an, bevor sie sich rasch wieder zu Dan und Rachael umdrehte, die hoffentlich nichts davon mitbekommen hatten.

»Wir wollten zusammen mit dir feiern«, sagte Rachael. Sie überreichte Priya eine Goldmedaille. »Und dir die hier geben.«

Priya betrachtete ihre Medaille mit einem Lächeln. Zum ersten Mal überhaupt hatte sie Gold mit dem Team gewonnen – und es fühlte sich an, als hielte sie zehn Medaillen statt nur einer einzigen. »Danke. Ich liebe sie. Wie lief es bei euren Einzeldisziplinen? Was hat Soren gesagt?«

»Ich habe Bronze geholt«, erzählte Rachael stolz. »Und er hat gemeint, ich sei noch nicht bereit für den Olympia-Nachwuchskader, aber er will mich im Auge behalten.«

»Wie toll!«, rief Priya. »Gut gemacht. Und, ähm, wie war es bei dir, Dan?«

»Silber«, verkündete er. »Aber fürs Erste ebenfalls keine Aufnahme in den Nachwuchskader. Ich bleibe genauso in Olafs Team.«

Diese Aussicht ließ Priya vor Glück strahlen.

»Ach ja, ähm, ich glaube, das gehört auch dir«, sagte Dan. Er hielt einen funkelnden goldenen Armreif in die Höhe, der mit Rubinen und Diamanten verziert war.

Priya schnappte nach Luft, und ihr Blick schnellte zu ihrem Handgelenk. Der Armreif. Er lag nicht um ihren Arm. Sondern in Dans Hand. »Aber ... wie ...?«

»Du musst ihn bei unserer Choreografie verloren haben«, erklärte Dan. »Ich habe ihn auf der Matte gefunden.«

Wie betäubt nahm Priya das Schmuckstück entgegen. Sie begriff es nicht. Der Armreif war wieder geschlossen. Sie versuchte, die Klammer zu öffnen, doch sie rührte sich kein Stück. Schockiert starrte Priya darauf. Wenn sie den Armreif tatsächlich auf der Wettkampffläche verloren hatte, bedeutete das, dass sie ihn überhaupt nicht getragen hatte, während sie später auf der Bühne gestanden und der versammelten Bat-Mizwa-Gemeinde ihre Wahrheit erzählt hatte. Und ebenso wenig, als sie kurz darauf ihre Eltern zur Scheidung ermuntert hatte. Zu nichts davon hatte der Armreif beigetragen. Sie hatte es ganz allein geschafft. Sie hatte vollkommen auf eigene Faust die Wahrheit gesprochen.

»Außerdem, ähm, habe ich mich gefragt, ob du noch Lust auf den Milchshake hast«, murmelte Dan und lief rot an. »Es tut mir leid, dass ich neulich überreagiert habe. Ich, ähm, mag dich immer noch.«

Rachael hüstelte verlegen. »Irgendwie komme ich mir gerade ein bisschen fehl am Platz vor ...«

Priya lachte. »Schon in Ordnung – ich berichte dir später natürlich alles Wort für Wort.« Sie wandte sich an einen peinlich berührten Dan. »Und ich habe das Gefühl, den richtigen Moment für einen Milchshake haben wir verpasst.«

Seine Miene wurde lang. »Oh. Okay. Verstehe.«

»Aber ... ich mag dich auch immer noch«, schob sie hinterher. »Deshalb: Wie wäre es, wenn wir stattdessen miteinander tanzen? Im Sinne von: jetzt gleich?«

Dans Gesicht erstrahlte und gab ihr wortlos die Antwort. Sie fasste seine Hand und führte ihn zurück zur Party, geradewegs auf die Tanzfläche, wobei sie Rachael bedeutete, ihnen zu folgen. Zu dritt drängten sie sich durch die Menge, bis sie genau in der Mitte des Parketts standen, wo Priya erwartungsgemäß Sami und Mei vorfand. Womit sie allerdings nicht gerechnet hatte, war, dass die beiden gerade Katie Wong ihre Lieblings-Moves beibrachten.

»Pri!«, rief Sami. »Da bist du ja wieder! Und du hast ...
Dan Zhang mitgebracht?!« Sie schlug sich eine Hand auf den
Mund. »Oh nein, sorry. Ich meine, ähm, irgendeinen Typ, von
dem du uns noch nie erzählt hast.«

Dan grinste. »Hey.«

Priyas Augen weiteten sich, und sie funkelte Sami finster
an. Doch Sami warf ihr lediglich eine Kusshand zu. »Du
darfst mir nicht böse sein, weil das hier meine BM ist, die du
gecrasht hast.«

Priya verdrehte die Augen. »Also schön. Ich bin sowieso zu
glücklich, um irgendjemandem böse zu sein – meine Eltern
lassen sich scheiden!«

Sami und Mei kreischten so laut, dass die halbe Feier-
gemeinde sich neugierig umwandte. »Eine Scheidung!«, verkündete Sami, während Mei fröhlich losjohlte. »Mazel tov!«
Im selben Moment bemerkte Mei Rachael, die verlegen neben
Priya stand.

»Du hast noch eine Freundin dabei«, stellte sie mit großen
Augen fest. »Eine total hübsche Freundin.« Schlagartig lief sie
scharlachrot an. »Oh mein Gott, habe ich das gerade laut ausgesprochen?«

Rachael lachte. »Ja, aber mir hat es gefallen. Magst du ...
tanzen?« Mei nickte sprachlos und warf Sami und Priya einen
Blick zu, in dem sich unbändige Freude mit schierer Panik
mischte. Beide reckten begeistert die Daumen nach oben, als
sie Rachaels Hand ergriff.

Dan legte die Arme um Priyas Schultern, und sie begannen
sich im Takt zu wiegen. Priya ahnte, dass sie ein irres Grinsen

im Gesicht trug, doch sie war völlig machtlos dagegen. Sie tanzte mit Dan Zhang – und das Beste: Sie war dabei von ihren Freundinnen umgeben. Ihr Blick schweifte zu Sami und Mei. Sami versuchte gerade, zusammen mit Katie – die heftig den Kopf schüttelte und sich wehrte – eine Polonaise zu starten. Sami packte sie dennoch um die Hüfte und schob sie laut lachend durch den Saal vor sich her. Sie wirkte nun rundum glücklich.

Als Dan ihr noch näher kam, legte Priya ihren Kopf auf seiner Schulter ab. Sie schloss die Augen und umfasste fest den Armreif. In Gedanken flüsterte sie ihrer Grandma zu: *Danke, Ba. Du hattest so recht – ich bin nicht allein. Und es ist in Ordnung, wenn nicht alles in Ordnung ist. Ich bin genug, wie ich bin, und muss meine Wahrheit nicht mehr verstecken. Ich verstehe das alles jetzt. Aber beim nächsten Mal brauchst du mich nicht mit einem Wahrheitsfluch zu belegen, okay? Botschaft angekommen. Ich habe dich lieb.*

Priya hätte schwören können, dass der Armreif in ihrer Hand leicht vibrierte. Sie drückte ihn noch einmal, ehe sie sich wieder auf die Tatsache konzentrierte, dass sie tanzte: inmitten ihrer besten Freundinnen, ihrer neuen Freundinnen – und mit DAN ZHANG! Und ihre Eltern, die in einer Ecke fröhlich mit Pinkie herumhüpften, würden sich endlich scheiden lassen. Damit war dieser Tag ganz offiziell der beste ihres gesamten Lebens.

Danksagung

Meine tiefe Dankbarkeit gilt allen, die mir dabei geholfen haben, dieses Buch Wirklichkeit werden zu lassen!

An erster Stelle meiner wundervollen Agentin Chloe Seager, die so voll und ganz hinter der Idee gestanden und mich auf jedem Schritt des Weges ermutigt hat. Und der ich außerdem den großartigen Originaltitel *The Girl Who Couldn't Lie* verdanke!

Weiterhin bedanken möchte ich mich bei meiner Lektorin Alice Moloney von Usborne, die gemeinsam mit mir dieses Buch in die bestmögliche Form gebracht hat. Auch für all die Smileys und Herzchen in deinen Kommentaren – so hat das Lektorat unheimlich viel Spaß gemacht!

Danke an das komplette Team von Usborne, das so viele Gedanken und so viel Mühe darauf verwandt hat, Priyas Geschichte an die Leserinnen und Leser zu bringen – Beth Gardner, Jess Feichtlbauer, Rebecca Hill und alle weiteren Beteiligten: Ich danke euch!

Ein großes Dankeschön geht zudem an meine Freunde, die sich für mich gefreut und aufrichtig Anteil genommen haben, wann immer ich ihnen erzählt habe, was bei Priya (und Dan ...) gerade los war.

Meinen Cousinen Prisha und Kaysha Pabari danke ich für

all ihre Hilfe. Ganz besonders Prisha, die als Allererste einzelne Passagen aus *Karma-Girl* gelesen hat!

Meinem Dad schulde ich Dank für die unzähligen Bücher, die er mir in meiner Kindheit gekauft hat, und dafür, dass er mich immer zum Lesen ermuntert hat – und später dann zum Schreiben.

Zu guter Letzt bin ich auch mir selbst dankbar: dafür, dass ich mich hingesetzt und dieses Buch zu Papier gebracht habe. Und vor allem meinem jüngeren Ich, das mir als Inspiration gedient hat 💟

Wörterverzeichnis

adelante	Auf geht's!, Los!
amiga	Freundin
Ba	Kosename für Priyas Großmutter
Bat-Mizwa	Im Alter von 12 bzw. 13 Jahren werden jüdische Mädchen und Jungen im Sinne des jüdischen Religionsgesetzes zu Erwachsenen. Dies wird mit einer Zeremonie und einem Fest gefeiert. Für die Mädchen heißt dieser Tag Bat-Mizwa, für Jungen Bar-Mizwa.
beta	Priyas Kosename in ihrer Familie
Dal	ein Currygericht mit Bohnen oder Linsen
Diwali	das hinduistische Lichterfest
Karma	die Idee einer ausgleichenden Gerechtigkeit: dass jeder quasi ein »Konto« guter und schlechter Taten hat. Konzepte von Karma gibt es in mehreren Religionen.
Macaron	gefülltes Plätzchen aus Mandelmehl, Eiweiß und Zucker
masa	Onkel
masi	Tante
Mazel tov	Viel Glück!, Viel Erfolg!
pronto	flott, zackig, schnell

Roti	indisches Fladenbrot
Sari	ein Wickelrock, den man an einer Seite über die Schulter legt
Spinat-Shaak	Spinat mit Knoblauch und Chili

Entdecke eine geheime Welt voller Fabelwesen!

Christopher entdeckt ein Familiengeheimnis: Sein Großvater ist der Wächter eines Tores zu dem Archipel, einer Gruppe magischer Inseln, auf denen sagenumwobene Wesen leben. Kentauren, Sphinxe, Einhörner, Drachen und phantastische Kreaturen, die er sich nicht hätte erträumen können. Vor langer Zeit wurden die Inseln durch Magie verborgen. Doch nun schwindet der Schutz, und der Archipel ist in großer Gefahr. Dann taucht ein geheimnisvolles Mädchen mit einem fliegenden Mantel in Christophers Welt auf, Mal. Verfolgt von einem Mörder begeben sich Christopher, Mal und ihr kleiner Greif auf eine aufregende Reise. Wird es ihnen gelingen, beiden Welten zu retten, bevor es zu spät ist?

Katherine Rundell
Impossible Creatures – Das Geheimnis der unglaublichen Wesen
Aus dem Englischen von Henning Ahrens
384 Seiten, gebunden
978-3-7373-7323-4

Weitere Informationen zum Kinder- und Jugendbuchprogramm von Fischer Sauerländer auf *www.fischer-sauerlaender.de*

Ein geheimnisvoller Junge und sieben ›magische‹ Aufgaben bringen Gwinnys Welt zum Funkeln

Irgendwie fühlt sich Gwinnys ganz normales Leben wie eine Prüfung an, für die sie nicht richtig gelernt hat. Und sie hat keine Ahnung, woran das liegt.

Alles ändert sich, als sie in der Schule den geheimnisvollen Noam kennenlernt. »Wünsch dir was«, fordert der süße Junge Gwinny auf, als wäre er eine Fee. Und dann stellt er ihr sieben Aufgaben, jede Woche eine.

Mit jeder Aufgabe deckt Gwinny mehr von Noams rätselhafter Vergangenheit auf und lernt auch sich Schritt für Schritt besser kennen.

Mara Andeck
It's me
Oder wie mein Leben plötzlich glitzerte
Band 1
254 Seiten, gebunden
978-3-7373-4391-6

Weitere Informationen zum Kinder- und Jugendbuchprogramm von Fischer Sauerländer auf *www.fischer-sauerlaender.de*